Die drei Leben des Gustav F
EINE FRENSSEN-CHRONIK

Gustav Deussen.

Volker Griese

Die drei Leben des Gustav F
EINE FRENSSEN-CHRONIK

Die Deutsche Nationalbibliothek verzeichnet
diese Publikation in der Deutschen Nationalbibliografie;
detaillierte bibliografische Daten sind im Internet
über www. dnb.de abrufbar.

2. Auflage
© 2015 Volker Griese
Alle Rechte vorbehalten
Satz u. Einbandgrafik:Volker Griese
Titelbild nach einer Zeichnung von Karl Bauer
Frontispiz: Gustav Frenssen um 1909
Herstellung u. Verlag: BOD – Books on Demand, Norderstedt

ISBN 978-3-734-76239-0

Ich las heute Nacht und dann noch einmal gegen Morgen sehr viel vor. ›Die Brüder‹ von Frenssen [...]

Victor Klemperer, 11. Dezember 1942

Ich für meine Person las viel, und zwar Bücher, die ich mir aus der früheren Anstaltsbibliothek besorgte, beispielsweise: Frenssens: ›Jörn Uhl‹

Walter Kempowski

Wahr ist an einer Geschichte immer das, was der Zuhörer glaubt.

Hermann Hesse

Einführung

»*Es soll ein Dichter nicht mit den Fürsten gehen, auch nicht mit dem Volk, sondern er soll allein gehen.*« (›Grübeleien‹) — Einige Zeitgenossen sahen in Gustav Frenssen einen Naturalisten, der das oft etwas mitleidig belächelte Gebiet der Heimatdichtung zur literarischen Größe emporgeführt hat, der gekonnt Predigt und Erzählung zu einer neuen Gattung zusammenschweißte, der Landschaften, Begebenheiten, Menschenschicksale voll Bildkraft, Bildfülle und Wärme veranschaulichen konnte. Einzelnen galt er schlicht als Kulturkonservativer und Verkünder der Anti-Moderne. Wieder einige vermeinten in ihm nur einen naiven, an der Marlitt geschulten Poeten, einen Manieristen voll falschen Scheins, kurz, eine abzutuende »Tagesberühmtheit« zu erkennen. Dass er sich von den Nationalsozialisten nach deren Machtübernahme 1933 flugs auf den ihm dargebotenen Schild heben und auch selbst die Fahne kräftig mit deren Propagandawind wehen ließ – und sich nicht an seinen eigenen, vorangestellten Spruch hielt –, dies machte ihn wiederum für andere gleich als Wegbereiter des Ganzen verantwortlich.

Frenssen zählt mit einer Auflagenhöhe von rund 3 Millionen Exemplaren in Deutschland und mit Übersetzungen in 16 Sprachen zu den erfolgreichsten deutschen Schriftstellern in der ersten Hälfte des 20. Jh. Im Ausland galt er viele Jahre als einer der hervorragenden Vertreter der neuen deutschen Literatur, der äußerst geschickt politische Themen der Zeit (u.a. Kolonialkrieg, Weltkrieg, Ruhrbesetzung, Höfesterben) und gesellschaftliche Strömungen (liberalerer Umgang mit der Sexualität, freigeistiges Christentum) aufnahm und sie, trotz gelegentlicher trivialer Sprachklischees und deren Versatzstücke, mit einem wesentlich modulierenderen zum Teil gar innovativen Sprachduktus zu beschreiben verstand. Im Kontext der zeitgleich entstandenen Trivial-/Unterhaltungsromane und der ›Heimatkunst‹ erheben sich Frenssens Werke um Längen über dergleichen, ohne jedoch in den Bereich der ersten Garde der Romanciers ganz vorzudringen. Die erfolgte Anwartschaft auf den Literaturnobelpreis erschien zwar folgerichtig, folgerichtig war aber auch, dass er ihn letztlich dann doch nicht erhielt.

Sein Leben ist durchaus widersprüchlich. Er selbst nährte das Bild vom norddeutschen Sturkopf, der seinen ihm seit Generationen vorgegebenen Weg zu gehen hatte. Gab er sich gern als Abkömmling eines alten kraftvollen Dithmarscher Bauerngeschlechts, so war er doch armer Handwerker Kind und von zarter Konstitution. Obwohl mehr dazu getrieben, denn der inneren Neigung folgend, studierte er Theologie. Quälte er sich in seinen ersten Jahren als Seelsorger seiner Gemeinde und als Pastor mit seinen Predigten, so gelang es ihm später als freier Schriftsteller doch nicht, den Pastor und Seelsorger abzulegen. Er gab sich während der Weimarer Zeit als ein nützliches Glied, fuhr inoffiziell durch die Regierung unterstützt für ein halbes Jahr in die USA, um Spenden für notleidende Kinder zu sammeln und versuchte mit Vorträgen für ein neues, mit dem militaristischen Kaiserreich nicht vergleichbares Deutschland zu werben. Und wenn er den jüdisch stämmigen Walter Rathenau, mit dem er persönlich bekannt war, zu einem der größten Köpfe Deutschlands zählte und das auch immer wieder öffentlich bekundete, so war er um Längen von den zahlreichen Antisemiten im Berliner Parlament entfernt. Doch als die Nationalsozialisten die Macht überreicht bekamen, da war es Frenssen, der nach erstem Zögern sich zu dieser neuen Richtung vehement bekannte und seine frühere, klar zum Ausdruck gebrachte Gesinnung, geradezu in Abrede stellte. Dass auch das eigene wirtschaftliche Missgeschick, durch Wirtschaftskrise in Verbindung mit nicht eingeschränktem Lebensstiel auf der einen Seite bei rapide sinkenden Buchverkäufen und abnehmender schöpferischer Gestaltungskraft auf der anderen Seite, eine Verbindung mit dem Teufel eingehen ließ, das gehört auch zu dem weiten Feld, das darzulegen ist. Nicht verwundert es aus diesem Grund, dass die braunen Schergen ihn immer mal wieder als unsicheren Kantonisten ansahen und niemals aus den Augen ließen. Dass sie ihm seine Werke und sein positives Wirken während der Jahre der Republik immer mal wieder vorhielten, dies mag auch dazu beigetragen haben, dass Frenssen sich umso eindeutiger der neuen Richtung gerierte, sich schließlich – wohl auch altersbedingt nicht mehr die Situation überblickend – in biologistisch-darwinistische Philosopheme und Kulturantisemitismus verlor und sein gesamtes Werk als schon immer der neuen Politik zugehörig erklärte. Doch damit diskreditierte er im Grunde sich selbst und sein gesamtes literarisches Wirken.

Lässt man das Rollenspiel des vorgeblich von Anfang an auf eine Richtung Hinstrebens beiseite, so zeigt sich dagegen eine sehr menschliche und tragische Gestalt, deren sich Frenssen durchaus auch bewusst war. Wie sein Selbstporträt ›*Kai Jans*‹ in ›*Hilligenlei*‹ (1905) – dieser zarte Spätentwickler, der immer auf der Suche nach dem Guten und dem Sinn der Welt Strebende, der aus der behüteten und begrenzten Kindheit ins Erwachsenenleben hinausstolpert und durch die raue Wirklichkeit mehr als einmal das innere Gleichgewicht verlor und zu verzweifeln beginnt –, so erging es auch Frenssen. Beiden war und ist gemeinsam, dass sie schließlich ihren Frieden fanden, indem sie aus zahlreichen wissenschaftlichen und pseudowissenschaftlichen Werken über Politik, Geschichte und christlichem Glauben sich ihr Weltbild zusammenkompilieren. Doch anders als Kai Jans, sein literarisches Vexierbild, der mit Ende des Romans zu Grabe getragen wird, versuchte Frenssen mit dem Untergang des Kaiserreiches sowie der ›Weimarer Republik‹ mehrmals seinen inneren Kompass politisch und gesellschaftlich-soziologisch neu auszurichten.

Dass Frenssen dabei als Autodidakt ohne inneres oder äußeres Korrelativ die seinerzeit sehr populär und zudem angeblich mit einem Anschein von Wissenschaftlichkeit dargebotenen Thesen schließlich mehr und mehr verinnerlichte, das mag auch mit der starken Propagandawirkung zusammenhängen. Die zeitgenössische Veröffentlichungen und Zeitschriften von Anfang des 20. Jahrhunderts bis in die 20er Jahre sind voll von Beiträgen, in denen Professoren und andere als intellektuell Geltende sich positiv über Germanentum, Biologismus, Antisemitismus auslassen. Und die öffentlichen Vorträge dazu sind Legion. Niemand konnte dem ausweichen. Es war wie ein Zangengriff der Propaganda, wie fortwährende Reklame, die auf die Menschen einströmte. Wer nicht in sich gefestigt war, in dem konnte ein Samenkorn zur Reife gelangen.

*

Die Chronik erhebt nicht den Anspruch auf Vollständigkeit; sie ist in ihrer Auswahl, die notgedrungen Schwerpunkte setzen muss, für den Leser als handliches Hilfsmittel zur zuverlässigen Orientierung und als Nachschlagewerk gedacht. Wichtige Daten, die zur Darstellung von Frenssens Existenz als Mensch und seiner Entwicklung vom Pastor zum Schriftsteller und weiter zum Sprachrohr des Nationalsozialismus exemplarisch sind, werden in Form einer tabellarischen Kurzbiografie dargebracht. Eine reiche Auswahl an Selbstzeugnissen, vor allem aus Werken und Briefen, die selbstverständlich wie bei jeder Selbstaussage zwischen absichtlicher Selbstverhüllung und bewusster Verstellung schwanken, dienen der Ergänzung. Dessen ungeachtet besteht ein Einblick in das Leben einer Person, die zu den wirkmächtigsten Schriftstellern zwischen dem ausgehenden Kaiserreich und den ersten Jahren der ›Weimarer Republik‹ gehören, und die ferner zu den ambivalenten Größen deutscher Sprache zu zählen ist. Das vorliegende Werk orientiert sich größtenteils an bereits publiziertem Material und hängt dementsprechend von dessen Zuverlässigkeit ab. Offensichtliche Unstimmigkeiten oder Fehler wurden korrigiert, sie sind über die entsprechenden Quellenverweise transparent.

Frenssens eigene Äußerungen und Zitate aus seinen Werken sowie Werktitel sind durchweg kursiv gesetzt. Auf ein Kenntlichmachen der von ihm genutzten Betonung innerhalb seiner handschriftlichen Äußerungen z.B. durch Unterstreichen wurde zugunsten einer einheitlichen Lesbarkeit verzichtet. Die verschiedenen Rechtschreibungen der zitierten Quellen wurden bis auf wenige Frenssen-typische Besonderheiten behutsam modernisiert. Zu guter Letzt: Bei der bewältigten Datenfülle erscheint es vermessen, davon auszugehen, dass keine Unachtsamkeiten oder Versehen unterlaufen sind.

Der Dank gilt Frau Dr. Kornelia Küchmeister von der Landesbibliothek Kiel, für die Einsichtnahme in zahlreiche Unterlagen aus dem Frenssen-Nachlass, Herrn Hermann Wiedenroth, für die Nutzung der umfangreichen Handbibliothek sowie Hans-Peter Kruse für Korrekturhinweise.

Volker Griese, Wankendorf

Benutzte Quellen und Sigleverzeichnis:

[AdK] Archiv der ›Akademie der Künste‹ Berlin.

[Alberts] Wilhelm Alberts: Gustav Frenssen. Ein Dichter unserer Zeit. Berlin 1922.

[Almanach] Gustav-Frenssen-Almanach. Zum 70. Geburtstag des Dichters. Berlin 1933.

[Arnold] Sven Arnold: Literarische Gesellschaften in Deutschland. Berlin 1991.

[Autographenhandel] Gängige Plattformen des Autographenhandels wurden anhand des ›Jahrbuchs der Auktionspreise für Bücher, Handschriften und Autographen‹ durchgesehen.

[Ball] Hugo Ball: Briefe. 1904–1927. Hrsg. von Gerhard Schaub und Ernst Teubner. Göttingen 2003.

[BBF] Bibliothek für Bildungsgeschichtliche Forschungen. Berlin.

[Beckmann] Helmut Stubbe-da Luz: Emmy Beckmann (1880–1967), Hamburg einflussreichste Frauenrechtlerin. In: Zeitschrift des Vereins für Hamburgisches Geschichte, Bd. 73. Hamburg 1987.

[Begegnungen] Hans Beeck: Meine Begegnungen mit Gustav Frenssen. Lochham-München 1969.

[Bernus] In Memoriam Alexander v. Bernus. Ausgewählte Prosa aus seinem Werk. Mit einem Vorwort von Kasimir Edschmid. Hrsg. und mit einem Nachwort versehen von Otto Heuschele. Heidelberg 1966.

[Bibliographie] Otto Jordan: Gustav Frenssen. Bibliographie. Bohmstedt 1978.

[Bischoff] Charitas Bischoff: Wie ich Frenssen kennen lernte. In: Grotes Weihnachtsalmanach 1919. Berlin 1919.

[Bismarckdenkmal] Jörg Schilling: »Distanz halten«. Das Hamburger Bismarckdenkmal und die Monumentalität der Moderne. Göttingen 2006.

[BK] Iven Kruse: Brocken und Krumen. Betrachtungen, Gedichte, Briefe. Wankendorf 2000.

[Böckel] Fritz Böckel: Detlev von Liliencron. Erinnerungen und Urteile. Leipzig 1912.

[Briefe] Gustav Frenssen: Briefe aus Amerika. Berlin 1923.

[Britting] Georg Britting: Sämtliche Werke Bd. 2. Gedichte 1930–

1940. Hrsg von Walter Schmitz. München u. Leipzig 1987–1996.

[Bronnen] Arnold Bronnen: Arnold Bronnen gibt zu Protokoll. Beiträge zur Geschichte des modernen Schriftstellers. Kronberg i. Taunus 1978.

[BSM] Bayerische Staatsbibliothek, München.

[Bundesfilmarchiv] www.filmportal.de; Zugriff 2.5.2011.

[Claudius] Hermann Claudius: Skizzenbuch meiner Begegnungen. Göttingen 1966.

[Dehmel] Arbeitspapiere Dehmel-Haus. Interview mit der Tochter Otto Ernsts, Hamburg 1997.

[Dichterkreis] Laurence D. Stokes: Der Eutiner Dichterkreis und der Nationalsozialismus 1936–1945. Neumünster 2001.

[Dithmarschen] Dithmarschen. Landeskunde. Kultur. Natur. Hrsg. vom Verein für Dithmarscher Landeskunde und von Boyens Medien GmbH & Co. KG. Heide 2006, Heft 1.

[DLM] Deutsches Literaturarchiv Marbach, Handschriftenabteilung.

[DR] Deutsches Rundfunkarchiv.

[Echolot] Walter Kempowski: Das Echolot. Ein kollektives Tagebuch Januar und Februar 1943. Hamburg 1993.

[Ernte] Von Saat und Ernte. Ein Buch vom Bauernleben. Berlin 1933.

[Fackel] Die Fackel. Hrsg. Karl Kraus. Frankfurt a.M. 1981.

[Falke] Gustav Falke: Die Stadt mit den goldenen Türmen. Berlin 1920.

[Feodora] Thomas Weiberg: Prinzessin Feodora. Nach Sternen jagen ... Ein Leben als Schwester der deutschen Kaiserin. Berlin 2008.

[Fischer] Peter de Mendelssohn: S. Fischer und sein Verlag. Frankfurt a.M. 1970.

[Freundschaft] Theodor Bohner: Freundschaft mit Gustav Frenssen. Erlebnisse und Briefe. Berlin o.D. [1938].

[Friedrich-Naumann-Stiftung] www.freiheit.org; Zugriff 22.6.2011.

[GF] Andreas Crystall: Gustav Frenssen. Sein Weg vom Kulturprotestantismus zum Nationalsozialismus. Religiöse Kulturen der Moderne. Gütersloh 2002.

[Glaubenskampf] Johannes Lorentzen [Hrsg.]: Die Nordmark im Glaubenskampf. Eine Antwort der Kirche an Gustav Frenssen. Breklum o.O. [1936].

[Goebbels] Elke Fröhlich [Hrsg.]: Die Tagebücher von Joseph Goebbels. Teil I, Aufzeichnungen 1923–1941, Bd.5 (Dezember 1937–Juli 1938). München u.a. 2000.

[Grimm] Hans Grimm: Suchen und Hoffen. Lippoldberg 1960.

[Großstadt-Dokumente] Dietmar Jazbinsek u. Ralf Thies: »Großstadt-Dokumente«. Metropolenforschung im Berlin der Jahrhundertwende. Berlin 1996.

[GrübeleienI.] Gustav Frenssen: Grübeleien. 29.–33. Tsd. Berlin 1920

[GrübeleienII.] Gustav Frenssen: Möwen und Mäuse. 10. Tsd. Berlin 1928

[GrübeleienIII.] Gustav Frenssen: Vorland. Berlin 1937.

[Hauptmann] Martin Machatzke [Hrsg.]: Gerhart Hauptmann. Tagebücher 1897 bis 1905. Frankfurt a.M. 1987

[Heimat] Die Heimat. Monatsschrift des Vereins zur Pflege der Natur- und Landeskunde in Schleswig-Holstein und Hamburg. Neumünster 1950ff.

[Heimatfest] Gustav Frenssen: Das Heimatfest. Schauspiel in fünf Akten. Berlin 1903.

[ImprimaturVIII] Hanns Martin Elster: Begegnungen, Literarische Erinnerungen (1888–1924). In: Imprimatur Neue Folge VIII. Ein Jahrbuch für Bücherfreunde. Frankfurt a.M. 1976.

[INDL] Institut für Neuere deutsche Literatur und Medien an der Christian-Albrechts-Universität Kiel.

[Industrialisierungskrise] Uwe-Karsten Ketelsen: Literatur in der Industrialisierungskrise der Jahrhundertwende. Eine historische Analyse der Erzählkonzeption von Gustav Frenssens Roman ›Jörn Uhl‹. In: Jahrbuch der Raabe-Gesellschaft 1984. Braunschweig 1984.

[ITFF] Theaterwissenschaftliche Sammlung am ›Institut für Theater-, Film- und Fernsehwissenschaft‹ der Universität Köln.

[Jäger] Georg Jäger: Die deutschen Leihbibliotheken im 19. Jahrhundert. Verbreitung – Organisation – Verfall. In: Internationales Archiv für Sozialgeschichte der deutschen Literatur. Hrsg. v. Georg Jäger, Alberto Martino, Friedrich Sengle. München o.J. (1977).

[Killy] Walther Killy. Literatur Lexikon. Autoren und Werke deutscher Sprache. 15 Bde. Gütersloh u. München 1989.

[Klassiker] Bernhard Zeller: Klassiker in finsteren Zeiten 1933–1945. 2 Bde. Marbach 1983.

[Klemperer] Victor Klemperer: Leben sammeln, nicht fragen wozu und warum. Tagebücher 1925–1932. Hrsg. von Walter Nowojski. Leipzig 1996.

[LA-SR] Literaturarchiv Sulzbach-Rosenberg.

[LBZ-RLP] Landesbibliothekszentrum Rheinland-Pfalz, Pfälzische Landesbibliothek, Speyer.

[Lebensbericht] Gustav Frenssen: Lebensbericht. Berlin ²1941.

[Leitgeb] Hanna Leitgeb: Der ausgezeichnete Autor. Städtische Literaturpreise und Kulturpolitik in Deutschland 1926–1971. Berlin 1994.

[Literatur] Uwe-Karsten Ketelsen: Literatur und Drittes Reich. Schernfeld 1992.

[Mann] Hans Wysling (Hrsg.): Thomas Mann, Heinrich Mann. Briefwechsel 1900–1949. Frankfurt a.M. 1984.

[Meisel-Hess] Grete Meisel-Hess: Die sexuelle Krise. Jena 1909.

[Monacensia] Münchener Stadtbibliothek Monacensia.

[Niebuhr] Pastor Niebuhr: Der Verfasser von ›Hilligenlei‹. Ein Beitrag zu dem Verständnis seiner Persönlichkeit‹. In: ›Westermann Illustrierte Deutsche Monatshefte‹. Nr. 594, März 1906.

[Nordelbingen] Nordelbingen. Beiträge zur Heimatforschung in Schleswig-Holstein, Hamburg und Lübeck. Hrsg. von Walter H. Dammann, Harry Schmidt u.a. Heide 1923ff.

[NSDAP] Helmut Heiber [Bearb. u. Hrsg.]: Akten der Partei-Kanzlei der NSDAP. Rekonstruktion eines verloren gegangenen Bestandes. Regesten Bd.2. München u. Wien 1983.

[ÖNB] Österreichische Nationalbibliothek.

[Parlamentarierinnen] Heide-Marie Lauter: Parlamentarierinnen in Deutschland. Sulzbach i. Taunus 2002.

[Raabe/Briefe] Karl Hoppe [Hrsg.]: Wilhelm Raabe. Briefe. Wilhelm Raabe Sämtliche Werke, Ergänzungsband 2. Göttingen 1975.

[Raabe/Gepräche] Rosemarie Schillemeit [Hrsg.]: Wilhelm Raabe. Gespräche. Ein Lebensbild in Aufzeichnungen und Erinnerungen der Zeitgenossen. Wilhelm Raabe Sämtliche Werke, Ergänzungsband 4. Göttingen 1983.

[Rathenau] Alexander Jaser, Clemens Picht, Ernst Schulin [Hrsg.]:

Walter Rathenau. Briefe, Teilband 2, 1914–1922 (Bd.V2 der Walter Rathenau-Gesamtausgabe). Düsseldorf 2006.

[Reicke] Ilse Reicke: Besuch bei Gustav Frenssen. In: Reclams Universum. Leipzig 1938.

[Rilke/Briefe] Horst Nalewski [Hrsg.]: Rainer Maria Rilke. Briefe in zwei Bänden. Erster Band 1896 bis 1919. Frankfurt a.M. u. Leipzig 1991.

[SAB] Stadtarchiv Braunschweig.

[SBB] Staatsbibliothek Berlin.

[SBH] Stadtbibliothek Hannover.

[Schaukal] Claudia Giardi [Hrsg.]: Thomas Mann. Briefe an Richard Schaukal. Frankfurt a.M. 2003.

[Scheidemann] Christian Gellinek: Philipp Scheidemann. Köln, Weimar u. Wien, 1994.

[Schillerstiftung] Archiv der ›Deutschen Schillerstiftung‹ im ›Goethe- und Schiller-Archiv‹ Weimar.

[Schl.-Holst.] Schleswig-Holstein. Hrsg. Schleswig-Holsteinischer Heimatbund. Bosau, Rendsburg u.a. 1949ff.

[Schnitzler] Arthur Schnitzler: Tagebuch 1909–1912. Hrsg. von der Kommission für literarische Gebrauchsformen der Österreichischen Akademie der Wissenschaften. Wien 1981.

[Schumacher] Fritz Schumacher: Stufen des Lebens. Erinnerungen eines Baumeisters. Stuttgart u. Berlin 1935.

[Schweitzer] Albert Schweitzer: Vorträge Vorlesungen Aufsätze. Werke aus dem Nachlass. München 2003

[Sektion] Inge Jens: Dichter zwischen rechts und links. Die Geschichte der Sektion für Dichtkunst an der Preußischen Akademie der Künste. Leipzig 1994.

[SGL] Stadtgeschichtliches Museum, Leipzig.

[SHLB] Schleswig-Holsteinische Landesbibliothek, Kiel. Nachlass Gustav Frenssen, Cb21.

[Simpl] Simplicissimus. München 1896–1944.

[SLD] Stadt- und Landesbibliothek Dortmund.

[Stekel] Wilhelm Stekel: Die Träume der Dichter. Eine vergleichende Untersuchung der unbewussten Triebkräfte bei Dichtern, Neurotikern und Verbrechern. Wiesbaden 1912.

[Strasser] Christian Strasser: Carl Zuckmayer. Deutsche Künstler im Exil. Wien, Köln u. Weimar 1996.

[Strauß] Theodor Heuss – Lulu von Strauß und Torney. Ein Briefwechsel. Düsseldorf u. Köln 1965.
[SUBB] Staats- und Universitätsbibliothek Bremen.
[SUBG] Niedersächsische Staats- und Universitätsbibliothek Göttingen.
[SUBH] Staats- und Universitätsbibliothek Carl v. Ossietzky, Hamburg.
[Texte] Otto Jordan [Hrsg.]: Gustav Frenssen. Texte. Bohmstedt 1978.
[UBF] Universitätsbibliothek Johann Christian Senckenberg, Frankfurt a. M.
[UBK] Universitätsbibliothek Kiel.
[ULBM] Universitäts- und Landesbibliothek Münster.
[Weber] Helmut Schumacher [Hrsg.]: A. Paul Weber. Das illustrierte Werk. Lübeck 1984.
[Weltkrieg] Helmut Fries: Deutsche Schriftsteller im Ersten Weltkrieg. In: Der Erste Weltkrieg. Wirkung - Wahrnehmung - Analyse. Hrsg. v. Wolfgang Michalka. München 1994.
[Winter/Weber] Dietrich Stein [Hrsg.]: Katalog zur Ausstellung Bernhard Winter und A. Paul Weber als Illustratoren für Gustav Frenssen in der Galerie Zufriedenheit. Barlt 1988.
[Worpswede] Elfriede Berger [Hrsg.]: Carl Hauptmann und seine Worpsweder Freunde. Briefe und Tagebuchblätter. Berlin 2003
[Zeit] Kay Dohnke u. Dietrich Stein [Hrsg.]: Gustav Frenssen in seiner Zeit. Heide 1997.
[Zweig] Stefan Zweig: Briefe 1897–1914. Hrsg. von Knut Beck, Jeffrey B. Berlin und Natascha Weschenbach-Feggeler. Frankfurt a.M. 1995.

Andrees allgemeiner Handatlas, in 126 Haupt- und 137 Nebenkarten. Hrsg. A. Scobel. Bielefeld u. Leipzig 1899.
Chronik des 20. Jahrhunderts. Hrsg. Bodo Harenberg. Dortmund ^{9}1988.
Ulrike Erber-Bader: Deutschsprachige Verlagsalmanache des 20. Jahrhunderts. Eine Bibliographie. Mit einer Auswahl von Sortimenter-Almanachen. 2 Bde. Marbach 2001.
Hermann Grotefend: Taschenbuch der Zeitrechnung. Hannover ^{13}1991.

Ulrich Lange [Hrsg.]: Geschichte Schleswig-Holsteins. Von den Anfängen bis zur Gegenwart. Neumünster 1996.

Meyers Großes Konversations-Lexikon. Ein Nachschlagewerk des allgemeinen Wissens. 24 Bde. Leipzig u. Wien ^{6}1905–1913.

Der große Ploetz. Die Daten-Enzyklopädie der Weltgeschichte. Würzburg ^{32}2001.

Peter Sprengel: Geschichte der deutschen Literatur 1900–1918. Bd. IX,2. München 2004. (Innerhalb der Reihe: Helmut de Boor: Richard Newald: Geschichte der deutschen Literatur von den Anfängen bis zur Gegenwart).

Curt Vinz u. Günter Olzog [Hrsg.]: Dokumentation deutschsprachiger Verlage. München u. Wien ^{1}1962.

»Wir wollen eine andere Welt« Jugend in Deutschland 1900–2010. Zusammengestellt von Fred Grimm. Berlin 2010.

1863

19. Oktober: Barlt. Die Eltern, Catharine Amalia, geb. Hansen, sowie der Tischlermeister und Zimmermann Johann Hermann Frenssen, erhalten zu ihren drei Kindern weiteren Nachwuchs. Der Säugling ist zunächst leblos, kann aber dank dem raschen Eingreifen und der ganzen Erfahrung der Hebamme reanimiert werden. [Zeit15] — Die Eltern können nicht unterschiedlicher sein. Die Mutter ist zwar treusorgend doch schwermütig, mutlos veranlagt, voll innerer Unruhe und auch ein wenig grüblerisch. Auch glaubt sie an Gespenster. Der Vater dagegen sprüht förmlich vor Ideen und zupackendem Mut, doch müht er sich dabei oft vergeblich in seinem Beruf. Das aus ein paar Bauernhöfen und Handwerkerhäusern bestehende Straßendorf ist einfach zu klein, um einen Handwerker und seine große Familie gut zu nähren. So versucht er sich einmal nebenbei als Landmann, bewirtschaftet einen Acker, wozu ein eigenes Pferd angeschafft wird; ein andermal hält er zwei Kühe oder er versucht, eine Dreschmaschine zu entwickeln. Doch der wirtschaftliche Erfolg will sich trotz aller Großsprecherei und dem Verweis auf zukünftige Besserung, mit dem er jeden neuen Anfang startet, nicht recht einstellen. [Lebensbericht22f.]

21. Oktober: Barlt. Pastor Friedrich Nicolaus Lorenzen tauft den Jungen in der St.-Marien-Kirche auf den Namen Gustav Adolf Frenssen. Vom Vater angeschrieben, übernehmen der streitbare Pastor Christian Friedrich Frenssen aus Westerland auf Sylt, der schon dreimal eine Amtsenthebung über sich ergehen lassen musste, sowie Pastor Claus Jacob Hansen aus Archangelsk und der Vetter seiner Mutter, der Rendsburger Propst Karl Magnus v.d. Heyde, die Patenstelle. Letzterer sandte als Patengeschenk einen Golddukaten. [GF45] [Texte268]

November: Das Königreich Dänemark verabschiedet eine neue Verfassung. Entgegen der Festlegung des ›Londoner Protokolls‹ von 1852 wird das Herzogtum Schleswig in den Gesamtstaat integriert. Damals hatten die Großmächte festgelegt, dass der Schleswiger Teil nicht enger an den dänischen Staat gebunden werden dürfe als die zum dänischen Verwaltungsgebiet gehörenden aber doch eine gewisse Selbstständigkeit aufweisenden Herzogtümer Holstein und Lauenburg. Dänische Truppen rücken bis an die Eider vor.

1864

in 1864: Barlt. Erstmals besucht der Sylter Pastor Christian Friedrich Frenssen sein Patenkind. [Texte268]

16. Januar: Preußen und Österreich protestieren auf das Heftigste gegen die Annexion Schleswigs durch Dänemark und fordern das Königreich in einem Ultimatum auf, binnen 48 Stunden die Verfassung zurückzunehmen und das Herzogtum zu räumen. Dänemark reagiert nicht.

1. Februar: Nachdem verbündete österreichische und preußische Truppen die Elbe überschritten hatten, wird die Eidergrenze überquert.

11. März: Barlt. Die älteste 1855 geborene Schwester Caroline stirbt an Lungenentzündung. Der Überlieferung nach legt F ihr von seinem Haar eine blonde Locke in die Hände. [GF40]

18. April: Erstürmung der Düppeler Schanzen durch preußische Truppen.

30. Oktober: Friede von Wien. Dänemark tritt die Herzogtümer Schleswig, Holstein und Lauenburg an Preußen und Österreich ab.

1866

in 1866: Barlt. Mit Georg erfährt die Familie einen weiteren Zuwachs. [Zeit15] — »*Meine erste Erinnerung ist, dass ich vor einem großen Berg von Hobelspänen sitze und damit spiele, während meine Mutter für die Gesellen und uns Kinder die Arbeit in Küche und Keller verrichtete oder nach dem Teich ging, wo wir unsere Kuh hatten.*« (›Berliner Tageblatt‹, 18.2.1906)

4. März: Barlt. Der liberale Pastor Ernst Lüdemann bezieht das Pastorat neben den Fs. Die Kinder beider Familien werden Spielkameraden. [GF47]

23. August: Friede von Prag. Als Verlierer im preußisch-österreichischen Krieg muss die Donau-Monarchie das Herzogtum Holstein räumen.

1867

12. Januar 1867: Die Herzogtümer Schleswig und Holstein werden preußische Provinz.

1868–1869

Unmittelbar neben dem Pastorat wächst F in der kleinen Kate, die sein Vater einst **1853** für die eigenen Eltern errichtet hatte, heran. Dabei zeigt sich bald, dass der Junge eine eher schwächliche Konstitution besitzt. Er neigt zu Rheumatismus und besitzt eine schwache Lunge. Wenn er nicht aufpasse, so sagt der Arzt, würde er mit 40 sterben. [Lebensbericht67] — Die Kinder des Pastors Ernst Lüdemann und andere Dorfkinder sind oft zusammen mit F in der väterlichen Tischler-Werkstatt anzutreffen. [Zeit16]

»Im Winter und bei Regenwetter in der kleinen, niedrigen Stube gegenüber der Küche [...] oder in der Werkstatt, in der unter dem Lärm von Säge, Hobel und Hammer, Bauernkoffer und Sarg, Stuhl und Tisch, Bettstatt und hölzernes Grabkreuz entstanden. Ich besuchte meine Kameraden, Tagelöhnerkinder, in den Häusern, die hinter dem unseren lagen, in denen oft bittere Armut und oft ein roher und wilder Ton herrschten. Es war nicht so, dass ich ängstlich behütet aufwuchs; meine Kinderaugen haben die schlimmsten Niederungen menschlichen Lebens gesehn. Bei gelegentlichen Aufträgen meines Vaters stand ich scheu und voll ehrfürchtigen Staunens auf den Bauerndielen und sah, wie zu halben Göttern, zu den großen Besitzern und ihren Kindern auf. [Lebensbericht25]

1870

April: Barlt. Zu Ostern Beginn des Besuchs der Dorfschule. Erstmals muss sich der Junge mit dem Hochdeutschen auseinandersetzen, war er doch bisher nur im Plattdeutschen aufgewachsen. Doch die Kinder untereinander sprechen weiterhin ihre gewohnte Sprache.

1871

10. Dezember: Barlt. Der mit im Haus lebende Großvater Hans F stirbt.

1874 od. 1875

Die kleine Dorftischlerei des Vaters wirft nicht viel Gewinn ab, es reicht gerade dazu, das Leben zu fristen. Doch vor allem die ältere **1857** geborene Tochter Augusta, in der die Eltern das Begabteste ihrer Kinder sehen, soll eine gute Ausbildung erhalten und so war ihr die Ausbildung auf der Herrnhuter Erziehungsanstalt in Christiansfeld in Nordschleswig ermöglicht worden. Die Kosten dafür sind nicht leicht aufzubringen. [GF44]

24. Dezember: Barlt. Aus Christiansfeld trifft ein Telegramm der Schwester Augusta im Hause ein und kündigt ihre Ankunft auf dem Bahnhof zu Meldorf an. Die Aufregung ist groß: »*[...] wir hatten noch niemals eins bekommen! Wie viel Telegramme waren überhaupt schon ins Dorf gekommen, seit man dies Wunder kannte, vielleicht drei oder vier! Wie wir es umstanden und betrachteten! Und welches Aufsehen würde das nun wieder im Dorf machen!*« Da der Vater noch zu arbeiten hat – das Bett des Nachbarn ist zu reparieren, mit dem er in der letzten Nacht zusammengebrochen war –, wird F mit seinem älteren Bruder losgeschickt, die Schwester vom Bahnhof abzuholen. Draußen herrscht die Dunkelheit und ein Schneesturm fegt über das Land. Vom Weg ist nichts zu sehen, nur zu erahnen. Mit viel Mühsal gelangen die Jungens schließlich nach über zweieinhalb Stunden in Meldorf an. Zurück geht es mit einem Pferdefuhrwerk. »*Wir schwanken los. Wir sagen alle drei kein Wort. Der Sturm fährt ja gegen uns an und nimmt uns den Atem. Wir beiden Jungen sind ja auch zu erstaunt und erschrocken. O, wir haben in der Familie wahrhaftig kein Mangel an Einbildung; aber dies geht darüber! Wir ... in einem Extrawagen! Keiner aus der ganzen Dorfschule hat je in einem Extrawagen gesessen! Welche wunderbare Begebenheit! Und dabei immer von Neuem die Angst, wie teuer es wohl sein wird und ob die Schwester so viel Geld hat, und wenn nicht, ob der Vater es hat. Es kommt wohl vor, dass keine fünf Groschen im Hause sind! Wie peinlich, wenn dies Geld, gerade dies Geld, von einem Nachbarn geborgt werden müsste! Und wenn das mit dem Geld gut geht, welches Gerede wieder im Dorf. Ach, wir sind oft im Gerede, weil unser Vater so viel ist: Tischler, Zimmermann, Glaser, Maler; und außerdem noch allerlei unternimmt [...]. Aber einerlei: wie großartig! Wie märchenhaft! Wir fahren in einer Halbchaise! Sie scheint alt und wacklig, und das Leder ist rissig, und der Kutscher hat keine silbernen Knöpfe und das Pferd ist alt und steif; und es ist kalt und es friert uns. Aber es ist doch ein unsagbares Wunder.*

Das Wunder wird noch größer. Wie wir die Ecke erreichen, wo der Weg ostwärts nach unserm Dorf zu biegt, tut das Pferd wohl einen Fehltritt. Ein Sturmstoß fasst es ... da liegt es!

Mein Bruder, als Dorfkind, hinunter vom Wagen. Er greift mit an. Das Pferd kommt wieder hoch; die Deichsel hat nur einen Knick. Es geht wieder weiter. Wir erreichen das Dorf.« Nachdem dies alles überstanden ist, erscheint dem jungen F das größte Wunder in seinem bisherigen Leben jedoch im eigenen Haus. Der Vater hatte derweilen zum ersten Mal einen Tannenbaum im Hause aufgestellt, sogar sechs Talglichter brennen an ihm. (›*In Sorgen Tapfer*‹, ›Würzburger General-Anzeiger‹, Literarische Beilage 2.12.1933)

1875–1876

Pastor Lüdemann erteilt dem Nachbarjungen Privatunterricht, da F einmal das Gymnasium in Meldorf besuchen soll. [Zeit16] — *»Es wäre für meinen Geist und auch für meine Bildung besser gewesen, wenn ich nach der Dorfschule keinen einzigen Schulraum mehr betreten hätte. Wie viele Stunden an Dingen, die für mich wertlose und also schädliche warn, z.B. tote Sprachen, Rechnen, Mathematik, Physik, Kirchenlehre! [...] ich wäre doch freier und breiter gewachsen, und wäre früher zu meinem eignen Wesen gekommen.«* [GrübeleienIII.38]

1877

Ende März/Anfang April: Meldorf. F wird Ostern in die Quinta der Gelehrtenschule aufgenommen. Die Bemühungen der Eltern, die durch die Ausbildung der Tochter Augusta in der Herrnhuter Anstalt in Christiansfeld keine weiteren finanziellen Mittel mehr erübrigen können, hatten Erfolg. Sechs Bauern übernehmen für die weitere Ausbildung des Jungen eine Bürgschaft zu je 1000 Mark. Erste Schuldverschreibungen lasten auf elterlichem Haus und Betrieb. So beginnt der eigentliche Lebensweg für F mit Schulden, die ihn noch Jahrzehnte später plagen sollen. Doch für die Eltern gibt es eine Perspektive: Er soll Pastor werden. Für den mit Fantasie begabten Dreizehnjährigen, doch etwas schüchternen und ohne Bezug zum geistigen Leben ausgezeichneten Jungen, ist es geradezu ein Schock, aus dem behüteten Elternhaus, dem dörflich übersichtlichen Leben hinaus in die fremde Stadt und ohne die bekannten Spielgefährten zu geraten. *»Ich stehe etwas abseits, in den großen Stiefeln, die ich vom Dorf mitgebracht habe, und in dem eigen gemachten, rauen Wollanzug. Ich bin aber inwendig ein ehrgeiziger, kleiner Kerl und wünsche und begehre – und es ist ein edles Begehren –, von den Größeren gesehn, beachtet und angeredet zu werden. Und sonderbarerweise geschieht das auch. Einige große Jungen, auch einige Lehrer treten an mich heran und fragen mich, woher ich ge-*

kommen bin und wo ich wohne, und wer die Jacke gemacht hat, die hinten im Kreuz einen ungewöhnlichen Schnitt hat. Es ist etwas Spott in dieser Frage, ich merke es wohl; [...]« (›*Otto Babendiek*‹. 1. Neuauflage 1996, 1.Bd S.106) — Hinzu kommt einerseits, er ist mit der niederdeutschen Sprache fester verwurzelt als im Hochdeutschen, andererseits ist er als 14-jähriger drei bis vier Jahre zu alt, um ins Klassengefüge zu passen, in dem auch ausnehmend Hochdeutsch gesprochen wird. Er bleibt ein Außenseiter. — »*Aus der Dorfschule, die in allen Künsten gespielt hatte, in die ödeste Grammatikschule. Von einem würdigen, mitten im Leben des Dorfes stehenden Lehrer zu diesen Gymnasiallehrern, die bis auf einen, oder höchstens zwei, in ihrem entsetzlichen, rein grammatikalischen, formellen Beruf verdorrt waren, die noch dazu voll Sonderbarkeiten oder eitel oder einseitig waren, einige körperlich seltsam hässlich, einer ein Trinker, einer verlogen; und die fast alle in uns, den Schülern, ihre Gegner sahen. Das alles empfand ich aufs Deutlichste und aufs Härteste*«. So zieht sich der empfindsame Knabe ganz auf sich zurück und lässt jeglichen schulischen Ergeiz vermissen. Sein ganzes Sehnen ist auf das Ende der Woche, auf den Sonnabend Nachmittag gerichtet, an dem er wieder ins elterliche Dorf zurückwandern darf. [Lebensbericht36f.] — Der Wesselburener Adolf Bartels, später Literaturwissenschaftler und scharfer Kritiker Fs besucht dieselbe Schule. **1879** gehören beide Schüler einmal derselben Klasse an. — Hier in Meldorf auf der Schule lernt er auch einige Zeit später seine zukünftige Frau, die Lehrerstochter Anna Walter (*4.10.1871) kennen. [Zeit347]

Sommer: Meldorf. Der Barlter Schüler ist bei Polizeidiener Dohse in der ›Süderstraße‹ als Pensionär untergebracht. [Zeit17]

1878

in 1878: Barlt. In der Sparkasse unterschreibt F den ersten Schuldschein in seines Lebens, um seine weitere Ausbildung und die seiner Schwester zu sichern. [Lebensbericht66]

1879

in 1879: Meldorf. F besucht den Konfirmandenunterricht bei Pastor Peter Petersen. [Zeit18]

1880

21. März: Barlt. Obwohl F in Meldorf den Konfirmandenunterricht besucht hatte, lässt er sich in seinem Heimatdorf von Pastor Ernst Lüdemann konfirmieren. [Zeit18]

zw. März 1880 u. März 1881: Meldorf. F verkauft seinem Schulkameraden Adolf Bartels für zwei Mark August v. Thümmels Sämtliche Werk in der Göschen-Ausgabe. Als Bartels sich die Ausgabe später näher ansieht, fehlen einige Druckbögen, andere Seiten sind von Mäusen angefressen. Von diesem Zeitpunkt an will er eigenen Angaben zufolge alles Vertrauen zu dem Menschen F sowie zu dem späteren Schriftsteller verloren haben. Der Grundstein zu einer lebenslangen Antipathie ist gelegt. [Zeit354]

1881

April: Meldorf. Eine Versetzung kann zu Ostern nicht gewährt werden und so muss F die Obertertia wiederholen. [Zeit18]

1882

April: Meldorf. Nur mit Bedenken erfolgt die Versetzung zu Ostern in die Untersekunda. [Zeit18]

15. April: Der Barlter Pastor Ernst Lüdemann und seine Familie verlassen das Dorf. Damit muss auch F von der Tochter, seine Jugendliebe, Ina Lüdemann, Abschied nehmen. [GF47]

1884

April: Meldorf. Zu Ostern erfolgt die Versetzung in die Prima. F, der mit mehreren Schülern und vor allem mit einem Lehrer überhaupt nicht zurechtkommt, ja, sogar in Streit mit ihm gerät, möchte die Schule verlassen. Dahinter steht aber auch die schlechte finanzielle Lage der Eltern. Im Abiturzeugnis wird später dann auch vermerkt werden, dass ihn »fehlende Subsistenzmittel« zum Wechsel veranlassten. Nur durch Vermittlung von Pastor August Michelsen aus Schleswig, ein Bekannter aus der eigenen pastoralen Verwandtschaft, gelingt es, den Husumer Schuldirektor Karl Heinrich Keck zur Aufnahme Fs zu bewegen. [Zeit18]

September: Husum. Mit dem Abgangszeugnis aus Meldorf zu Michaelis, das in fast allen Fächern »nicht völlig genügend« lautet, wechselt F an das Husumer ›Königliche Gymnasium‹. Er findet in dem literarisch gebildeten Schulleiter Karl Heinrich Keck, zudem Herausgeber des ›Deutschen Literaturblattes‹ einen Förderer. F gedenkt seinem Mentor später als einem Menschen, der ihn als einzigen seiner Lehrer nicht »*als einen wunderlichen und zuwideren, sondern als einen Menschen betrachtet hat, der einige Aufmerksamkeit verdient.*« Aufgrund ärztlichen Attestes ist er vom Turnunterricht befreit. [Zeit359 u. 19] [Lebensbericht51] — Keck ist es auch, der für den neuen Zögling eine preiswerte Unterkunft im ehemaligen Wohnhaus Theodor Storms in der ›Wasserreihe Nr.31‹ ausfindig macht. Sein Logis ist fortan Storms ehemaliges Arbeitszimmer, das dunkel getäfelte »Poetenstübchen«. Das Essen erhält der mittellose Schüler über sogenannte »Freitische« bei begüterten Husumer Bürgern darunter der Familie Ferdinand Tönnies'. [Zeit18] — In dieser Zeit sieht er auch den sich immer wieder einmal in der Heimat aufhaltenden Husumer Dichter: »*Ich habe Theodor Storm auf einem Fest in Husum gesehen, auf dem auch wir Primaner tanzten.*« [Dithmarschen8]

1885

in 1885: Husum. »*Während sonst die Armut den Menschen hindert, dass er eine edlere Kultur kennenlernt, war sie in meinem Falle förderlich. Ich kam nämlich als ein vorsichtiger, wöchentlicher Tischgast, immer freundlich aufgenommen, in eine Anzahl der ersten Häuser, der Tönnies, Hamckens, Manning, Hansen, Boje und anderer, und sah und lernte viel. Es war überhaupt ein helleres und weiteres Leben in Husum. Man wurde da freundlich als ein werdender Mensch geachtet, was mir, der ich erfroren und erstarrt und wie aus der Menschheit herausgeworfen war, so gut tat.*« Doch trotz allem positiven Empfinden, auch mit Husum wird F nicht recht warm. Zu viel ist in seinem Innersten in Meldorf zerbrochen. Er sehnt sich zurück ins dörfliche Leben seines ihm übersichtlich erscheinenden Heimatortes und zurück in die Zeit seiner Kindertage, die er zunehmend gleichsetzt mit klaren Strukturen und Geborgenheit. Dort, in Barlt, schien ihm doch alles so übersichtlich, so ohne Probleme. [Lebensbericht52f.] — F widmet sich jetzt wieder der Lektüre u.a. der Werke von Theodor Storm und unternimmt erste poetische Versuche. [GF53]

1886

5. Januar: Husum. F ersucht das ›Königl. Provinzial-Schulkollegium für Schleswig-Holstein‹ um Zulassung zur Abiturprüfung und gibt an, sich fortan dem Studium der Theologie zu widmen. [Dithmarschen8]

5. März: Husum. Die schulischen Leistungen haben sich in den letzten Jahren gefestigt. Mit nunmehr 22 Jahren besteht F das Abitur am Gymnasium. In Mathematik erhält er ein »nicht genügend«, sechsmal gibt es die Note »genügend«. Dreimal gibt es die Note »gut«, darunter in Deutsch: »Gewandt im schriftlichen Ausdruck, besitzt er zugleich eine gute Kenntnis der Hauptwerke unserer Klassiker. Dem entsprach sein guter Prüfungsaufsatz.« [Dithmarschen8]

Mitte April: Tübingen. Beginn des Theologiestudiums, das er wohl auch zu einem nicht geringen Teil an Verpflichtung und familiärer Tradition aufnimmt – drei Verwandte sind Theologen –, denn aus einer inneren Berufung und Neigung heraus. Auch sind andere Studienzweige, wie der der Medizin, zu teuer. »*Ich hatte aber auch einen entschiedenen inneren Zug zu diesem Amt. Das Suchen und die Beziehung zum Ewigen lag in meiner Natur; meinen Gedanken umliefen ruhelos immer wieder die letzten Dinge; und der Beruf des Geistlichen versprach, mir bei diesem Suchen zu helfen.*« Später wird er als von einem »*schlimmen und traurigen Irrtum*« sprechen, der ihn diesen Beruf ergreifen ließ. Am studentischen Leben nimmt er nicht Teil. Das Geld fehlt dazu. Und so findet er auch keinen Kontakt zu Kommilitonen. Er besieht sich die Stadt und unternimmt einige Ausflüge in die Umgebung. Auch Heidelberg wird besucht. Dort sieht er bei einem Umzug den zukünftigen Kaiser Kronprinz Friedrich. [Lebensbericht59f. u. 63f.] [Texte117]

Sommer: Barlt. Wie schon während der Schulzeit ist der Aufenthalte im Heimatdorf während der Semesterferien der Höhepunkt im Leben Fs. Der Vater hatte ihm extra ein kleines Studierzimmer unterm Dach eingerichtet, doch der Student will daheim von Wissenschaft nichts hören und sehen. »*Ich musste immer mit Freunden herumstehn, Pläne machen, zum Tanz reiten oder fahren.*« [Lebensbericht66] [GrübeleienII.189] — Angeregt durch eine kurze Erzählung der ›Leipziger Illustrierte Zeitung‹ unternimmt er einen ersten offensiven poetische Versuch. Er sendet selbst eine Kurzgeschichte dorthin. Die Veröffentlichung wird jedoch abgelehnt. (an Harry Maync, 6.2.1937) Später, als ihm das Manuskript wieder vor die Augen gerät, arbeitet er es zu seinem ersten Roman um. [GrübeleienII.10f.] [SHLB]

Mitte Oktober: Berlin. Nach einem Semester wechselt F an die Universität der Spreemetropole. Er mietet sich ein Zimmer in der ›Borsigstraße Nr.11‹ im Bezirk Mitte. Bei Otto Pfleiderers werden einige Vorlesungen über das Johannesevangelium besucht sowie zur Dogmatik und Ausführungen zum Römerbrief bei Julius Kaftan, doch alles erscheint ihm mühselig. [Zeit185]

1887

Mitte April: Berlin. Mit Beginn des Sommersemesters nimmt sich F ein Zimmer in der ›Schlegelstraße Nr.14‹. [Zeit20]

Sommer: Barlt. Die vorlesungsfreie Zeit wird in der Heimat im Kreise der ehemaligen Schulkameraden verbracht. Eines Tages besuchen Jungbauern für zwei Tage ihre Verwandten und Bekannten aus Schule und landwirtschaftlicher Ausbildung in dem kleinen Bauerndorf. Dem Theologie-Studenten bietet das Zusammentreffen eine willkommene Abwechslung nach dem für ihn wirren, lauten und als unpersönlichen empfundenen Großstadtleben. Auch an ihn ergeht die Aufforderung zum Gegenbesuch. So fährt eines Tages eine Gruppe nach Wesselburen und von dort mit einem Gespann zu einem großen Bauernhof, wo ebenfalls zwei Tage zugebracht werden. F lernt dort eine etwas ältere Frau kennen, die ihn zu sich auf einen Hof im Holsteinischen einlädt. Als Student zumal der Theologie gilt er ihr als etwas Besonderes, in seiner ruhigen, zurückhaltenden Art, wie er sich nicht an den abendlichen Umtrünken und Kartenspiel beteiligt und etwas altklug daherredet. Er soll das Geheimnis ihrer verschlossenen Schwester ergründen helfen, die sich nicht verheiraten will. Rund 14 Tage hält er sich anschließend bei ihr in Holstein auf. Das Rätsel wird gelöst: Die fragliche Schwester ist heimlich mit einem Mann verbunden, der aber immer eine Ausrede für eine Heirat vorgibt. [Lebensbericht68ff.]

Mitte Oktober: Berlin. Zum Beginn des Wintersemesters logiert F diesmal in der ›Albrechtstraße 12 a‹. Zeitweise lebt er mit einer von ihrem Mann verlassenen jungen Frau in »wilder Ehe« zusammen, was das Studium einmal mehr nachrangig werden lässt. [Zeit20] [Lebensbericht64] — In der Gestalt des ›*Kai Jans*‹ aus ›*Hilligenlei*‹ wird einiges aus dieser Zeit literarisch verarbeitet.

»Ich sag euch: ich beseh' mir das Leben da!«
»Besonders die Mädchen,« sagte Anna.
»Ich leugne es nicht,« sagte er, »obgleich es fast gefährlich ist, es zu gestehn.«
[...]

»Was interessiert dich sonst noch in Berlin?«

»Nun: die Straßen, der Verkehr, die Bauten, das Militär, das Theater ... aber am meisten ... am meisten ... der einzelne Mensch.«

»Wie das?« fragte Pe Ontjes.

»Ja, siehst du ... ohne es zu wollen, beobachte ich sie: wie sie leben und was sie denken. Ich kann stundenlang die Straßen entlang gehen – nicht allein unter den Linden; sondern auch im Norden, wo ich wohne – und über die Menschen nachsinnen, die ich da sehe, und über ihre Vergangenheit, und ihr gegenwärtiges Leben, und wie ihnen wohl ums Herz ist. Ich habe da unter den Arbeiterfamilien, unter denen ich hause, eine ganze Menge Bekannte, besonders auch unter ihren Kindern und Frauen.«

[...]

»... es ist immer Weihnachtsabend in ihm, und die Menschen und die Dinge verderben ihm immer den Weihnachtsabend. Er meint, es müsse viel mehr Glück in der Welt geben, und die Welt wäre nicht in Ordnung. Und nun ist er hier, ob er den rechten Sinn der Welt finden kann. Aber er kann ihn nicht finden. Als er das erste Mal hier war, als Student, da saß er abends bei uns, half meinen Kindern bei den Schularbeiten, stritt sich mit uns über Politik und Religion, und war frisch und gemütlich. Er war noch ein rechter Junge damals, und hatte Augen, als wenn er alles zum ersten Mal sähe. Aber seit er zum zweiten Mal wieder hier ist, redet er wenig, er sitzt da und fragt uns aus und grübelt. Er fragt unsere Kinder aus, was sie denken und meinen; er fragt uns Erwachsene nach unserem Glauben und unserer Politik; er fragt die Alten, die meistens vom Dorf sind, wie die Gutsbesitzer gegen sie gewesen sind und was sie damals geglaubt haben und was sie von der Kirche halten und wie ihnen jetzt zumute ist und so was. Ich habe noch niemals einen Menschen gesehen, der mit so wenig Worten die Menschen zum Reden bringen kann. Er ist meistens traurig und grüblerisch.« (›Hilligenlei‹. 121. Tsd., S.305f. u. 424.)

1888

Mitte April: Kiel. Fortsetzung des Studiums an der ›Christian-Albrechts-Universität‹. Hier hört er Praktische Theologie bei Gustav Kawerau, besucht die Vorlesungen Friedrich Nitzsch über Religionsphilosophie und Gustav Glogaus Ausführungen zur Pädagogik. [Zeit185]

1889

15. Juni: Verlobung mit Anna Walter, seiner »Antje«, wie er sie später nennen wird, einer Lehrerstochter aus Meldorf, die er schon von seiner dort verbrachten Gymnasialzeit her kennt. [Zeit21]

1890

März/April: Auf eigenen Wunsch hin hält F in einer Dorfkirche die erste Predigt. [Zeit186] — Kurz und heftig stürzt er sich von jetzt an in die Arbeit. Doch innere Berufung und Identität mit der Theologie fehlen völlig. Aus dem Paradies der behüteten und übersichtlich erscheinenden Kindheit einstmals in die raue Welt hinausgestoßen, vermag auch sie ihm keine Heimat geben. »*Ich hätte ebenso gut und gerne eine andre religiöse Konstruktion irgendeines fremden Volkes studieren können*«. [Lebensbericht81]

29. April: Kiel. Mit dem »II. Charakter« besteht F das Examen an der Universität. Als Thema der Arbeit wählt er »*Die Lehre des Neuen Testamentes von der Obrigkeit*«. [Zeit186]

Frühjahr: Zwar wird der Absolvent durch eine sechswöchige Kurzausbildung am Segeberger ›Preußischen evangelischen Schullehrerseminar‹ ein wenig in Pädagogik eingewiesen, doch was das Führen der Amtsgeschäfte eines Pfarrers bedeutet, da bleibt er ganz ohne qualifizierte Ausbildung. [GF63]

Mai: Mehrere Stellen stehen zur Auswahl. F entscheidet sich am Anfang seines beruflichen Werdegangs für das Diakonat in

Hennstedt. Handelt es sich doch um ein in relativer Näher zu seinem Heimatort gelegenes, überschaubares Dorf. Auch muss er als Diakon nur alle 14 Tage zur Predigt auf die Kanzel: »[...] *denn ich war kein rascher Denker und Arbeiter, und fürchtete mich vor einer Menge von Amtshandlungen.*« Die Bewerbung wird angenommen. [Lebensbericht84]

22. Juni: Hennstedt. Mit zwei anderen Bewerbern hält F am selben Tag eine Predigt. Sein Auftreten und seine Worte, die aus dem Leben zu kommen scheinen und erkennen lassen, dass er weiß, was den Menschen bedrückt, überzeugt die Kirchengemeinde. So wählen sie ihn zu ihrem zweiten Pastor. Nach der Wahl besichtigt er kurz seine neue Wohnung und begibt sich dann auf die Heimreise. Erst abends gelangt er von Meldorf zu Fuß gehend in Barlt an. [GF47] [Lebensbericht25]

27. Juni: Kiel. Ordination zum Pastor. [Zeit186]

nach 27. Juni: Hennstedt. Etwas scheu und lebensängstlich aber auch ein wenig eitel beginnt er seinen Dienst, um bald schon festzustellen, dass diese Berufswahl sich erst einmal als Irrtum entpuppt. Er fühlt sich nicht als ein richtiger Christ. Nur an Sterbebetten wallt von diesem Gefühl etwas in ihm auf. »*Ich konnte nicht wissen, dass meine phantastische und blutvolle Natur, meine natürliche, freie Freude an allen sinnlichen Gütern und Gaben der Welt, kurz, meine Künstlernatur, weder mit einer Kirchenlehre – auch der freiesten nicht –, noch mit der sittlichen Enge, die das Amt nach damaliger und auch heute noch vorliegender allgemeiner Forderung erduldet, ja nicht einmal mit der allgemeinen bürgerlichen Sitte jemals in Frieden würde leben können. Unerfahren mit mir selbst und mit der Welt dachte ich damals, wie ich belehrt war und wie es allgemein in der christlichen Luft lag, in der ich aufgewachsen, dass meine Natur [...] fehlerhaft wäre, [...] dass ich diese ›Sündigkeit‹ unterdrücken wollte [...].*« [Lebensbericht62f.] — Wie wenig ihn das Studium auf die wirkliche, praktische Gemeindearbeit vorbereitet hatte, wird F jetzt bei seiner ersten Amtsstelle so richtig deutlich. Er quält sich mit dem Abfassen der Predigten und als Seelsorger. Das Jahresgehalt von 2400 Reichsmark wird zu einem nicht geringen Teil von den anfallenden Zinsen der von seiner Ausbildung herrührenden Schulden in

Höhe von 7000 M sowie den von den Eltern übernommenen Schulden aufgezehrt. Um die elterlichen Verbindlichkeiten zu übernehmen, hatte er zuvor von einem Hamburger Fabrikanten 6000 M geborgt, um zumindest die **1877** von sechs Bauern gewährten Kredite zu begleichen. [Zeit186 u. 21] [Lebensbericht93 u. 156] — »*Es ist nicht einfach und nicht leicht, sechzig Mal im Jahre von so zarten und zugleich gewichtigen Dingen, wie: Gott und Gotteswille, Seele und Gewissen, kluge Gedanken zu denken und gut zu formen. Aber wiederum: mitten im Dorfleben hausend: von wie vielen natürlichen Dingen kann seine Predigt sagen und singen! [...] Von Sommer und Winter, Sonnenschein und Hagelschlag, Saat und Ernte, Häuserbauen und -niederreißen, Aufstieg und Niedergang der Geschlechter, von Freuden und Leiden von den Kindern her, von allen diesen Dingen und vielen andern noch darf er reden. Denn die Dorfleute haben das alles deutlich vor ihren Augen. Nach der Sonntagspredigt, im Lauf der Woche, kommt er in jedes Haus des Dorfes, in das eine zur Taufe, das andere zu Kranken und zu Toten, in das dritte zu raten und Taten.*

Nein, das Amt ist nicht leicht. Er muss auch immer auf der Wacht sein! Denn, seht, es wird das ganze Jahr hindurch nach seinem Hause gesehn, und zwar mit Augen, die wahrhaftig klar und nüchtern sind. Sie wollen viel wissen: Ist er ernst und fromm? Hatte er an dieser Predigt, an dieser Taufrede treulich gearbeitet? Wie hält er Haus und Garten? Was für Leute sind die Seinen?« (›*Aus einem Bauerndorf*‹) [Ernte17f.] — Gescheitert mit seiner anstudierten Theologie versucht er es mit dem Mischmasch des Volkes, in dem sich Heidentum mit christlichem Glauben amalgamisiert hat. Doch auch damit erkennt F, dass dies kein Ersatz ist und noch weniger Antworten auf konkrete Fragen bietet.

24. September: Meldorf. F und Anna Walter besiegeln den gemeinsamen Lebensweg mit ihrer Hochzeit. Beide Väter des Hochzeitspaares fungieren als Trauzeugen. Anna F ist es, die ihrem Mann das Gefühl gibt, ein vollständiger Mensch zu sein. Befindet sie sich einmal auf Reisen, so überkommt ihrem Gatten die Einsamkeit. Er kommt nicht zur Ruhe, geht spät zu Bett, findet keinen Schlaf und steht um vier Uhr schon wieder auf. [Zeit21 u. 28] — Die innere Unruhe macht sich auch sonst immer wieder bemerkbar: »Seine Fantasie arbeitete immer und quälte und beunruhigte ihn. Er war immer auf besonderes Glück oder Unglück und auf besondere Erscheinungen gefasst. Er war z.b. immer darauf gefasst, dass ihm irgendein Wesen, das noch kein Menschenauge gesehen, etwa eins, das unter der Erde lebte oder eben von einem Stern gefallen war, klein, einen Fuß lang, im Garten oder auf der Heide begegnete. Das war der Grund, dass er nicht gern allein war und nicht allein in Feld und Heide ging. In einem Wald wagte er sich auf keinen Fall allein. Wenn er dennoch allein war, war er nicht feige; aber todernst; er hatte dann Gott seine Seele anheimgegeben. Das war, was er seine ›bange Tapferkeit‹ nannte. Wenn er allein war, sprach er wohl lebhaft mit solchen Wesen, dass er sich ehrerbietig verbeugte.« (Anna Frenssen über ihren Mann, handschr. Manuskript nach 1945) [Zeit121]

Spätherbst: Hennstedt. F fährt nach Waabs bei Eckernförde, um sich dort bei einem Gutsherrn auf eine frei gewordene und höher dotierte Pfarrstelle zu bewerben. »*Schlittenfahrt durch wunderschöne weite Schneelandschaft, ein altes Schloss [...].*« Nach der Vorstellung dort folgt noch ein Besuch beim zuständigen Propst. »*Er fragte mich mit hölzerner Umständlichkeit und taktlosen Worten nach meinem Glauben, und ich wusste, dass ich die Pfarre nicht bekäme.*« Er wird nur als Ersatzmann für die drei schon feststehenden Bewerber zugelassen. [GrübeleienI.76] [GF72]

1892

Frühjahr: Hennstedt. Da keine Aussicht darauf besteht, in absehbarer Zeit die erste Pastorenstelle zu erhalten und damit auch kein besseres Gehalt in Aussicht steht, bewirbt der junge Pastor sich auf den vakant gewordenen Posten in Hemme.
[Lebensbericht94]

10. Juli: Hemme. Wie schon in Hennstedt versteht es F, mit seinem Auftreten und seiner Predigt zu überzeugen. Die Kirchengemeinde wählt ihn zu ihrem Pastor. Eine große Last ist nun von seinen Schultern genommen. So hofft er, mit dem höheren Gehalt nunmehr seine Schulden in 10–15 Jahre abtragen zu können. [Zeit21] [Lebensbericht94]

14. August: Hemme. Dienstantritt in der Dithmarscher Kirchengemeinde. »*Ich möchte wohl wissen, wie man predigen muss, um die Kirche voll zu haben. [...] Ich gäbe Jahre meines Lebens, wenn ich es wüsste. Vielleicht liegt es an mir, dass ich noch nicht Christ bin, so nahe bei ihm, um von ihm die Kraft zu erhalten.*« (an Pastor Hermann Niebuhr, o.D.) [Zeit186] — F kommt in der folgenden Zeit mit Pastoren der Umgebung in Kontakt, der sogenannten »Heider Konferenz« und hält sich auf Anraten eines Bekannten die Zeitschrift ›Christliche Welt‹, das Organ eines freien Protestantismus. Weitgehend von den Zeitströmungen in seiner abgelegenen Gemeinde isoliert, bietet sich hier erstmals die Möglichkeit, zu erkennen, dass es Gleichgesinnte gibt, die ähnliche Probleme und Fragen mit sich herumtragen. Als Quintessenz der Lektüre kommt für ihn dabei heraus, sich sein eigenes Christentum zu schaffen, eine Synthese von liberalem Christentum und Kultur. Auch die »Leben-Jesu-Theologie« findet er in der Zeitschrift widergespiegelt und eignet sie sich in der Folgezeit an. Und genau diese Lektüre der Zeitschrift macht den Hemmer Pastor auch mit den sozialpolitischen Themen Friedrich Naumanns bekannt. Auch bildet er sich jetzt erstmals kontinuierlich weiter. Erst hier in Hemme gelingt es, die Grundlagen der einfachen Schulbildung hinter sich zu lassen. Er liest Biografien, Geschichtsbücher, Reisebeschreibungen sowie Werke von Goethe, Keller, Dickens – den er später als einen seiner Lehrer bezeichnen wird –, oder Fontane »*als gütiger, vornehmer Mann von Welt sehr wichtig*« und Wilhelm Raabe. [Zeit186] [Lebensbericht102f.] — Fortan gelingt es ihm auch, aus sich herauszutreten. Er geht freier und ungezwungener unter die Menschen und unternimmt Besuche in den Häusern seiner Gemeinde. Vor allem bei den Bauern im Dorf Zennhusen hält er sich gerne auf. »*Es kamen bei den Unterhaltungen [...] drei politische Parteien zutage: die Nationalen, die Liberalen und die Sozialdemokraten. In dem einen Hause hörte ich diese verteidigen; im zweiten eine der beiden andern. Die Wirkung meines Zuhörens* war, das mir schien, als wenn jede der drei Parteien ein tüchtiges Stück Wahrheit und Gerechtigkeit hätte.« [Lebensbericht98]

17. Dezember: Hemme. F lädt seinen Glaubensbruder, Pastor Niebuhr aus Leck, ein, über Weihnachten sein Gast zu sein. *»Diese Einladung ist freilich vornehmlich ein Werk der meinen, weniger mein Werk; sie fürchten offenbar, dass die Weihnachtsarbeit der drei Predigten – ich werde schon am Weihnachtsabend anfangen – mich hindern wird, selbst Weihnachtsfreude zu haben.«* [Niebuhr891]

1893

17. Januar: Hemme. Der Kirchenvorstand beschließt eine neue Gebührenordnung. Damit wird es zukünftig auch den Ärmsten möglich sein, ihre verstorbenen Angehörigen durch den Pastor beerdigen zu lassen. [Zeit22]

Sommer: *»Die Gemeinde war nicht groß, und während des Sommers hatten die Leute wenig Zeit für den Pastor; Hochzeiten und Kindtaufen wurden bis zum Herbst verschoben. Da hatte der Pastor viele freie Stunden, und hatte Not damit. Er sah, wie benachbarte Pastoren, denen es ebenso ging, irgendeine Liebhaberei hatten. Der eine trieb Blumenzucht, der andere Obstkultur, der dritte beobachtete die Bienen, der vierte unterrichtete, der fünfte betrieb Politik, und sie alle fanden Befriedigung und Freude in dieser ihrer Nebenbeschäftigung. [...] Aber was er auch immer in Angriff nahm, es lag ihm nicht und führte ihn nur zu neuen inneren Niederlagen. Er war sehr unglücklich und klagte den Amtsbrüdern seine Not. Einer riet ihm: ›Hack doch Holz.‹ Aber selbst das Holzhacken brachte nicht die gewünschte Befriedigung.*

Aber dann endlich fand er es. Er wiederholte den Versuch, den er schon in seiner Jugend gemacht hatte: Fantasie, Gesichte, die ihn begleiteten und die ihn immerfort beunruhigten, zu durchsinnen, zu ordnen und niederzuschreiben.« [Bischoff23f.]

nach 19. Oktober: Hemme. *»In dieser Woche dreißig Jahre alt geworden. Mein Schulfreund, der mir gratulierte, konnte* *in seinem Brief die Bemerkung nicht unterdrücken, dass ich vor ungefähr zehn Jahren zu ihm gesagt hätte, ich wollte mit dreißig Jahren einen hohen Orden haben, d.h., ich wollte mich also bis dahin so ausgezeichnet haben, dass ich einen hohen Orden bekommen würde. [...] Nun findet mich dies dreißigste Jahr herabgesunken von jenen großen Hoffnungen und Willensplänen, ja ohne irgendeinen klaren Lebenszweck, wirr, und unglücklicher und kleiner geworden.«* [GrübeleienI.24f.]

Dezember: Hemme. F sendet zwei kleinere literarische Arbeiten an die Kieler ›Nord-Ostsee-Zeitung‹. Sie werden nicht angenommen. [Zeit25]

1895

nach Oktober: Hemme. Eine alte Erzählung gerät F wieder in die Hände, die er mit zweiundzwanzig verfasst hatte, und deren Veröffentlichung seinerzeit abgelehnt wurde. *»Ich kam über den Fetzen schon etwas gelblichen Papiers in Unterhaltung mit mir selbst und dachte: ›Versuch es noch einmal!‹«* So beginnt er, an einem richtigen Roman zu arbeiten, der einmal als Buch unter dem Titel ›Die Sandgräfin‹ erscheinen soll. *»Ich sah meine Mutter, wenn sie ihre Tagesarbeit getan hatte, mit allergrößter Freude über den romantischen Geschichten der ›Itzehoer Nachrichten‹ sitzen [...]. Wenn ich das Erzählen versuchen wollte, wollte ich so schreiben, dass das Volk es verstehen und lieben würde.«* [GrübeleienII.10f u. 240f.]

November–Dezember: Hemme. Die Kirche erhält eine Heizung, *»das Beste, was es in dieser Technik gibt.«* (an Pastor Hermann Niebuhr, 30.11.1895) [Zeit22]

30. November: Hemme. *»Die Frau von Arbeiter H. Hansen starb an einer schweren Entbindung und Operation. Es ist einfach scheußlich gewesen. Vielleicht bekommen wir eins von den 6 mutterlosen Kindern.«* (an Pastor Hermann Niebuhr) [Zeit22]

1896

in 1896: In der auch von F abonnierten ›Christlichen Welt‹ tritt Redakteur Martin Rade für den langjährigen Mitarbeiter Arthur Bonus ein, und dessen Forderung von der »Germanisierung des Christentums«. Auch die Thesen Julius Langbehns und seines **1890** erstmals erschienenen und damals weit beachteten und populären Buchs ›Rembrandt als Erzieher‹ werden immer wieder einmal in der Zeitschrift diskutiert. [GF89]

Juni: Hemme. F arbeitet weiter an seinem ersten Roman. »*[...] ich wusste, wie einfache Naturen die Erzählung der Marlitt und Heimburg liebten. Ich hielt für möglich, dass ich so etwas auch schreiben könnte, etwas, das die einfachen Leute gern läsen. [...] Man fängt also an zu erzählen, was man gesehn hat. Man schreibt das nieder, mechanisch, roh, große Buchstaben, ausgestrichen, wieder hingeschrieben. So eine Manuskriptseite sieht sehr bunt aus, [...] man sieht ihr an, dass der Schreiber mit seinem Geist irgendwo anders war, nur nicht beim Schönschreiben; es liegt etwas von der Glut des Zeugens, von der Freude des Schaffens auf dem Papier, und von der Seele dessen, der die Buchstaben malte.*« [Lebensbericht107 u. 113]

2. Juli: Hamburg. Brief an Unbekannt. [DLM]

24. Juli: Barlt. Das Konzept zur späteren Erzählung ›*Eine Handvoll Gold*‹ steht fest. [Heimat67.Jg-5/160]

September: Trischen sowie Hallig Oland und Langeneß. Auf der Suche nach Romanstoff begibt sich der angehende Schriftsteller und Noch-Pastor auf Reisen. »*Wir regneten und stürmten ein, sodass wir nicht wieder weg konnten. Zuletzt kamen wir wie mit fliegendem Wind, wie aus der Nordsee gegangen, in Büsum an.*« (an Pastor Hermann Niebuhr, 8.9.1899) [Zeit26]

14. September: Hemme. »*Ich möchte wohl wissen, wie man predigen muss, um die Kirche voll zu haben. Weißt Du ein Rezept? Oder sollte es überhaupt keins geben? Ich gäbe Jahre meines Lebens darum, wenn ich es wüsste. Vielleicht liegt es an mir, dass ich noch nicht Christ bin, so nahe bei ihm um von ihm die Kraft zu erhalten. Ich bin auch zu weicher Natur, ich mag nicht so scharf auf die Spitze predigen; sie haben Mühe und Unruhe genug.*« Ferner sitze er gerade an einem richtigen

Roman. »*Ich muss aber viel arbeiten, denken, lernen; ich bin noch so unfertig; es geht langsam mit mir, mit zweiunddreißig Jahren ein Mann geworden.*« (an Pastor Niebuhr, Leck) [Niebuhr892]

November: Friedrich Naumann gründet den ›Nationalsozialen Verein‹. Durch die schon längere Zeit gelesene ›Christliche Welt‹ mit den sozialpolitischen Thesen Naumanns vertraut, tritt F dessen Verein bei. Ihm ist es ein Anliegen, dass das Christentum nicht zur Parteiensache verkümmert, sondern im öffentlichen Leben als Macht des Friedens und der Gemeinschaft bewähren soll. »*Wir jungen Prediger hier sind fast alle national-sozial [...] wir halten überhaupt Kaisertum oder Republik für völlig gleichgültig. Und drittens glauben wir nicht an den Internationalismus. So sind wir denn also national-sozial, d.h. sozial, aber in nationaler Färbung.*« [GrübeleienI. 104]

26. November: Hemme. Fs Auftreten als Pastor hat sich innerlich so gefestigt, dass er ein großer Prediger werden will, ja, sogar zum Amt des Landesbischofs fühlt er sich berufen. Er hat seinen eigenen Stil gefunden. Mit bildhaften Beschreibungen untermalt er die Person Jesu mit Beispielen aus der engeren Heimat und aus dem Leben von Personen, die jeder einfache Zuhörer versteht oder ähnlich so miterlebt hat. Der Wandel trägt seine Früchte. Stolz berichtet er seinem Freund, Pastor Hermann Niebuhr, die Besucher des regelmäßigen Abendmahls nähmen stetig zu. Von einstmals 100 Gästen lägen sie jetzt bei 200. [Lebensbericht102] [Zeit23] — »*Ich habe anfangs eine schwere Not gehabt. Ich meinte eine Zeit lang, dass ich, weil ich den Kirchenglauben nicht hatte, das ganze Christentum wegwerfen müsste. Ich war ganz verzweifelt und dachte, es wäre alles nichts als Unsinn. Aber da sollte ich vor ungefähr einem Jahr, ein ganz kleines Kind beerdigen. [...] Da sprach ich an dem offenen, kleinen Grabe zu der jungen Mutter, ohne Text und ohne an den alten, kalten Glauben, an Erbsünde, und Stellvertretung durch sein Blut, und dergleichen zu denken, und suchte einen Trost für sie, und ja ... und da fand ich ihn auch, in dem: erlöse uns von dem Übel und dein Reich komme ... Und sieh: nun predige ich über das Kindliche, Freundliche, menschlich Verständliche im Christentum, meist nach Hei-*

landsworten; über Gottvertrauen und Mut und Nächstenliebe und ewige Hoffnung.« (›*Hilligenlei*‹. 121. Tsd., S.340.) — »Nun verhallten die letzten Klänge der Orgel und ein schlanker, fast schmächtiger Mann [F] betrat die Kanzel. Mit leiser, hoher, etwas stockender, fast ängstlicher Stimme begann er den Text zu verlesen; es war das Gleichnis von der köstlichen Perle. Durch die Kirche ging eine leise Unruhe; die Kinder auf der Orgelempore stießen sich an und begannen zu kichern; der Mann mit der hohen, kindlichen Stimme kam ihnen sonderbar vor. Aber es währten nur einige Minuten, dann wurde es totenstill. Schon bei den ersten Sätzen der Predigt hoben die Leute die Köpfe, die Kinder verstummten und machten verwunderte Augen, aller Blicke hingen wie gebannt an dem Mann auf der Kanzel. Die hohe, ängstliche Stimme war fest, warm und klangvoll geworden und was sie sagte, zwang die Hörer unwiderstehlich in ihren Bann.« (Johannes Jansen: ›Frenssens Dorfpredigten‹, in: ›Christliche Welt‹, 1933 Heft 47) — Die zunächst vorherrschende negative Haltung und der Zweifel an der Berufswahl ist endgültig verflogen. Er hat seine Heimat scheinbar gefunden. Die Stimmung wird zunehmend selbstbewusster, wozu auch das Schreiben ein nicht Geringes mit beiträgt. Kann er auf diese Weise doch weltliche Dinge, eigene innere Spannungen die ihn bedrängen, abbauen und auf dem Papier gleichsam in sichere Bahnen lenken.

Jahresende: Der Roman ›*Die Sandgräfin*‹ erscheint in einer Auflagenhöhe von 1000 Exemplaren im ›Deutschen Verlagshaus Bong‹, vordatiert auf **1897**. [Bibliographie8]

Es ist still ... einen Augenblick; aber dann legt es sich wie ein Druck auf die Brust und nimmt den Atem ... Vom Meer her heult und braust es, dumpf stöhnend, dann lauter, näher, heller, die Wellen schlagen ineinander, der weiße Gischt springt hoch über den Deich; nun kommt er heran, der wilde, furchtbare Stoß, zu dem das Meer erst Atem holte, jetzt hat er den Marschhof erreicht ... da ... siehst du da ... das ganze Dach der mächtigen Scheune, das bisher so mühsam gehalten wurde, hebt sich mit seinen Latten und starken Eichenbalken ... es überschlägt sich ... und stürzt in gewaltigem Fall krachend auf den Hof, mit sol-

cher Wucht, mit so kurzem Anprall, wie wenn ein zorniger Mann ein Glas auf Stein zerschmettert. Die Tiere brüllen entsetzt auf. Da ... kommt er ... jetzt halt' dich, Turm! Jetzt wahr' dein Leben, Trude Knee!

Gertrud presst in entsetzlicher Angst den zitternden Leib gegen die Birke, die sich tief im Sturm beugt, ihre Augen starren, unnatürlich weit aufgerissen, auf den Turm. Da ist ... der Stoß, splitternd, wie wenn Glas gegen Glas schlägt und beide zerschellen in Stücke! Wie wenn ein schwerer, starker Mann, plötzlich vom Schlag getroffen, steif und gerade, wie er steht, vornüber stürzt, erst zuletzt, schon mitten im Fallen, in den Knien einknickt! ...

Gertrud schreit laut auf. Aber ihre Stimme ist das Lallen eines Kindes in der wilden Schlacht. Den Abhang hinunter fallen, rollen, gleiten ungeheure, unförmige Massen, Gestein, Erde und Bäume, dumpf poltern, dann wieder schwer krachend; Masse stürzt auf Masse; eine Wolke von Staub nimmt ihr den Atem; losgerissene Tannenzweige fliegen mit scharfen Nadeln gegen ihr Haar und Wangen. In demselben Augenblick schlägt etwas Hartes mit einem scharfen, heftigen Hieb gegen ihre linke Schläfe. (›Die Sandgräfin‹. 1903, S.20f.)

1897

Januar: Hemme. Da die Mutter schwer erkrankt ist, holt F seine Eltern zu sich. [Zeit28] — Haus und väterliche Tischlerwerkstatt übernimmt der älteste Bruder. [Lebensbericht108]
Frühjahr: Hemme. Ein neuer literarischer Stoff formt sich unter der Hand des Pastors. »*Ich sah in jener Zeit die Arbeiter, genau ebenso wertvolle, tüchtige Menschen wie die Landbesitzer, hoffnungslos schwer arbeiten und dazu oftmals noch hochmütig behandelt. Das schien mir ein schweres Unrecht und zugleich eine Gefahr für unser Volk und seine Kultur, und hauptsächlich in dieser Stimmung schrieb ich ›Die drei Getreuen‹.*« [GrübeleienII.241] — »*Ich machte nun, bevor ich mit der ersten, ausführlichen Niederschrift begann, während zweier bis dreier Monate nacheinander vier oder fünf Übersichten,*

die vom Umfang eines Blattes bis zu dreißig anschwollen. Erst dann machte ich zwei oder drei ausgeführte Niederschriften, deren einzelne Kapitel, für die folgende neue und ausführlichere Niederschrift, mit Anmerkungen versehen sind. Da ich diese Niederschriften durchaus nicht glatt lesen kann, wird von jeder eine Reinschrift gemacht, die als Vorlage für die Nächstfolgende dient. Danach werden noch eine oder zwei Maschinenschriften gemacht, die wieder Satz für Satz durchgesehn und gebessert werden.« [Lebensbericht305]

15. Mai: Hemme. »*Ich versuche, mir einzubilden, dass ich etwas kann. Das ist nämlich nötig. Zuerst muss man das, was man darstellt, liebhaben mit allen Kräften und mit ganzem Gemüt. Das ist das Wichtigste. – Dann ist das Zweite: dass man glaubt, man kann etwas, man sei der Sache gewachsen. So sehr Amos überzeugt war, dass er ein Prophet sei, so sehr ich, dass ich ein Poet sei, einer von den kleinen, aber doch einer, kein Chronikenschreiber sondern ein Poet.*« (an Pastor Niebuhr in Leck) [Niebuhr892]

1. Juli: Hemme. Der ›Christliche Zeitschriftenverein‹ aus Berlin sendet für den Abdruck von ›*Eine Handvoll Gold*‹ 30 RM. [GF119]

August: Hemme. Es entsteht das Gedicht »*Unter der Linde*«. [SHLB]

Herbst: Berlin. F folgt dem Rat von Pastor Evers von der Stadtmission und wendet sich für sein neues Werk an die **1849** gegründeten G. Grote'sche Verlagsbuchhandlung, die von Hamm hierher in die Reichshauptstadt übersiedelt war. Der Verlegersohn wird aus einer Konferenz abkommandiert. »*Ein Pastor aus einem kleinen Nest in Holstein, scheu, verlegen, möchte wegen Verlagsübernahme eines Romans anfragen. Sein erstes Buch sei schon in einem Verlage erschienen, aber dieses zweite sei nach seiner Meinung ein großer Fortschritt, und er wolle es lieber in einem anderen Verlage herausbringen. Es sei ihm sehr ernst mit seiner Schriftstellerei, er strebe nach hohen Zielen. ... Gut, ich danke für die gute Meinung und er möchte die Handschrift, wenn sie fertig sei, nur schicken, wir würden das Werk gern prüfen. Guten Tag, – guten Tag. Wieder hinein ins Konferenzzimmer.*« (Gustav Müller-Grote) Grote befallen hinterher wegen des kurz angebundenen Empfangs Skrupel: »Die blauen, tiefliegenden, durchdringend forschenden Augen des scheuen Pastors gingen mir nicht aus dem Sinn.« Und so schreibt er F nach Hemme, ihm das Werk möglichst bald zuzusenden. Nur wenig später kam das Werk ›*Die drei Getreuen*‹ mit der Maßgabe, ja schnell zu entscheiden. Früh am nächsten Tag beginnt Müller-Grote mit der Lektüre, um 16 Uhr ist sie beendet. [Almanach96f.]

15. Oktober: November. Brief an den Göttinger Verleger Gustav Ruprecht. [DLM]

8. November: Hemme. Die Mutter, Catharine Amalia Frenssen, stirbt. [Zeit28]

12. November: Hemme. Beerdigung der Mutter. Die Grabrede hält Pastor Jansen von Sankt Annen. [GrübeleienI.96]

1898

24. März: Hemme. Wie fast überall im Lande wird zum fünfzigjährigen Gedenken an die schleswig-holsteinische Freiheitsbewegung von **1848** vor der Kirche eine Doppeleiche gepflanzt. F hält die Weiherede. [Zeit22]

22. April: Nach erfolgter Rücksprache im Verlag geht ein Telegramm Müller-Grotes aus Berlin nach Hemme, in dem die Bereitschaft zum Druck des Romans ›*Die drei Getreuen*‹ signalisiert wird. [Zeit262]

23. April: Hemme. F gibt in einem Brief an Müller-Grote noch einmal zu erkennen, dass ihm an einer dauerhaften Verbindung mit dem Verleger gelegen sei. Der möge ihm die Summe nennen, die er für das Werk zu zahlen bereit ist. [Zeit262] — Über das Honorar – F bedarf dessen dringend, drücken doch noch immer Schulden aus der Studienzeit – werden beide Parteien sich schließlich einig. Müller-Grote zahlt schließlich 1800 Reichsmark für eine Startauflage von 3000 Exemplaren. Ja, der Verleger kauft F gar aus seinem noch laufenden Vertrag mit Bongs ›Deutschem Verlagshaus‹ und übernimmt die Restauflage der ›*Sandgräfin*‹. [Almanach96f.] [Zeit25 u. 263]

20. August: Hemme. Es entsteht das Gedicht »*Du*«. [SHLB]

Oktober: Der Roman ›*Die drei Getreuen*‹ erscheint in einer Auflagenhöhe von 2000 Exemplaren in der ›Groteschen Verlagsbuchhandlung‹. Eine zweite Auflage in Höhe von 1000 Büchern muss noch im selben Jahr nachgedruckt werden. [Bibliographie10] — Mit dem Thema der »Landarbeiternot«, den seit den **1890**er Jahren sich verstärkenden Konflikten der Industrialisierung der ländlichen Räume, der Verelendung der besitzlosen Landarbeiter, mit der das gewachsene Gefüge auf dem Land zerbrach und Tausende in die Auswanderung oder Abwanderung in die Städte trieb, befindet sich F am Puls der Zeit. Die Kirchengemeinde und auch der Probst dagegen sehen mit gemischten Gefühlen auf den schriftstellernden Pastor. F selbst erkennt die zunehmende Diskrepanz zwischen dem Wirken als mustergültiger, gottgefälliger Mensch, wie es die Kirchgänger von ihm erwarten, und dem bürgerlichen, mehr den Sinnen zugewandten Leben, eines Literaten. Doch den entscheidenden Schritt, das Leben fortan als freier Schriftsteller zu führen, den wagt er vorerst nicht. Auf das Handwerk eines Schriftstellers seine Zukunft zu bauen, erscheint ihm dann doch noch zu unsicher. [Lebensbericht114f.] — Währenddessen beginnt F mit den Vorarbeiten zu einer weiteren Erzählung, dem ›*Jörn Uhl*‹. [Heimat76.Jg-10/324] — Der Schleswiger Geheime Regierungsrat und Literaturkritiker Wilhelm Petersen fragt bei dem aus dem Holsteinischen stammenden Dichter Wilhelm Jensen an, ob er F kenne. »Ich glaube, dass in ihm ein bedeutender Erzähler sich entwickeln wird. Tiefgründig und von selbständiger Art.« [Heimat74.Jg-6/176]

Unter dem niedrigen Strohdach des Pellwormers reden sie auch von Heimatverlassen. Aber es ist wenig Hoffnungsfrohes, es ist nichts Leuchtendes in ihren Augen, wie einst in den Augen ihrer Vorväter. Sie müssen wandern, sonst bleiben sie, wo sie sind.

Sie haben drei Wege. Sie können in die Nähe der Stadt ziehen und dort in kleinen Häusern am Rande der Geest Mietsleute werden und dann umher auf den Marschhöfen, auf stundenweiten Wegen, Arbeit suchen. Das wollen sie nicht.

Sie können nach Hamburg gehen und dort, in der Stadt oder am Hafen, Arbeiter werden; aber einige von ihnen haben im vorigen Winter, während eines Streiks, dort gearbeitet. Sie haben zwar eine Handvoll Geld mitgebracht, aber auch die Erfahrung, dass die Stadt zu eng ist für Leute, die den weiten Blick über Heide, Marsch und Meer gewohnt sind.

Sie können endlich nach Amerika auswandern. Und davon reden sie jetzt.

Und die Thielsche hat ihre Brille aufgesetzt, die durch ein Band um die weiße Nachtmütze gehalten wird, und liest mit polternder Stimme – diese Stimme hat sie, wenn sie vorliest, sonst spricht sie mit hohem, etwas weinerlichem Ton – zwei, drei Briefe vor.

Sie hören alle zu. In ihren Mienen ist nichts zu lesen als stille, ruhige Aufmerksamkeit. Da ist keine Spur von Aufregung oder Beifall. Sie ringen mit dem alten Misstrauen, das sie an sich haben.

Also das schreibt Dora, die seit zehn Jahren in Iowa ist: [...]
(›*Die drei Getreuen*‹. 30. Tsd., S.249f.)

5. November: Hemme. In der Hoffnung auf Zustimmung sendet F sein soeben erschienenes Werk ›*Die drei Getreuen*‹ an Sönke Petersen. [Autographenhandel]

7. November: Hemme. Schreiben an Dr. Ferdinand Zacchi, Chefredakteur der ›Schleswig-Holsteinischen Zeitung‹. Er sendet seine beiden inzwischen erschienenen Bücher, »*die ausgesprochen* ›*schleswig-holsteinisch*‹ *sind*«, und bittet, sie zu lesen und zu besprechen. [Autographenhandel]

17. November: Hemme. Auf Anfrage von Arthur Bonus, einem der Väter der »Germanisierung des Christentums«, ihm für eine Rezension zu den ›*Drei Getreuen*‹ Hintergrundinformationen und etwas zur eigenen Person zu übermitteln, sendet F eine Karte. [GF88]

vor 27. November: Unsicher über sein Können wendet sich F an den ihm bekannten Literaturwissenschaftler Adolf Bartels. In Absprache mit seinem ehemaligen Schulkameraden aus Meldorfer Gymnasialzeiten rezensiert der daraufhin ›*Die Sandgräfin*‹: Wenn es auch alle Schwächen der zeitgenössischen Frauenromane aufweise, so offenbare es doch als Unterhaltungsroman bessere Art Talent, lautet die Quintessenz. »Die

Mache ist zum Teil äußerst geschickt.« (Adolf Bartels in: ›Literarisches Centralblatt‹, Leipzig.)

28. November: Hemme. Die eingetroffene Kritik Bartels empfindet F als Beleidigung. Selbigen Tags noch verfasst er eine mehrseitige Briefreplik, in dem er der Kritik Ehrenrühriges unterstellt und Bartels Unkenntnis und Unverständnis von Schriftstellerei und Dichtung vorwirft. »*Wenn du mir sagen könntest: ›Frenssen kann noch mal für den Norden das werden, was Rosegger für den Süden ist‹, oder: ›er ist ein kleiner Dickens‹, Mensch, wie glücklich wäre ich. Das wäre das Höchste, was das Leben für mich hätte.*« Später, als Bartels ihn zum Erscheinen des ›Jörn Uhl‹ beglückwünscht, bequemt sich F zur Antwort, er könne ihm »*im Mondschein begegnen*«.

[Zeit349] [Lebensbericht120]

Dezember: Hemme. Es entsteht das Gedicht »*Beim Schlafengehen*«. [SHLB] — Hamburg-Eilbek. F hält in der Aula des Gymnasiums den Vortrag ›Wie ein Roman entsteht‹, in dem er bekennt, das er kein politischer Mensch sei, da es ihm an Objektivität und Rückgrat fehle. Dagegen habe er im Literarischen sein ihm gemäßes Betätigungsfeld gefunden. »*Es ist ganz natürlich, dass man die Erscheinungen und Gesichte auf der heimatlichen Erde hat. Da, wo man täglich geht und steht, in den Häusern auf den Wegen und Stegen und in der Landschaft: Da sieht man sie! Ich kann mir nicht denken, dass ich je einen Roman schreiben könnte, der in Deutschland spielte oder Berlin.*« (H. Karstens in: ›Niedersachsen‹ 7. Jg. Bremen 1901/02, 248ff.) — »Er stellte in merkwürdig sinnlichen Bildern dar, wie er auf einsamen Wanderungen, auf dem Deich entlang, besonders bei trübem nebligen Wetter dem Treiben der großen Wolken und Nebelmassen zugesehen, und wie sie ihm zu Menschengestalten geworden, und wie er diese sich bildenden Menschen, den Nebel gleich, zu- und voneinander geführt, wie diese dumpfen Spielereien der Fantasie sich allmählich mehr und mehr vermenschlicht und verwirklicht hätten wie er mit leiser, vorsichtiger Hand, mehr ein Helfer als ein Führer, Menschen, die er im Leben kannte, durch Freuden und Leiden, Irren und Richtiggehn begleitet und endlich zum inneren Sieg geführt hätte. Und so, indem die so geschaffenen Gestalten immer fester und lebendiger wurden, und Gestalten und Geschehnisse sich dichter aneinanderdrängten, entstanden ›Die drei Getreuen‹.« Anwesend ist unter anderem der Schriftsteller und Lyriker Gustav Falke, der sich nach dem Vortrag dem Referenten kurz vorstellt. Ebenfalls anwesend ist auch Charitas Bischoff. Auch sie dankt F für das Gesagte. »Er lehnte das kurz ab, indem er mir sofort in die Rede fiel und mich in einer seltsam andrängenden Weise nach meinen persönlichen Verhältnissen fragte. [...] Er war lauter Aufmerksamkeit, und ich sah, wie das, was ich sagte, in seinem Gesicht arbeitete, und er mit ganzer Seele dabei war. Er hatte alles um sich her vergessen.« Zum Abschied kündigt F ihr gar seinen Besuch an. [Texte17] [Falke464] [Bischoff24f.] — Arthur Bonus rezensiert den Band ›*Die drei Getreuen*‹: »Diese Tendenz [einer völkisch-religiösen Botschaft] ist die eines ernsten, stark deutsch vaterländisch gesonnenen Christentums. Ich sage mit Absicht nicht, dass sie christlich und vaterländisch ist. Denn das ist gerade das Erquickende, dass hier nicht Christentum und Deutschheit stimmungsmäßig auseinanderklaffen, sondern ein und derselbe männliche Geist geht durch beides.« (›Christliche Welt‹, 1898 Heft 12) — Der Weg zu einem völkisch-religiösen Autor ist eingeleitet und wird wohlwollend zur Kenntnis genommen.

1899

in 1899: In der von F abonnierten ›Christlichen Welt‹ veröffentlicht Arthur Bonus die letzte Folge seiner achtteiligen Serie »Zur Germanisierung des Christentums«. [GF89] — Erster Briefkontakt mit dem Dichter Gustav Falke. [SUBH]
2. Januar: Hemme. »*In diesen Wochen, nachdem derartige Arbeit dreiviertel Jahre geruht hat, fange ich wieder an, aus der Menge der Gestalten, die mir wie im Traum begegnet sind, einige hervorzurufen und sie auszufragen. Wenn ich an all die Stunden der kommenden Sorge, Zweifel, Irrungen denke, wird mir bange. Stoff übergenug; aber ob es mir gelingt, ihn zu formen?*« (an Pastor Niebuhr) [Niebuhr894]
vor März: Hamburg. Eines Morgens macht F sein Versprechen

gegenüber Charitas Bischoff vom **Dezember 1898** war und besucht sie.»›Oh,‹ sagte ich erregt, ›Sie sind es, wie haben Sie mich nur gefunden?‹ ›Nun,‹ sagte er, ›ich bin ja freilich ein Dorfmann; aber ich kenne doch die Einrichtung von Adressbüchern. Aber hier ist es kalt. Führen Sie mich in Ihre gemütliche Stube.‹ Und da saß er neben mir, und wir plauderten, als wenn wir einander jahrelang gekannt.« [Bischoff26]

Mai: Kiel. Auf dem Evangelisch-Sozialen Kongress treffen der Göttinger Verleger Wilhelm Ruprecht und der Hemmer Pastor zusammen. F fragt an, ob beide es nicht einmal mit einer Predigtsammlung versuchen sollten. Ruprecht erbittet sich die Zusendung des Manuskripts. [GF119]

9. Juli: Hemme. 20 Predigten werden nach Göttingen gesandt. Nach interner Prüfung des Manuskriptes kommt bald eine Einigung zustande. [GF121]

7. August: Hemme. Brief an den Verleger Alfred Janssen. [SUBH]

9. September: Hemme. Der Neuenkirchener Pastor Heinrich Mühlenhardt besucht den Amtskollegen mit einigen Theologiestudenten. [Zeit26]

Ende September: Im Verlag Vandenhoeck & Ruprecht erscheint der erste von drei Bänden zu je 20 ›*Dorfpredigten*‹. Der früher mit dem Abfassen der wöchentlichen Predigten sich quälende Hemmer Pastor hatte zunehmend Sicherheit erlangt und wollte mehr, wollte mit der Aufnahme von sozialen Fragen, dem Zurschaustellen eines undogmatisch, gleichsam beiläufig daherschlendernden Christentums, einen neuen, unorthodoxen Predigtton schaffen. Während einige das vorgetragene liberale Christentum begrüßen, im Zusammenhang mit der plastischen Sprache, bemängeln andere Kritiker das Nichtvorhandensein jeglicher Glaubenslehre sowie die Wiedergabe einer oberflächlichen dörflichen Wirklichkeit. Doch insgesamt kommen die Predigten bei einem Großteil der Theologen gut an und gehören schon bald zu den am meisten gelesenen und wirkmächtigsten unter den liberalen Theologen. Allein bis **1910** werden über 40 000 Exemplare erscheinen, um bis **1928** auf fast 100 000 anzuwachsen. [Bibliographie11] — »Ein Poet, der predigt, aber nicht aus Freude am Gestalten anschauliche Bilder formt, sondern Seelen erleuchten, erbauen, retten will, und ein Prediger, der dichtet, der den Schematismus mit urwüchsiger Kraft durchbricht, klar und frisch Gottes Gedanken ins Dorfleben hineinstellt. Die böse Schwiegermutter Weisheit soll das zarte Seelchen ›Fantasie‹ nicht beleidigen, wenn es mit solch ungezwungener Anmut und solch dienendem Ernst, frei von sentimentaler Empfindsamkeit, in die Predigt hineinkommt und von dorther so herzerfrischend grüßt. Die 20 Predigten mit ihren vielen Beziehungen aufs Landleben können auch uns Stadtpredigern gute Dienste tun, sie geben Mut, Fesseln zu lösen und ein eigenartiges Wort zu wagen.« (Otto Everling, in: ›Theologische Jahrbücher‹, 1900 Bd. 19) — »Ich habe grade wieder in diesen Tagen einige davon gelesen und finde sie fast ideal. Er versteht es, die alten Geschichten ins Norddeutsche zu übersetzen und sie brauchbar zu machen, ohne gesucht zu werden, auf wunderbar feine Weise. Solche Predigten sind wirklich ein Muster [...]« (Rudolf Bultmann an W. Fischer, 2.4.1905) — »Vielleicht wird man in einigen Theologenkreisen anders darüber denken, aber das Volk wird es dem Poeten danken, dass er sie erlöste von spitzfindiger Theologenweisheit. Denn eine Religion der Arbeit ists, die auch am Werktag den Menschen die steile Jakobsleiter hinanführt, [...].« (H. Karstens in: ›Niedersachsen‹ 7. Jg. Bremen 1901/02, 248ff.)

Unsere Gedanken gehen heute ein Jahr zurück, ein Erntejahr. Ein Jahr denkt dabei an seine Ernte, ob er sie nun ausgesät hat in die Furchen der Erde, oder ob er in der Werkstatt gestanden hat, über rauschender Säge oder klingendem Amboss, oder ob er vergänglichen oder unvergänglichen Samen in Kinder- und Menschenherzen geworfen. Der Mann, der seine Arbeit tat, die Frau, die das Haus zu einer Stätte machte, da sich gut sein ließ, Knecht und Magd, und die Kinder auf den Schulbänken und zwischen den Weizenhocken: Sie sind Säeleute gewesen und blicken heute zurück auf ein Erntejahr.

Im vorigen Herbst schoss die Saat auf; aber sie war nicht froh; sie fürchtete den Winter. Und wir fürchteten ihn auch, für uns und andre. Der Winter kam: Da zog sich die Saat zurück und barg das kalt gewordene Herz im warmen Schoß der Mut-

ter Erde, und wir zogen uns auch zurück und bargen uns im Schoß der Familie und hofften auf den Sommer.

Und der Sommer kam: Da freuten sich Menschen und Tiere und Pflanzen. Weißt du noch, wie du dich freutest, wenn morgens der Nebel sich hob, die Frühlingssonne überm Geestrand aufstieg? Es war ein frisches Arbeiten im Frühling und Sommer, weißt du es noch? Rasch war das Aufstehen, flink waren die Hände, stark war der Hunger, schön war der Abend und der Sonntag, traumlos der Schlaf.

Der Herbst kam: Wir haben geerntet. Wir wollen nicht gleich davon reden, wie viel wir geerntet haben. Es ist nicht fein, nach dem Wert eines Geschenks zu fragen. Wir haben geerntet: Ein jeder von uns hat seinen Teil empfangen. Wir sind an Gottes Tafeln satt geworden. (›Dorfpredigten‹. 25.–27. Tsd., S. 163f.)

Oktober: Hemme. »*In diesen Tagen habe ich wieder angefangen, an einer großen Erzählung zu schreiben. Ich bin froh dabei wie ein Mann, der in junger Ehe darangeht, das dritte Kind in die Welt zu setzen.*« Der Arbeitstitel des nachmaligen ›Jörn Uhl‹ lautet: ›Die Kinder von Wentorf‹. [GrübeleienI.123]

1900

in 1900: Die Hälfte der Einwohner im ›Deutschen Reich‹ sind jünger als 22 Jahre. — Hemme. Da die Frau von Professor Hanssen, der an der Universität in Santiago de Chile lehrt, gestorben ist, sucht der Vater für seinen Sohn Pflegeeltern in Deutschland. Durch Vermittlung erhält das Ehepaar F davon Kenntnis. Beide Parteien werden sich einig und so findet sich Fritz Hanssen als Pflegekind im Hemmer Pastorat wieder. [Zeit28] — Dorothea Storm, Witwe Theodor Stroms, erhält ein Widmungsexemplar der ›Drei Getreuen‹ zugesandt. Wenig später geht ein Dankesgruß zurück nach Hemme. [Heimat74.Jg-1/23] — »*Ein hoher Beamter ließ uns dreizehn norderdithmarscher Prediger, als Schulinspektoren, zusammenrufen, und verlangte von uns, dass wir dafür Sorge tragen sollten, dass keine Sozialdemokraten in die Schulkollegien kämen. Wir ant-*

worteten alle dreizehn, dass wir uns durchaus weigerten, nach dieser Richtung hin zu spionieren und zu handeln, umso mehr, da wir in unserm Amt die Erfahrung gemacht hätten, dass gerade die Sozialdemokraten bereit wären, etwas für die Schule zu bewilligen und zu tun.« [GrübeleienI.127]

zw. 28. Januar u. 3. Februar: F erhält die Nachricht vom Verlag ›Vandenhoeck & Ruprecht‹ aus Göttingen, dass die zweite Auflage des ersten Bandes der ›Dorfpredigten‹ vorbereiten werden muss. [Zeit264]

Februar: Meldorf. Teilnahme an der Vierhundertjahrfeier der Schlacht bei Hemmingstedt. [GrübeleienI.158ff.]

9. Februar: Hemme. An Hermann v. Rhein geht die Mitteilung, dass F hoffe, noch in diesem Jahr 800 Mark von seinen Schulden abzutragen, für die der immer noch bürgt. [Zeit264]

April / Mai: Der zweite Band der ›Dorfpredigten‹ erscheint bei Vandenhoeck & Ruprecht. [Bibliographie12] — Wilhelm Raabe erhält ein Exemplar zugesandt. Im Begleitbrief bezieht F u.a. Stellung für ein verstärktes Kolonisieren.

25. Mai: Wilhelm Raabe dankt für die Zusendung des Predigtbandes. »Ihre Befürchtung, dass das deutsche Volk in jetziger Zeit durch zu heftige Hingabe ans ›Gemütliche und Romantische‹ an seinen größeren Zwecken, dem Kolonisieren usw. gehindert werden könnte, kann ich nicht teilen.« Auch mit den Predigttexten hatte Raabe sich befasst und kritisiert einige Stellen. [Raabe/Briefe413]

8. August: Hemme. F meldet seinem Kollegen in Leck, Pastor Niebuhr, dass er jetzt weitere zwanzig Stück seiner ›Dorfpredigten‹ »ungefähr« fertig habe. [Niebuhr892]

Herbst: Hemme. Gustav Falke folgt einer Einladung und findet sich zu einem achttägigen Aufenthalt im Pastorat ein. Beide hatten sich im **Dezember 1898** bei einem Vortrag, den F in Hamburg gehalten hatte, kennengelernt. »Er arbeitete damals an den letzten Kapiteln seines großen Bauernromans Jörn Uhl und teilte seine Zeit zwischen seinem Stehpult und mir. Draußen, auf unsern längeren Spaziergängen, war er oft von einem jungshaftem Übermut; am liebsten wäre er noch mit dem Springstock über die breiten Marschgruben gesprungen. Die gärende Fülle, aus der heraus er seinen Jörn Uhl geschrieben, schäumte noch in ihm über.« [Falke464] — Beide verbinden fortan eine lockere Beziehung über die Jahre. **1913** wird sich F für den erkrankten Dichter bei der ›Deutschen Schillerstiftung‹ für eine finanzielle Unterstützung verwenden. [Zeit268] [Lebensbericht190] [Schillerstiftung]

26. Oktober: Hemme. F verfasst 10 Seiten seines neuen Romans, der in der Umgebung von Burg spielt. Insgesamt liegen inzwischen 150 Manuskriptseiten vor. Er hofft, das Werk bis Weihnachten abgeschlossen zu haben. [Zeit267]

1901

in 1901: Feodora Przssn. v. Schleswig-Holstein, Schwägerin Kaiser Wilhelm II. und Schwester Kaiserin Auguste Viktorias, tritt erstmals in brieflichen Kontakt zu F. Selbst als Schriftstellerin und Malerin tätig, gilt ihr die Lektüre der ›Drei Getreuen‹ als Initialzündung, mehr über den Autor zu erfahren. F fühlt sich in der Folgezeit als Ihr Ratgeber in literarischen Dingen, liest ihre Manuskripte und unterbreitet Verbesserungsvorschläge. Ihr gegenüber gibt er sich als Sohn eines Dithmarscher Bauern aus. Die Realität – von armen Dorfhandwerkern abzustammen – passt nicht mehr in die zunehmende Selbststilisierung Fs. Ihr selbst erteilt er einmal den Rat, offensiver mit ihren literarischen Ambitionen umzugehen: »*Wenn man den Kreisel nicht schlägt, dann brummt er nicht.*« [Zeit33] [Feodora30]

Januar: Hemme. Die erste Niederschrift des ›Jörn Uhl‹ ist beendet. [Zeit267]

Februar / März: Die zweite Auflage ›Der Sandgräfin‹ erscheint in einer Auflagenhöhe von 1000 Exemplaren im Verlag Grote. [Bibliographie8]

26. März: Hemme. F sendet ›Die drei Getreuen‹ an die Schriftstellerin Marie v. Ebner-Eschenbach nach Wien. »*Das Buch [...] habe ich in großer Einsamkeit auf dem Lande geschrieben, wo ich geboren bin und nun als Pastor lebe [...] da des Bücherschreibens in der Welt kein Ende, und durch eine sorgenvolle Jugend verschüchtert, [hatte ich] nicht den Glauben,* *dass mein Buch auffallen würde.«* Nun habe der langjährige Freund von Theodor Storm, Gottfried Keller und Klaus Groth – Geheimrat Wilhelm Petersen aus Schleswig –, aber *»große Dinge von mir geweissagt.«* Auch Paul Heyse schreibe, dass das Werk ein *»wundersames Buch«* sei. In Anerkennung all dieser Männer übereigne er nunmehr der verehrten Dichterin sein Werk. *»Es wird in diesem Buch noch Jugendliches und Unsicheres sein. In der nächsten Erzählung aber, an der ich seit drei Jahren arbeite, wird das, hoffe ich, verschwunden sein.«* [Texte31f.]

April: Hemme. Die zweite Niederschrift des ›*Jörn Uhl*‹ wird beendet. [Zeit267] — Für ihr Mitwirken an der Korrekturlesung zur zweiten Auflage der ›*Sandgräfin*‹ erhält das aus Leck stammende Hausmädchen Lena Karstensen ein Widmungsexemplar der neuen Auflage. [Heimat70.Jg-2/53]

10. April: Hemme. *»Das Manuscript [›Jörn Uhl‹] wird in etwa 10 Wochen fertig sein. Vorher werde ich Ihnen das eine Kapitel vorlesen müssen. [...] Husum feiert 1903 sein Stadtfest [...]. Ich bin vom Bürgermeister [...] vertraulich gefragt, ob ich ihnen ein Festspiel schreiben wollte. Es liegt mir abseits. Ich habe ihnen geschrieben, sie möchten erst genau zusehn, ob sie ein noch nicht entdecktes, heimisches Talent nicht übersähen. Wenn sie keins finden und sie mich drängen, werde ich es tun. Ich kann ja vielen damit eine Freude machen [...].«* (an Otto Lindemann) [Autographenhandel]

zw. 18. u. 24. August: Hemme. F beendet die Reinschrift seines ›*Jörn Uhl*‹. [Zeit268]

Herbst: Im Leipziger Verlag von Friedrich Jansa erscheint noch vor ›*Jörn Uhl*‹ die **1897** erstandene Erzählung ›*Eine Handvoll Gold*‹. [Bibliographie15]

Er hieß Peter Dierksen, aber sie nannten ihn alle Peter Gold, und so will ich ihn auch nennen. Denn es gab eine Zeit, da war er stolz auf diesen Namen und hörte ihn gern. Zu der Zeit lernte ich ihn kennen. Ich war damals in das Pfarramt zu Hemme versetzt worden, ein Mann mit schon grauem Haar und über fünfzig Jahre alt.

Als ich zum ersten Mal zu Peter Gold kam, saß er in der Sonne vor seinem Hause und sah den Knechten zu, wie sie mit den Pflügen und Eggen über die Hofstelle fuhren, um das Land zu bestellen. Es war im Anfang Mai.

Er hatte einen schönen Besitz, vielleicht den besten im Dorf, betrieb aber seine Landwirtschaft nachlässig.

Er empfing mich freundlich, wenn auch mit einer gewissen Herablassung.

Wir sprachen eine Weile über Wind und Wetter, wie der Bauersmann so gerne tut. Da drängte es mich, von seinem Leben zu hören. Und ich bat ihn, mir etwas davon zu erzählen.

Er sah eine Zeitlang vor sich hin in den Sand, machte mit seinem Eichenstock verschlungene Kreise und schüttelte seinen grauen Kopf.

»Ich weiß nicht«, sagte er und sah mich an. »Man sagt von Ihnen, dass Sie die Menschen und das Leben kennen, so wie es wirklich ist; aber ich weiß doch nicht, ob ich Ihnen etwas erzähle.«

»Und warum nicht?«

»Weil ich nicht will, Herr, dass Sie mir nachher eine salbungsvolle Rede halten und an den Fingern aufzählen: erste Sünde, zweite Sünde u.s.w.« ... Er sah mit schadenfrohem Hohn in mein Gesicht. (›*Eine Handvoll Gold*‹. ›Heimgarten‹, Juli 1904, S.721f.)

8. September: Hemme. Mit einem Telegramm gratuliert F seinem selbsternannten Vorbild Wilhelm Raabe zu dessen 70. Geburtstag. [Industrialisierungskrise179]

25. September: Wegen eines längeren Italien-Aufenthalts kommt Marie v. Ebner-Eschenbach erst jetzt dazu, sich für die im **März** erfolgte Zusendung ›*Der drei Getreuen*‹ zu bedanken. Sie bewundere Fs großartige Kraft der Schilderung von Menschen und Natur, mit der er eine fremde Welt aufzubauen verstehe. Diese Art Bücher werden immer eine Seltenheit bleiben. Man fühle sich vom ersten Augenblick in ihr heimisch. Sie habe sogleich auch ›*Die Sandgräfin*‹ bestellt. [Texte32f.]

November: Der Roman ›*Jörn Uhl*‹ – seine beste Predigt, wie F gegenüber Redakteur Carl Busse behauptet [GF169] –, erscheint mit 4000 Exemplaren. Verleger Müller-Grote hat ganze Arbeit geleistet. Mit einem ansprechenden Einband, einem handlichen Format und einem nicht zu teuren aber auch nicht zu billigen Preis ist das Marketing des Verlages goldrichtig. Erste kleine, wohlwollende Kritiken tauchen in den Provinzblättern der norddeutschen Region auf. [Bibliographie15] — Als Vorbild der Hauptperson dient der Bauer Reimer Matthiessen, aus dem Wesselburener Koog, den F auf einer Hochzeit kennengelernt und den er daraufhin auch einmal besucht hatte. Ein »*hagerer, junger Bauer mit einem langen, schlichten Gesicht, das voll Ernst und schwerem Grübeln war. Ich wusste gleich, dass er mein wäre, und fing mit ihm an; und wir redeten eine ziemliche Zeit über den Bund der Landwirte, [...]*«. Der Lehrer Johannes Voß steuerte alte holsteinische Bauerngeschichten bei und auch Lotse Friedrichs und Steuermann Jessen wurden ausgefragt. Von dem Bauern Otto Lindemann in Westerwohld, einem Veteranen der Schlacht bei Gravelotte, holte er sich zahlreiche Anregungen zur Schilderung der Schlacht, an der er seinen Protagonisten teilnehmen lässt. [GrübeleienII.253] [Texte43] — Mit dem Werk durchbricht F das tradierte Genre des idyllisch-ländlichen Heimatromans. Sein Protagonist, der über Jahre als Bauer unglücklich und ohne Erfolg war, der den Niedergang zahlreicher Großbauern miterleben muss, gibt den elterlichen Hof auf und endet als Ingenieur. Aktuelle wirtschaftliche und politische Zusammenhänge sowie der deutsch-französische Krieg von 1870-71, ohne großen nationalistischen Unterton, werden in die Handlung eingewoben. Hinzu kommt: Mit einem über Seiten beibehaltenen stakkatogleichen Stil aus Gesprächsfetzen, Satzfragmenten und Geräuschwörtern wird ein Tempo suggeriert, das überraschend modern ist, und das lange vor Ernst Jüngers ›In Stahlgewittern‹ erstmals in der deutschen Literatur auftaucht.

Sie arbeiten am Geschütz; sie arbeiten im Schweiße ihres Angesichts. Immer zu. Immer zu. Sie keuchen und zielen, stoßen und schieben, rufen und fluchen. Es geht ein sonderbar kurzatmiger, heißer Wind, hin- und zurückstoßend. Die Erde wirft Feuer auf; durch aufwallenden Rauch blinkt es gelb. Aus den undicht gewordenen Verschlüssen fliegt bei jedem Abzug eine lange, rote Feuerzunge.

Sie haben keinen Gedanken als: arbeiten, arbeiten. Sie haben keine Sorge. Sie denken nur: »Es geht heiß her. Wann nimmt es ein Ende?« (›Jörn Uhl‹. 35. Tsd., S.261)

Ein Widmungsexemplar des neuen Werkes geht auf die Reise zu Wilhelm Raabe nach Braunschweig. F verhehlt Raabe durchaus nicht, dass er sich als treuer Schüler und Jünger von ihm betrachte. [Raabe/Briefe434] — In den USA wird **1906** innerhalb der Serie ›International modern language‹ der von dem amerikanischen Germanisten Otto Heller herausgegebene Band ›Gustav Frenssen: Gravelotte. Chapter XIV of Jörn Uhl‹ erscheinen. »Die eigenartige Schilderung des blutigen Ringens, das nicht von der hohen Warte der Heerführer und des Generalstabs oder der Offiziere geschaut wird wie die meisten Schlachtenbilder, – auch die Detlev v. Liliencrons, – bei dem auch kein Hurrahpatriot sich in den ahnenvollen Tod fürs Vaterland stürzt, kein verschmähter Liebhaber die barmherzige Feindeskugel für sein mildes Herz sucht, wie im Dutzendroman, – diese packende Darstellung einzig aus der Perspektive des gewöhnlichen Soldaten wird bei richtiger Behandlung jeden Lehrer und Schüler unvergesslich bleiben.« (›Monatshefte für deutsche Sprache und Pädagogik‹, University of Wisconsin Press, Madison 1906.)

21. November: Hemme. Brief an den Dichter Paul Heyse. [BSM]

25. November: Raabe beendet die Lektüre des ›*Jörn Uhl*‹. [Raabe/Briefe434]

26. November: »Das ist die ›Heimatkunst‹, an der man Behagen hat! Land und Leute sind um eine Kopfeshöhe über sich hinausgehoben und hinter dem schönen wackeren Wort: Kunst der Heimat verkriecht sich nicht das kindische oder kindliche Sehnen nach den Zuständen des deutschen Volkes vor Sechsundsechzig!« (Wilhelm Raabe an F) [Raabe/Briefe434]

nach November: Hemme. Animiert durch die positiven Rezensionen des neuen Werkes, besucht Geheimrat Wilhelm Petersen aus Schleswig, Freund Theodor Storms, den schriftstellernden Pastor.

Dezember: An den Theken der Buchhandlungen macht das in Dithmarschen spielende Werk des Hemmer Pastors eindeutig das Rennen gegenüber dem nur wenig später erschienenen Lübeck-Roman ›Buddenbrook‹ von Thomas Manns.

23. Dezember: Hemme. Während Fs Frau und der Totengräber Altar und Weihnachtsbäume in der Kirche schmücken, der Vater Kuchen ins Dorf bringt, sendet F sein neuestes Werk an Marie v. Ebner-Eschenbach. ›*Die Sandgräfin*‹ solle sie, wie sie ihm mitgeteilt habe, tunlichst nicht lesen. Es sei »*nach Stoff und Darbietung nicht frei von Schönfärberei samt Appretur*«. [Texte33f.]

1902

in 1902: Der dritte Band der ›*Dorfpredigten*‹ erscheint im Verlag ›Vandenhoeck & Ruprecht‹. [Bibliographie12] — Brief an den Diplomaten, Schriftsteller und Dramatiker Ernst v. Wildenbruch. [SHLB]

Anfang Januar: Eine erste große, überschwängliche Rezension veröffentlicht Carl Busse in der überregionalen Berliner Zeitung ›Tag‹: »Dieses wunderbare Buch hat ein Mann geschrieben namens Gustav Frenssen. Wer ist das? Ich habe nie seinen Namen gehört, ich weiß nicht, wie alt er ist, wo er sein Haus gebaut hat. Ich weiß nur, dass Deutschland mit ihm einen seiner größten Prosadichter erhalten hat, der nur mit einem Lebenden zu vergleichen ist: mit Wilhelm Raabe.« Andere Rezensenten der bekannten Feuilletons ziehen nach. Das Buch ist fortan kein regionaler Erfolg mehr, der Verfasser kein auf den norddeutschen Raum begrenzt wirkender Autor mehr. Es ist die Geburtsstunde eines nationalen Autors und Weltautors. [Zeit273f.] — »*Die Versteckung und Verheimlichung des inneren Lebens, die ich von Kind an geübt hatte, war zu Ende. Es war mir, als wenn ich wagte, eine Maske abzunehmen, die ich von Kind an und als etwas Lästiges, getragen hatte.*« [Lebensbericht119]

Januar–Mai: Drei Auflagen des ›*Jörn Uhl*‹ müssen nachgedruckt werden. Insgesamt liegen damit 22000 Exemplare vor. [Bibliographie15]

19. Februar: Der Dichter Börries Frhr. v. Münchhausen dankt

F für den Genuss, den ihm das neueste Werk beim Lesen bereitet habe. »Seit ein paar Tagen sitze ich früh und spät an Ihrem Jörn Uhl und immer tiefer schreibt mir das Buch seine Worte in die Seele«. [SHLB]

Februar/März: Heißt es zunächst, F erhalte für den ›*Jörn Uhl*‹ in der Rubrik Literatur den mit 4000 Kronen dotierten ›Bauernfeld-Preis‹, so lautet es wenig später, der Preis wird geteilt. Letztlich verbleiben für ihn und Richard Nordmann (d.i. Margarete Langkammer) je 2000 Kronen. (›Die Gesellschaft. Münchener Halbmonatschrift für Kunst und Kultur‹, 1902 Ausgaben 3–4)

4. März: Auch Paul Heyse muss nach der am Tag zuvor beendeten Lektüre dem ihm unbekannten Autor seinen Dank abstatten: »Wie lange haben wir auf eine Erscheinung dieser Art gewartet, die wieder an eine Zukunft deutscher Dichtung glauben lässt, nach dem kläglichen Niedergang der letzten zwanzig Jahre.« Er bestärkt den Pastor, sich doch ganz der Schriftstellerei zu widmen. [Zeit277 u. 29] [Lebensbericht121]

24. März: Hemme: F dankt Paul Heyse für dessen Schreiben. [BSM]

25. März: Hemme. Seinem Bekannten Hermann v. Rhein teilt F mit, dass er noch in diesem Jahr alle seine Schulden und die aus der Ausbildung seiner Brüder herrührenden sowie deren sämtliche Verbindlichkeiten bezogen auf Wohnungs- und Hausratseigentum abgetragen haben werde. Ferner werden dann immer noch 3000 Mark übrig bleiben, die er auf der Sparkasse in Meldorf anzulegen gewillt sei. [Zeit277]

April: Hemme. Die Mitteilung geht an den Verleger, er wolle es fortan als freier Schriftsteller versuchen, »*denn ich stand ja seit Jahren in einem immer heißeren Streit mit dem Amt; ich wurde auch, körperlich nicht stark und kein rascher Arbeiter, durch die doppelte Art meiner Tätigkeit über meine Kräfte angestrengt.*« [Lebensbericht121] [GF174]

vor 2. April: Hemme. Der Schriftsteller und Journalist Theodor Rehtwisch besucht den Dithmarscher Autor. [Bibliographie167] — Markstrategisch passend zum großen Erfolg veröffentlicht Rethwisch noch im selben Jahr die erste Biografie über den neuen Starautor: ›Der Dichter des Jörn Uhl. Biografisches und Literarisches‹. — Allein im laufenden Jahr klopfen mindestens fünf Journalisten an Fs Tür und bringen ihre Artikel werbewirksam über »Besuch im Hause Frenssen«, »Beim Dichter des Jörn Uhl« oder »Ein Besuch im Pfarrhaus zu Hemme« bei namhaften Zeitungen von Prag über Berlin und Hamburg zum Abdruck. Bis zum Lebensende wird die Besichtigung eines Schriftstellers ungebrochen fortgeführt, ja nach **1933** schwillt das Ganze zu einer regelrechten Lawine an. Insgesamt erscheinen über 70 dieser Artikel. [Bibliographie167] — Schon bald lernt F auch die Schattenseiten des Ruhmes kennen. »*Schlimmer war es, dass so mancher kam, um mich zu sehn. Ich nahm in meiner gläubigen Weise zuerst an, dass sie irgendeine ernsthafte seelische Hilfe begehrten; und bei einigen, aber sehr wenigen war es auch wohl der Fall. Ich erinnere mich, dass ich die altklügsten, großväterlichsten Unterhaltungen – die mich in die Nähe von Balle Bohnsacks Lebensjahren, Weisheiten und Sprechweisen brachten – mit einer alten Dame hatte, die mich befragte, ob ihre Tochter sich von ihrem Mann scheiden lassen sollte oder nicht, und mit einem alten Mann, der grade von mir wissen wollte, ob er nach Kalifornien auswandern solle oder nicht. Andre kamen, um irgendeine Wahnidee, von der sie besessen waren, an einen Mann zu bringen, der einen Namen hatte [...].*« (›*Otto Babendiek*‹. 1. Neuaufl. 1996, Bd.2 S.203f.)

4. April: Hemme. Brief an den Odenwalder Pfarrer und Dichter Karl Ernst Knodt. [SHLB]

Anfang Juni: Haseldorf. Einer Einladung folgend, begibt sich F zu einem kurzen Aufenthalt auf das Schloss des Dichters, Mäzens und Ideengebers Prinz Emil v. Schönaich-Carolath. Die Unterhaltung wird von F meist auf Plattdeutsch geführt. Anwesend ist auch Gustav Falke, der den aufstrebenden Starautor schon zuvor kennengelernt hatte. »*Er kam erst am Nachmittag bei strömendem Regen auf den Hof gefahren und entschuldigte sich, er wäre in Gedanken über die nächste Bahnstation hinausgefahren. [...] Hier, im Prinzenhause, fühlte er sich nicht wohl. Es schien ihm an Raum zu fehlen, freiweg springen zu können. Kurz, es bewegten sich zwei fremde Welten nebeneinander.*« [Falke464] — Nach F folgt für einen längeren Arbeitsaufenthalt Rainer Maria Rilke. Der sendet Fritz Mackensen von Schloss Haseldorf einen Abzug einer dort nur wenige Tage vorher gefertigten Aufnahme des Hemmer Pastors, ohne zu wissen, dass der Künstler sich schon entschieden hatte, F zu porträtieren. [Rilke/Briefe118] — Noch im selben Jahr entscheidet Mackensen sich, für sein **1907** vollendetes Ölgemälde ›Die Bergpredigt‹, den Kopf Fs als Vorbild für die Gestalt des Christus zu verwenden. [Worpswede34]

2. Juni: Hemme. Brief an den Pastor Sommer. [SUBH]

4. Juni: Hemme. Brief an ›Westermanns Monatshefte‹. [SHLB]

7. Juni: Fs Schwester Augusta, Leiterin einer Schule für »Höhere Töchter«, stirbt in Hamburg an den Folgen des Typhus. [GF40]

12. Juni: Hemme. Brief an Pastor Sommer. [SUBH]

16. Juni: Hemme. Schreiben an Unbekannt. [SHLB]

Sommer: Hemme. Der Maler Fritz Overbeck ist zu Gast bei F und »sehr erbaut von seiner kernigen ursprünglichen Art.« [Worpswede122]

23. Juni: Hemme. F bittet das ›Königliche-Evangelische Konsistorium‹ zu Kiel, ihn zum **Oktober** aus seinem Pastorenamt zu entlassen. Er beginne jetzt mit seiner Schriftstellerei eine neue Betätigung, die »*der Art nach, der pfarramtlichen gleich ist, und nur an der größeren Gemeinde getan wird.*« Der Bitte wird entsprochen. Auf Betreiben des Präsidenten des Konsistoriums, Heinrich Franz Chalybäus, gewährt der preußische Staat dem Scheidenden eine einmalige Unterstützung über 2000 Reichsmark. Ferner hatte die Verwaltung der Essener Stahlschmiede Krupp für alle Eventualitäten eine Existenzsicherung zugesagt. Otto Eccius, Bankkaufmann und Rechtsberater bei Krupp, hatte ganze Arbeit geleistet. Auf diese Förderung brauchte allerdings nicht zurückgegriffen werden. [GF173 u. 178] — Nach Fs eigener Darlegung hatte der homosexuelle Eccius den Kontakt zu ihm gesucht, da er in F gleiche Neigungen vermutete. [Zeit131]

25. Juni: »›Jörn Uhl‹ habe ich gelesen: Lesen Sie ihn, es ist immerhin sehr der Mühe wert, auf dieses Buch einzugehen, wenngleich man dagegen sagen kann, dass es etwas zu sehr am Heimatlich-Holsteinischen hängt und nicht immer hoch genug darüber hinauswächst.« Doch er als »Heimatloser« kann das durchaus verstehen. (Rainer Maria Rilke an Otto Modersohn) [Rilke/Briefe118]

Ende Juni: Nordlandreise. Zusammen mit Verleger Müller-Grote und Otto Eccius, Mitarbeiter der Kruppschen Verwaltung, unternimmt das Ehepaar F an Bord der ›Prinzessin Victoria Luise‹ eine Schiffsreise in nördliche Gefilde. [Zeit29]

Sommer: Die Auflage des ›Jörn Uhl‹ beträgt 38000. [Bibliographie15]

Juli: »*Es ist köstlich, dass Sie mir einen Gruß von dem Lande bringen, wohin einst die beiden zogen [die Wentorfer Kreien aus ›Jörn Uhl‹]. Leibhaftig sah ich sie ziehn und hausen. – Es ist ja leider so, wie Sie schreiben: dass die Hälfte unseres Volkes bei dem Wort ›Pastor‹ bedenklich wird. Sie stecken so tief in Kleinigkeiten. Das ist aber schon viel besser geworden und es wird eine Zeit kommen, wo man wieder zur Religion zurückkehren wird.*« (an Hans Grimm) [Almanach42]

16. Juli: Hemme. Ein Beileidsschreiben geht an eine entfernte Verwandte mütterlicherseits: »*Es bleibt nichts anderes übrig als zu trauern, dass Gottes Wege weiter laufen als bis zum Kirchhof, dass sie in ein besseres Land hineinführen; denn dies Land ist wahrhaftig nicht gut genug für die Menschenseele, um ihr ganzes Glück hier zu finden [...].*« (an Calm v.d. Heyde-Lohkamp) [Autographenhandel]

27. Juli: Rainer Maria Rilke schwärmt in einer ausführlichen Rezension über das Erscheinen des ›Jörn Uhl‹: »Der Mann, der dieses Buch schreiben musste, hat seine Heimat, wie man ein Herz hat, wie man Hände hat: Er hat Heimat, weil das zum Leben gehört. [...] Kein neues Genie ist mit diesem Buche entdeckt worden, vielleicht nicht einmal ein ganz großes Talent, aber viel mehr: ein tiefer, starker, harmonischer Mensch, einer, dem man in sehr bedrängter Stunde fragen darf: wohin?« (›Bremer Tageblatt und Generalanzeiger‹)

29. Juli: Thomas Mann bittet Richard Schaukal eindringlich, ›Jörn Uhl‹ zu lesen. Er war drauf und dran, seinen ersten Essay darüber zu verfassen, so sehr habe ihn das Buch entzückt. »Die Mischung aus Humor und epischer Feierlichkeit, die tiefe menschliche Erlebtheit des Ganzen, die recht deutsche Tendenz zur Liebe [...] dies und so manches andere aus dem reichen und starken Buch berührt mich unendlich sympathisch.« [Schaukal51]

2. August: Hemme. Von Sylt kommend erscheint Börries Frhr. v. Münchhausen unangekündigt im Pastorat zu Besuch. F befindet sich allein mit seinem Neffen im Haus. Ganz in der Nachfolge seines Urahnen unterhält der Balladendichter seine Gastgeber mit wundersamen Geschichten und Begebenheiten. Im Gegensatz zu F durchschaut sein Neffe allerdings schnell, dass es sich um Unwahrheiten handelt. [GrübeleienI.167] [Zeit32]

25. August: Helgoland. Die Berliner ›Börsen-Nachrichten‹ melden das Eintreffen des Ehepaars F. Im Beisein des Landrats habe der Schriftsteller die Schulen besucht. [Industrialisierungskrise175]

9. September: Angesichts des aktuellen Romans des Hemmer Pastors sehnt sich Ludwig Thoma zu einer ähnlich »vertieften & durchdachten« Arbeit. »Das ist ein feines Buch. Viel Storm & Raabe, aber gut.« [Monacensia]

Oktober: Die Auflage des ›*Jörn Uhl*‹ steigt auf 99000 Exemplare an. [Bibliographie15] — Die Bauern der Umgebung sehen den praktischen Nutzen: »För jeden Book kriggt Frenssen een Mark. Dat sünd hunnert dusend Mark för een eenzig Book to schrieben. Dink di dat mal an. Wat kunnst di dor all för kööpen.« [Begegnungen12] — Hemme. »*[...] teile Ihnen mit, dass ich, nicht gezwungen, sondern ganz freiwillig bei meinem bisherigen Verleger zu bleiben gedenke, dass ich also Ihren freundlichen Vorschlag zu meinem Bedauern ablehnen muss.*« (an Verleger Samuel Fischer) [Autographenhandel]

1. Oktober: Hemme. Ein Schreiben geht an die Schriftstellerin und Malerin Helene Raff. [BSM] — F tritt als Pastor in den vorzeitigen Ruhestand. — In dieser Zeit beschließt er, wieder in sein Heimatdorf zurückzukehren, doch ein Bekannter klärt ihn auf: »*Du musst nicht glauben, dass sie etwa freundlich darüber denken, dass du kommst. Es ist da viel mehr unfreundliche, kalte Neugier, als Gutes*«. So unterbleibt die Rückkehr erst einmal. [GrübeleienIII.125] — Derweil geht es in Kreisen der Kirche, in den theologischen Fachblättern hoch her: Musste der Pastor seinen Platz räumen, weil er unbequem war? Muss ein Pastor sein Amt aufgeben, wenn er auf anderem Gebiet Vortreffliches zu leisten imstande ist?»[...] kann ein Pastor als christlicher Schriftsteller nicht auch religiös anregend und vertiefend wirken und ist es nicht ein Gewinn, wenn zwischen Kirche und moderner Kultur Brücken geschlagen werden durch Persönlichkeiten, die im Dienste der Kirche stehen und gleichzeitig in der weiten Welt Anerkennung finden?« (›Schleswig-Holsteinisches Kirchenblatt‹, 1902 Nr. 41) — Der Plan, das Pastorat in Hemme zu erwerben, lässt sich nicht verwirklichen. So verlassen F, seine Frau und Pflegesohn Fritz Hanssen den Ort und begeben sich nach Meldorf, zunächst zur Miete in die ›Bahnhofstraße‹. Auch die Schulden seiner Geschwister hat F in der Zwischenzeit begleichen können, ja, für seinen Bruder Theodor hat er sogar den kleinen Bauernhof ›Horst‹ in Barlt erworben, wohin der Vater jetzt übersiedelt. [Zeit29 u. 28] [Lebensbericht136] — Ist es Großmannssucht des zu Geld gelangten Pastors und ehemaligen armen Handwerkersohn oder nur angeborene Naivität, die ihn fortan verleiten, mit seinem Geld andere Menschen zu unterstützen? »*Ich hatte einigen sonntagslosen, wruckigen Arbeitern, die ich seit dreißig Jahren die Straße meines Heimatdorfes zur Arbeit hatte gehen sehn, friedvolle Sonntage geben wollen; nun, auf eigenem Land, arbeiteten sie erst recht am Sonntag, nun nicht mehr von der Angst der Sorge, aber von der härteren des Vorwärtskommens geritten. Ich hatte dem jungen Schüler, dem Arbeiterkind, die Studienschuld erleichtern wollen, die mich so unsäglich bedrückt hatte, aber das Zinslos- und Allzuleichtgegebene verleitete ihn, leichtfertig zu werden. Kurz, ich erkannte, dass ich mit all meinem Helfen – mit wenigen Ausnahmen – wohl an mehr als hundert Menschen, fast nichts als Unheil angerichtet hätte. Ich hatte fast niemandem geholfen; aber vielen geschadet.*« [Lebensbericht157] — Zu den Bekannten der Familie F zählt u.a. Amanda Brodersen. Besonders F zählt sie zu seiner Freundin, wie er denn in seinem ganzen weiteren Leben sich immer wieder zu einzelnen Frauen hingezogen fühlen wird. »Zweierlei war ihm ein Bedürfnis: Arbeiten bis zur Ermattung des Geistes, und als Gegenwert, als Entspannung des Geistes, das Spiel mit einem gesunden jungen Weib. [...] die Arbeit war immer das Erste, und nie hat das Zweite ihn darin stören dürfen.« (Anna Frenssen, biografische Skizze) [Zeit37]

14. Oktober: »Frenssen verstehts, der ist mit einem Schlage weit und breit berühmt und gesucht, ich gönns ihm von Herzen, denn in seinem ›Jörn Uhl‹ ist viel Echtes, er erinnert mich vielfach an Jeremias Gotthelf. Gut, dass er sein Amt niedergelegt hat: Ihm steht der Pastor noch etwas im Wege, dünkt mich.« (Johann Hinrich Fehrs an Timm Kröger) [Nordelbingen-Bd.22/163]

15. Oktober: Fritz Mackensen, der den Autor zuvor aus Sylt kommend besucht hatte, sendet aus Worpswede eine Vorstudie seines Bildes ›Gottesdienst‹ nach Meldorf. [Zeit32] [Lebensbericht122]

16. Oktober: »Jörn Uhl hat mich entzückt. Diese Mischung von Feierlichkeit und Humor ist wundervoll.« (Thomas Mann an Kurt Martens) [Schaukal140]

November: Berlin. F hält sich mit seiner Frau für acht Tage in der Spreemetropole auf. [Zeit33] — »Von guten Büchern will ich Ihnen gerne einiges nennen, was mir im Augenblick einfällt. [...] G. Frenssen: Jörn Uhl (G. Grote).« (Stefan Zweig an Karl Klammer) [Zweig47]

3. November: Meldorf. Brief an den niederdeutschen Schriftsteller Ludwig Frahm. [UBK]

9. November: »Zola ist tot, Frenssen lebt. Und wenn Frenssen tot wäre und Zola lebte, so wäre Zola doch tot und Frenssen lebte.« Hermann Löns, ›Hannoversche Allgemeine Zeitung‹) — Später wird Löns sich allerdings wegen Fs liberaler Heimatkunst, die auch die Abwendung des Einzelnen von der bäuerlichen Scholle, gar die Hinwendung zur industriellen Expansion aufzeigt, vehement gegen den Dithmarscher Kollegen aussprechen: »schlagsahnige Frensserei«. (Hermann Löns an Friedrich Castelle, 27.2.1909)

28. November: Der Verleger Eugen Diederichs beklagt gegenüber F in einem Brief, dass »seine sämtlichen Autoren [...] zu viel Philosophie in sich [haben], um auf die Menge zu wirken, sie bahnen nur Weg, bis der kommt, der aus der Fülle innerer Erlebnisse wie mit 1000 Zungen redet.« F steht sonst vorwiegend mit der Frau des Verlegers, Helene Voigt-Diederichs, in

Briefkontakt, der auch nach ihrer Scheidung bis ins Jahr **1943** anhält. [SHLB]

29. November: Eine weit beachtete Auseinandersetzung mit dem Erfolg des ›*Jörn Uhl*‹ erscheint aus der Feder Paul Rachés: »Jörn Uhl präsentiert sich uns in einem geschmackvoll gebundenen Band, auf gutem, aber nicht zu starkem Papier gedruckt und deshalb recht handlich. Ein Buch, das zum Preis von 5 Mark wie geschaffen ist für den Geschenktisch. [...] Wäre Jörn Uhl bei Fischer erschienen, er würde nicht entfernt den äußeren Erfolg zu verzeichnen gehabt haben, den er jetzt gefunden hat. [...] Der Fischersche Verlag darf sich des Besitzes des einzigen deutschen Romans freuen, der dem Jörn Uhl als vollwertig an die Seite gestellt werden darf, der ihm vom rein literarischen Standpunkt aus völlig ebenbürtig ist, und der sich seines Inhalts wegen auch als Geschenkbuch genauso eignet wie der Roman von Frenssen. Ich meine Thomas Manns prächtiger Buddenbrooks, ein Buch, das heute, länger als ein Jahr nach seinem Erscheinen, noch nicht einmal in zweiter Auflage vorliegt, das einzige Buch, um dessen willen ich Frenssen seinen Erfolg missgönnen könnte. Ob die Buddenbrooks wohl auch so unbeachtet geblieben wären, wenn sie sich von vornherein in einem eleganten Geschenkgewand präsentiert hätten, anstatt in den zwei dicken, broschierten Bänden zum Preis von 12 Mark, in denen sie der Fischersche Verlag in die Welt gesetzt hat! Ich glaube nein [...].« (›Hamburger Fremdenblatt‹) — Samuel Fischer reagiert prompt. Die neue Auflage der ›Buddenbrooks‹ erscheint **Anfang 1903** ebenfalls zu fünf Mark in ansprechendem Leineneinband. Und siehe da, noch im selben Jahr sind 10 000 Exemplare abgesetzt.

30. November: »Lies doch ja Jörn Uhl und Die drei Getreuen. Das ist ein echter Dichter.« (Felix Dahn an Johanna Stuttgarter) [Autographenhandel]

Dezember: Inzwischen ist die Auflage des ›*Jörn Uhl*‹ auf 140 000 Exemplare angestiegen. [Bibliographie15] — Das Jahr klingt aus mit einer geradezu beispiellosen Vermarktungsstrategie, der von manchen angeprangerten »Frenssenmode«: Da verspricht der ›Jörn-Uhl Tabak‹ der Hamburger Tabak-Fabrik Otto Pollitz etwa neue Erkenntnisse:

»Les ›Jörn Uhl‹ bin Pip Tabak
Bedächtig und gemütlich,
Denn ward di Frenssen's herrlich Bok
In all sin Schönheit dütlich«

Auch sollen ›Fiete-Krey-Bisquits‹ zu einem gemütlichen Kaffeekränzchen beitragen. [Zeit173] [Literatur150] — »Vom ›Neuen Deutschen Roman‹ meine ich sind die wichtigsten, [...] selbstverständlich der Jörn Uhl (Grote)«. (Stefan Zweig an Leonhard Adelt) [Zweig50] — Im ›Weihnachts Almanach‹ der G. Grote'schen Verlagsbuchhandlung erscheint eine kurze Selbstbiographie Fs.

2. Dezember: Gegenüber dem Kritiker Paul Raché schreibt Thomas Mann vom »bewunderungswürdigen ›Jörn Uhl‹«. [Fischer303]

12. Dezember: Iven Kruse — Freund und zeitweilig Lektor von Detlev v. Liliencron —, selbst versierter Dichter und Novellist, nunmehr Feuilletonredakteur bei den ›Hamburger Nachrichten‹, wendet sich an F und bittet um ein Interview für die Weihnachtsnummer der Zeitung. [SHLB] — Das Interview wird gewährt und am **27. Dezember** erscheint der Artikel ›Bei Gustav Frenssen‹ in den ›Hamburger Nachrichten‹.

15. Dezember: Meldorf. F meldet Feodora Przssn. v. Schleswig-Holstein, dass sich in Kürze 17 000 Mark auf seinem Konto befinden werden. Neben der Arbeit an einem Festspiel für Husum, ›Das Heimatfest‹, sitze er an den Entwürfen für ein eigenes Haus. [Zeit279]

17. Dezember: Hermann Hesse sendet dem »überaus verehrten Dichter« einen Weihnachtsgruß in der Hoffnung, ihm damit etwas Freude zu machen. [SHLB]

1903

28. Januar: In der Leipziger Goethe-Gesellschaft hält O. Siedel einen Vortrag über »Gustav Frenssen, der Dichter des ›Jörn Uhl‹ als Kulturschriftsteller«. Er erscheint noch im selben Jahr als Sonderdruck.

11. Februar: Meldorf. Schreiben an den Theologen und Schriftsteller Theodor Kappstein. [SLD] — »Was Sie in Ihrem Schreiben sagen über ›Jörn Uhl‹ ist mir auch beim Lesen aufgestoßen, man wird sich noch mal besinnen; wenn die Hitze nachlässt, zeigen sich die Schlacken. Übrigens bin ich neugierig, wie sich Frenssen weiter entwickelt, Gaben hat er ja ohne Zweifel.« (Johann Hinrich Fehrs an Timm Kröger) [Nordelbingen-Bd.22/164]

20. Februar: Der Worpsweder Künstler Otto Modersohn bekennt sich in einem Brief an F als wahrer Freund und Verehrer des Autors. [Zeit32]

1. März: Meldorf. Das Schauspiel ›*Das Heimatfest*‹ ist abgeschlossen. [GF200]

7. April: In der Zeitschrift ›Simplicissimus‹ erscheint mit ›Jörn Uhl‹ eine den gleichlautenden Roman glossierend parodierende Kurzgeschichte Gustav Meyrinks. [Simpl/Jg8-H2.10ff.]

3. Mai: Meldorf. Schreiben an den Schauspieler Alexander Otto. [ITFF]

29. / 30. Mai: Gründung der ›Vereinigung der Freunde der Christlichen Welt‹. F wird in der folgenden Zeit Mitglied und nimmt in den kommenden Jahren regelmäßig an den Treffen teil. Er erweist sich während der Zusammenkünfte als eifriger Beobachter, denn »Bleistift und Notizbuch kommen kaum einen Augenblick zur Ruhe.« (›Tägliche Rundschau‹, 11.3.1905) [GF178]

16. Juni: Berlin. Reichstagswahl. Im Beisein von Siegfried Heckscher, Friedrich Naumann, Horst Delbrück und anderen verbringt F den Abend und wartet auf die Verkündung der Ergebnisse. [Friedrich-Naumann-Stiftung] — Trotz großer Hoffnungen gelingt es nur einem Kandidaten des ›Nationalsozialen Vereins‹, ein Reichstagsmandat zu erringen. In den folgenden Wochen beschließt die Vereinigung um Friedrich Naumann, sich aufgrund dieser Wahlniederlage aufzulösen und der ›Freisinnigen Vereinigung‹ anzuschließen. F folgt diesem Schritt nicht. Fortan wird er keiner politischen Organisation oder Partei mehr angehören.

Sommer: Der bekannte Architekt Fritz Schumacher, derzeit in Dresden tätig, erhält die von F selbst erstellten Grundrisspläne des eigenen, im Bau befindlichen Hauses. Schumacher soll ihm mit Rat beistehen, da noch einige Änderungen anstehen. Auch soll er beim Einrichten der Wohnräume helfen. Daraufhin besucht der Architekt ihn in Meldorf, »wo Menschen und Dinge ganz in die Jörn-Uhl-Atmosphäre getaucht waren.« [Schumacher427]

5. Juli: Husum. Fs Theaterstück ›*Das Heimatfest*‹ wird aufgeführt, dem das Gleichnis vom verlorenen Sohn zugrunde liegt und dessen Quintessenz wohl lauten mag: ein »*stolzes, schönes Heilandsbild auf seinem Lebensweg*« in seinem Herzen zu tragen dazu noch »*das Beste, was die Heimat gibt*«, so wird das Leben zu meistern sein. [Zeit195] [Heimatfest71] — Das Werk erscheint im selben Jahr noch in der ›G. Grote'schen Verlagsbuchhandlung‹. Die Restauflage der 1200 Exemplare wird **1934** eingestampft. [Bibliographie18] [GF195] — Auf dem Fest in Husum kommt es zu einer kurzen Begegnung der angehenden Pädagogin, Politikerin und Frauenrechtlerin Emmy Beckmann und ihrer Schwester Hanna mit F »Er forderte mich auf, ihn zu besuchen, und so fuhren Hanna und ich nach Meldorf in großer Aufregung, den berühmten Schriftsteller genauer kennenzulernen. Es wurde ein sehr reicher und schöner Nachmittag, der den Grundstein legte zu einer nahen Freundschaft, die uns für viele Jahre verband.« Infolge des Besuches kommt es zu weiteren persönlichen Kontakten und einem intensiven Briefwechsel. Beides lässt ab **1919** nach, bleibt aber bis in die **1930**er Jahre bestehen. [Beckmann104]

15. Juli: Meldorf. F dankt einem Pastor für die Zusendung eines Predigtbandes. [Autographenhandel]

8. August: Die Universität Heidelberg teilt F mit, dass ihm sowie Friedrich Naumann der Doktor der Theologie honoris causa verliehen wird. [GF140]

Oktober: Meldorf. Das eigene, im britischen Landhausstil errichtete Haus in der ›Österstraße Nr.83‹ wird bezogen. [GF180] — Findet er zunächst gefallen an dem Domizil, an dem neu angelegten Garten, an unternommenen Kutschfahrten in sein Heimatdorf oder an die Nordsee, so ist das doch nur von vorübergehender Dauer. Trotz seiner angeborenen Zurückhaltung im Umgang mit Menschen war er als Pastor doch gezwungen, unter Leute zu treten, sie in ihren Häusern aufzusuchen, sich als Seelsorger ihre Sorgen und Nöte anzuhören. Jetzt in Meldorf fällt das alles weg. Außer »Fremden«, Literaten und Künstlern, die den berühmten Autor sehen wollen, findet er so recht keinen Zugang zu den Menschen der Stadt. Schon bald fühlt er sich einsam und ausgeschlossen. [Lebensbericht136f.] — Einer der ersten Gäste im neuen Heim ist die Dichterin Lulu v. Strauß u. Torney, die besonders die Bücher Friedrich Naumanns auf dem »Ehrenplatz« registriert. [Strauß27]

nach 19. Oktober: »*Ich war vierzig Jahre alt geworden, da hörte ich zum ersten Mal von der Existenz von Homosexuellen. Einer kam zu mir, um es mir auseinanderzusetzen. [...] Um dieselbe Zeit erfuhr ich zum ersten Mal von Pubertätsvergehungen. Dies ganze Gebiet, mir bisher im Nebel, wurde mir erhellt. Erkenntnis, Verständnis, Demut, Mitleid, Güte wuchsen in mir. Ich beschuldige das ganze deutsche Schulwesen, dass es mich Haufen Unbrauchbares, Totes lehrte, aber nicht das Leben.*« [GrübeleienII.168f.]

24. November: Meldorf. Brief an Julius Hart. [SLD]

Dezember: Im ›Weihnachts Almanach‹ der G. Grote'schen Verlagsbuchhandlung erscheint Fs Beitrag ›*Wie ein Roman entsteht*‹.

1904

in 1904: Meldorf. Der Maler Momme Nissen fertigt ein repräsentatives Ölporträt des Schriftstellers während eines Aufenthaltes bei F an. [Bibliographie243] — Geplanter Aufenthalt bei Pastor Siefert auf Oland. [GF204] — »Seit dem Erfolg des ›Jörn Uhl‹ schlafen unsere Romanverleger schlecht – wie die Spieler nach der unfehlbaren Methode, die Bank zu sprengen, suchen sie jetzt, um die künftigen Frenssens schon als literarische Embryonen zu entdecken. Aber die Sache ist schwierig: Denn der Autor tut es eben doch nicht allein [...].« (G.D.W. Callwey, in: ›Der Kunstwart‹ 1904, Bd. 17, Teil 1, S.188)

Mai: Kiel. F trifft Feodora Przssn. v. Schleswig-Holstein im Hause ihrer Tante Henriette v. Esmarch. [Zeit33]

19. Mai: In der Kolonie ›Deutsch-Südwestafrika‹ erklärt General Lothar v. Trotha den Kriegszustand gegen die Ureinwohner und gibt die Parole aus: »Innerhalb der deutschen Grenze wird jeder Herero erschossen. Ich nehme keine Weiber und Kinder mehr auf, treibe sie zu ihrem Volk zurück und lasse auf sie schießen.«

Dezember: Wie in den Vorjahren hatte sich ›Das Literarische Echo‹ (Hrsg. Dr. Josef Ettlinger, Berlin) für die Beantwortung der Frage interessiert, welche Bücher und Autoren im abgelaufenen Jahre (vom **Herbst 1903** bis **Herbst 1904**) am meisten gelesen wurden. 136 Leihbibliotheken (Lesezirkeln, Lesehallen, Volksbibliotheken) antworteten:
 1. ›Götz Kraft‹ (Ed. Stilgebauer)
 2. ›Das schlafende Heer‹ (C. Viebig)
 3. ›Briefe, die ihn nicht erreichten‹ (E. v. Heyking)
 4. ›Jena oder Sedan‹ (F. A. Beyerlein)
 5. ›Jörn Uhl‹ (G. Frenssen)
 6. ›Erstklassige Menschen‹ (W. Graf v. Baudissin)
 7. ›Buddenbrooks‹ (Th. Mann)

Als meistgelesene Autoren des vergangenen Jahres ergibt die Aufstellung:
 1. Ed. Stilgebauer
 2. C. Viebig
 3. E. v. Heyking
 4. F. A. Beyerlein
 5. Gustav Frenssen
 6. W. Graf Baudissin (Frhr. v. Schlicht)
 7. Th. Mann

Damit gehört F mit seinem Roman im dritten Jahr nacheinander zu den meistgelesenen Autoren Deutschlands; ein Novum.

1905

in 1905: Elis Herdin veröffentlicht seine ›Studien über Bericht und indirekte Rede im modernen Deutsch‹ in der auch die Werke Fs ausgewertet wurden. — Hamburg. Während in der Kolonie ›Deutsch-Südwestafrika‹ die Nama, besser bekannt als Hottentotten, selbst nach Abberufung des Blut-Generals Trotha noch einen aussichtslosen Guerilakampf gegen die deutschen Besatzungstruppen führen, trifft F eines Abends mit Offizieren zusammen. Er lernt Dr. Schian kennen, der den Vernichtungs-Feldzug gegen die Hereros im Jahr zuvor als Generaloberarzt mitgemacht hatte, und der einzelne Begebenheiten aus dieser Zeit zum Besten gibt. Schon macht sich bei F. der Schriftsteller geltend und er bittet Schian, ihm mehr über dessen Erlebnisse zu schildern. Sie verabreden sich. Schian begibt sich für einige Tage nach Meldorf und steht F Rede und Antwort. Alles wird mitstenografiert. Nach der Abreise des Offiziers wird bald darauf ein weiterer Gewährsmann des Geschehens, der Hamburger Student H. Michaelsen eingeladen. Der hatte den Feldzug als Unteroffizier mitgemacht. Michaelsen bleibt drei Tage. Ihm folgt der Kieler Leutnant Klinger, der einen Tag lang seine Erlebnisse zum Besten gibt. Der Stoff zu einem Kolonialbuch formt sich langsam. [Lebensbericht143f.] — Gustav Müller-Grote übernimmt die G. Grote'sche Verlagsbuchhandlung vollständig von seinen Eltern Carl und Anna Müller-Grote.

13. März: Meldorf. Schreiben an Paul Schultze-Naumburg, Architekt, Kunsttheoretiker, Maler, Publizist und später Politiker der NSDAP. [DLM]

1. Mai: Meldorf. Fs Dienstmädchen Auguste Kühl ertränkt sich hinter dem Haus in einem Teich. [Zeit38] — Nur wenig später wird der Tümpel zugeschüttet und F trägt sich fortan mit Umsiedlungsplänen. [Jacques114]

17. Mai: Kiel. Aufenthalt in der Fördestadt. [Zeit34]

18. Juli: Meldorf. Von seinem Landsitz ›Hemmelmark‹ mit zwei Automobilen kommend, besucht Prinz Heinrich, der Bruder Kaiser Wilhelm II., den Schriftsteller. [Industrialisierungskrise175]

Oktober: Berlin. F hält sich mit seiner Frau für einige Tage in der Spreemetropole auf. [Zeit33]

11. Oktober: Münster. Schreiben an den Philosophen, Pädagogen und Kritiker des Kaiserreiches Friedrich Wilhelm Foerster. [SHLB]

18. Oktober: Münster. [Zeit34]

20. Oktober: Braunschweig. Besuch bei Wilhelm Raabe, mit dem F seit **1900** in lockerem Briefkontakt stand, und den er zu seinen großen Vorbildern zählt. Auf der anderen Seite gehören die Werke des Dithmarschers zu den wenigen aktuellen, die Raabe kennt. Sein Urteil darüber ist je nach Stimmung wechselhaft. »Frenssen sei zwar ein tiefer und origineller Denker, doch ohne Kompositionstalent. Auch viel zu einseitig Ditmarscher.« (Wilhelm Raabe gegenüber Fritz Hartmann) [Raabe/Gepräche192, 368 u. 238] — *»Der alte Raabe, in behaglich altbürgerlicher Stube, mit breitem und langem Sofa, neugierig guckend, lächelnd, unsicher, gütig, sagte im Laufe der Unterhaltung: In einer Zeitschrift stände, dass er schon übergenug geschrieben hätte und aufhören möge, und sah mich tatsächlich, glaube ich, mit Zweifeln an. Ich sagte, er solle nur so tausend Jahr noch weiter murmeln wie ein Bach, immerzu, es kämen immer neue Wanderer und freuten sich daran.«* [GrübeleienI.215]

21. Oktober: Meldorf. Schreiben an den Schriftsteller, Journalisten und Kritiker Franz Servaes. [ÖNB] — Auch ein Rezensionsexemplar des neuen Werkes ›*Hilligenlei*‹ wird ihm übersandt. Wochen später erscheint dessen ausführliche Inhaltsangabe und positive Kritik. »Zwar die Stadt, von der er uns erzählt, heißt Hilligenlei aber das heilige Land ist sie noch lange nicht, eher, wie gesagt, ein Stückchen Seldwyla – wenigstens was so den Durchschnitt angeht. [...] Eine Reihe glänzender Kapitel hebt an. [...] Frenssen erweist sich hier als ein so ausgezeichneter Kenner des Meeres und der Meerfahrt, dass man vermuten möchte, er habe selber ein paar Jahre seines Lebens auf dem nassen Element zugebracht. [...] Zwar wird man sagen müssen, dass Frenssens Christentum im hergebrachte-religiösen Sinne kaum noch Christentum genannt werden kann. Denn es ist frei von allem Dogma und frei auch von aller falschen Heroenverehrung. Aber es ist stark und innig, keusch und tapfer und ganz und gar geboren aus einem intuitiven Verständnis für die Seelennot der Zeit, in der wir leben. Dieses gibt dem Roman ›Hilligenlei‹ einen weiten, mächtigen Horizont, wie ihn bis jetzt kein anderer deutscher Roman unserer Zeit hatte«. (›Neue Freie Presse‹, 17.12.1905)

24. Oktober: Gut Bornstedt b. Potsdam. Von Feodora Przssn. v. Schleswig-Holstein eingeladen, verbringt F einige Stunden auf deren Landsitz. Als er während des Abendessens genug genossen hatte, stellt er seinen Teller beiseite, stützt die Arme auf die Tischplatte und fängt an zu reden. Dabei soll das Essen eigentlich noch weiter fortgesetzt werden. »Der Diener wusste gar nicht, wo er seine Platten lassen sollte.« (Feodora Przssn. v. Schleswig-Holstein an Theodor Bohner, o.D.) [Freundschaft17] — Als die Kaiserin Victoria, die Schwester Feodoras, sich an diesem Tag zu einem Kurzbesuch ankündigt, weicht er einer Begegnung aus und begibt sich während des Treffens beider Schwestern in ein Nebenzimmer. [Lebensbericht120]

25. Oktober: Berlin. Schreiben an den Schriftsteller Hermann Sudermann. [DLM]

31. Oktober: Berlin. Besuch bei Hermann Sudermann. »*Er wollte uns durchaus zu Spielhagen bringen. ›Nein‹, sagte er, ›wird der sich wundern!‹*«. Wegen Alter und Krankheit muss der jedoch das Treffen absagen. Auch der Dichter Gerhart Hauptmann wird aufgesucht. F erblickt in ihm einen lebens- und gedankenvollen, leise erregten, gütigen Menschen und spricht das auch aus. Er erhält daraufhin eine Einladung zu einem Besuch in Schreiberhau, doch es kommt zu keiner weiteren Begegnung. Auch für Hauptmann war der Besuch etwas Besonderes: »Der Tag war dadurch u. durch manches andere festlich.« [Lebensbericht191f.] [Hauptmann455]

Anfang November: ›Hilligenlei‹ erscheint in einer Startauflage von 100000 Exemplaren. Eine für die Zeit bisher nicht gekannte Auflagenhöhe. Doch Müller-Grote muss F, der pokert, entgegenkommen, wollte er seinen neuen Starautor nicht verlieren. F lag ein Angebot für einen Zeitschriftenabdruck der auflagenstarken Zeitschrift ›Die Woche‹ vor. So wird, um das gleiche Honorar zahlen zu können, eine Doppelauflage gedruckt und nur ein Teil aufgebunden. Der Coup rechnet sich. Nach wenigen Monaten sind alle Bände ausgeliefert. [Almanach99 u. Bibliographie19] — Einmal mehr erweist sich der Verleger als geschickter Kaufmann. Die Sortimentsbuchhandlungen, die sonst Bücher in Kommission von den Verlagen übernehmen, müssen diesmal die Exemplare fest ordern und auch vorab bezahlen. Nach dem Erfolg des ›*Jörn Uhl*‹ will sich keine Buchhandlung eine Blöße geben, um der erhofften Nachfrage auch entsprechen zu können. — Das Rauschen im Blätterwald der Zeitungen und Zeitschriften ist ebenfalls gewaltig; weniger wegen der spannenden Erzählung und der geschickt ineinander verflochtenen Menschenschicksale, als vielmehr wegen eines Kapitels von insgesamt sechsundzwanzig, der schon bald berüchtigten »*Handschrift*«. Hunderte von Rezensionen im In- und Ausland erscheinen innerhalb weniger Wochen. Allein in Berlin erscheinen zwischen **11. November 1905** und **6. Februar 1906** mindestens 19 Besprechungen. Keine der namhaften Zeitschriften wie ›Berliner Börsen-Courier‹, ›Germania‹, ›Vossische Zeitung‹, ›Berliner Morgenpost‹, ›Der Reichsbote‹ oder ›Vorwärts‹ können sich dem Sog entziehen, kein namhafter Kritiker wie Carl Küchler, Carl Busse, Friedrich Dernburg oder Arthur Eloesser kann daran vorbeischauen. [Bibliographie188] — Begeisterung und wütende Ablehnung, Jubel und Befremden, Vorwürfe des Erotismus, Manierismus werden erhoben oder das F der weiblichen Selbstbestimmung das Wort rede. Alle Meinungen sind vertreten. Die Sozialdemokratie gar begrüßt das Werk als Abrechnung mit dem »politischen Pfaffentum«. Dagegen polemisieren konservative Kreise gegen ihn als Sozialisten und Sittenverderber. [GF200] [Zeit52] — »Die erotische Entbehrung der besseren Frau ist heute außerhalb der Ehe schon deshalb fast unbehebbar, weil die pharisäische Auffassung der freien Hingabe dem Manne von heute seit Generationen vererbt und anerzogen ist und ihm daher tief im Blute sitzt. Kein edleres Weib wird einer Hingabe froh werden, wenn es weiß oder fühlt, dass der betreffende Mann es deswegen morgen verachtet oder geringer einschätzt als früher. [...] Dass diese Spaltungen und Widersprüche zwischen dem Triebleben und den Vernunftentschließungen die psychische Einheit mehr und mehr gefährden, ist klar. Ein moderner großer Dichter hat dieses Phänomen in seiner ganzen unheimlichen Unnatur erkannt und gestaltet. Frenssen hat in seinem Roman ›Hilligenlei‹ die tödliche Vereinsamung blühender, jugendlicher Weiblichkeit geschildert. Es scheint mir ein wunderbar tiefer Instinkt, der ihn dazu geführt hat, dieses Schicksal gerade an dem vollkommensten Weib seines Romans darzustellen.« [Meisel-Hess378ff.] – Auch die Theologenwelt ist gespalten. Von germanischen Geschmacklosigkeiten ist die Rede oder vom Geist moderner Theologie. Die mit dem ausgehenden 19. Jahrhundert stark in die Öffentlichkeit wirkenden Kreise des Kulturprotestantismus begrüßen F als »Sprachrohr des der Kirche entfremdeten Menschen«. Der Redakteur der von Friedrich Naumann herausgegebenen Zeitschrift ›Die Hilfe‹, Theodor Heuss, rezensiert das Werk wohlwollend. Frenssens Intimfeind Adolf Bartels brandmarkt es als »eines der schlechtesten und (für Unreife) gefährlichsten Bücher«. Die Kontroverse hält bis in den **September 1907** an. [GF25 u. 225] — Anleihen für die bildmächtigen Abenteuer auf See bildeten die Erzählungen des Bauern und vormaligen Matrosen Franz Jessen sowie eines Verwandten von Seite Fs Frau, der sich als Matrose auf den Weltmeeren herumtrieb. Auch ein alter Seefahrer von der Brunsbütteler Lotsenstation wird als Gewährsmann um Rat und Hilfe ersucht. [Lebensbericht133f.] — Mit dem in der Erzählung enthaltenen Kapitel der ›*Handschrift*‹ oder ›*Das Leben des Heilands, nach deutschen Forschungen dargestellt: die Grundlage deutscher Wiedergeburt*‹, versucht F ausdrücklich als Theologe auf die Massen zu wirken. Dieser Teil wird **1907** auch gesondert als Bändchen gedruckt werden. Angeregt vor allem durch das Werk des Baseler Theologen Schmidt, der eine pragmatische Darstellung des Lebens Jesu veröffentlicht hatte, kompiliert F die ihm genehme Ansicht aus wissenschaftlichen Werken zur historischen Gestalt der Figuren Jesus und Paulus. Erstmals wird durch die unmittelbar einsetzende und kontrovers geführte Diskussion ein Schlaglicht auf die historischen Gestalten der Bibel in die breite Öffentlichkeit hineingetragen. Auch im Nachbarland Frankreich sorgt eine Übersetzung für einiges Aufsehen. [GrübeleienII.283]

... da riss der Sturm die Außentür auf und warf sie hart gegen die Wand. Gleich darauf stand Liese Dusenschön mit ihrer kräftigen, breiten Gestalt auf der Schwelle. Das rotblonde Haar hing ihr nass um die Ohren, Todesmattigkeit stand in ihrem weißen Gesicht und Entsetzen in ihren versunkenen Augen.

»*Der Bauer hat mich weggejagt ... und meine Mutter ist nicht zu Hause.*«

Rieke Thomsen polterte aus dem Stuhl und fasste sie an, und führte sie drei Stufen hinauf in die Kammer und ließ sie aufs Bett nieder.

»*Nein ... so was!*« *sagte sie und richtete sich schwer auf.* »*In meinem ganzen Leben habe ich niemals einen solchen Schreck bekommen.*«

»*Rieke ... fünfzigmal habe ich im Schlamm gelegen ... ich habe mich gekrümmt wie'n Wurm. Ich wollte es greifen ... aber ich konnte es nicht bekommen.*« *Sie atmete hoch auf.* »*O, nun wird mir besser! ... Kommt meine Mutter noch nicht?*«

»*Die kommt schon ... hör ... die Tür geht. Sieh, da ist sie.*«

Stiena Dusenschön kam in dem Aufzug, in dem sie immer war, wenn sie auf Nachbarschaft ging. Sie hatte die verblichene schwarze Staatshaube auf dem Kopfe und trug den altmodischen schwarzen Umhang mit den Perlenfransen, die die Pastorin ihr geschenkt hatte, um die mageren Schultern. Und die langen Haubenbänder, die auf die Brust herabhingen, zitterten und die Perlenfransen tanzten aufgeregt; ihre Hände fuhren entsetzt über dem Kopf hin und her. »*O, mein Kind! Mein Kind!*« *sagte sie.* »*Warum hast du mir das angetan!*«

»*Mensch!*« *sagte Rieke Thomsen.* »*Stell dich nicht an!*« *Um alles in der Welt, stell dich nicht an! Hast du es besser gemacht, als du jung warst?! Warum sie es getan hat? Sie hat sich was vorreden lassen, oder ihre Natur hat es verlangt, eins von beiden*

Stiena Dusenschön hatte sich auf den Bettrand gesetzt und rang nach Atem. »*Mein Kind, mein Kind! ... Wer ist der Vater? Sag doch deiner alten Mutter ... wer ist der Vater?*«

»*Lass die Fragen,*« *sagte Rieke.* »*Geh hin und hol die kleine Tiene Rauh, dass sie uns zur Hand geht und eine gute Tasse Kaffe kocht. Die halbe Nacht wird darüber hingehen.*« (›Hilligenlei‹. 121. Tsd., S. 6f.)

November od. Dezember: Meldorf. Der Bitte, einen Aufruf zur Unterstützung des Dichters Maxim Gorkis zu unterzeichnen, wiegelt F ab. Er wendet sich aber an die Frau von Prinz

Heinrich, ob sie nicht über ihre Schwester, die Zarin, helfen könne. [Zeit35f.] [Lebensbericht139]

9. November: Wilhelm Raabe erhält ein Widmungsexemplar von ›*Hilligenlei*‹ zugesandt. »Das sei ein Buch, das man kaum seiner Frau, keinesfalls seiner Tochter in die Hand legen dürfe. Das Leben Jesu gehöre erstens nicht hinein, zweitens verholsteinere es den Heiland ebenso gründlich, wie Renan ihn verfranzost habe.« (Wilhelm Raabe gegenüber Fritz Hartmann) [Raabe/Gepräche368 u. 238] — »›Besonders hätte ihn [F] die Behandlung des Geschlechtlichen interessiert, man erkenne sofort, dass ihn das viel zu schaffen gemacht haben müsste.‹ Im Übrigen [hätten] von den 160000 Käufern kaum 10000 verstanden, was Frenssen ihnen geben wollte, ›aber er hat mit meinem Kalbe gepflügt und hat das auch selbst zugegeben.‹« (Wilhelm Raabe gegenüber Erich Janke) [Raabe/Gepräche290]

11. November: Die erste Rezension erscheint. Schon dem Rezensenten ist schnell klar geworden, dass nicht der Protagonist Kai Jans die eigentliche Hauptfigur ist, »sondern hinter ihm verborgen der Dichter selbst, der sich über das Wirren und Sehnen unserer Zeit ernste, schwere Gedanken macht und aus seinen Sorgen heraus den Vorsatz fasst, zu zeigen, wie er, mit seinen Augen, die vom Deich und von der weiten See kommen, das Leben seines Volkes ansieht: was unnatürlich und widersinnig und veraltet und tot ist und darum böse«. (Karl Strecker, in: ›Tägliche Rundschau‹) – Und genau daher rührt der ungeheure Erfolg: In einer immer schnelllebigeren Zeit, einer Zeit, in der die Wissenschaften das hergebrachte Weltbild immer mächtiger umwälzen, sehnen sich die Menschen zunehmend zurück zu einfachen und banalen Erklärungen. Vielen ist diese Zeit mit den Raum und Grenzen überwindenden neuen Fortbewegungsmitteln Automobil, Aeroplane und Luftschiffe, den Erkenntnissen Darwins über die Evolution oder den Thesen zur Vererbungslehre einfach suspekt. Sie sehnen sich nach Jemanden, der ihnen ein neues Weltbild aufzeigt. Mit der ihnen in der Schule und auf dem Kasernenhof eingebläuten einfachen Erkenntnis »für Gott, Kaiser und Vaterland« geht es so nicht weiter. Da kommt Fs Werk gerade richtig; scheint es doch neben der reinen und gekonnt fabulierten Handlung durchaus einfache Antworten für geistig Entwurzelte zu bieten. Und in dem gleichfalls entwurzelten Kai Jans, der sich über alle Missgeschicke schließlich sein eigenes Weltbild zu bilden versucht, wird ihnen ein Leidensgenosse als Identifikationsfigur geboten.

20. November: Thomas Mann fragt bei seinem Bruder an, ob er auch vernommen habe, dass F für sein neues Werk »sofort« 200000 Mark Honorar erhalten habe. »Ich schenke ihn mir. Was ist Frenssen? Nichts, als ein Zeichen, dass die literarische Kultur in Deutschland allgemach soweit vorgeschritten ist, dass sogar holsteinische Landpastoren ganz leidliche Bücher schreiben können. Eine Erscheinung ohne jeden Persönlichkeitswert. Ein gutmütig-poetischer Mensch, der sogar, wie man aus dem ›Jörn Uhl‹ ersieht, einmal von der ›Umwertung aller Werte‹ gehört hat. Von ernsthaftem Künstlertum, Schicksal, Strenge, Leidenschaft, kann gar nicht die Rede sein. – Aber man nennt mich mit ihm zusammen [...]« [Mann64]

24. November: »Das ist logischer und psychologischer Nonsens. Aber die Drachensaat dieses popularisierten Unglaubens schießt ja heute schon munter in die Halme. Frenssen ist nun ein neuer Sämann, der sein Saatkorn aus Renan, Harnacks und anderer Scheunen bezieht. So geht die Vergiftung der deutschen Volksseele ihren Gang. Judas verriet den Herrn um dreißig Silberlinge. Frenssen ist nicht so billig: Er verkauft die Seele des deutschen Volkes für 200000 Mark.« (Carl Küchler, in: ›Germania‹) — »*Ich habe mit dem Verleger abgemacht, dass das Nachwort weggelassen wird, wenn die erste und die zweite Auflage, zusammen 100000 Exemplare, verkauft sind, was vielleicht um Weihnachten geschehen ist. [...] Ich bin kein Gelehrter; überhaupt kein feiner Mann. Ich bin ein störrischer Bauer, der lieber mühsam allein pflügt, als dass er seinen Nachbarn um ein zweites Pferd bittet, der ihm doch das seine abborgt. Ich habe viel Leid von diesem unfreundlichen Starrsinn*«. (an Martin Rade) [GF255]

Dezember: »Und hier ist Frenssen der gegebene Mann, der in einer glänzenden spannenden Form des Romans den Menschen unserer Zeit die moderne Weltanschauung eben als Religion darbietet.« (C. Kähler, in: ›Schleswig-Holstein-Lauenburgisches Kirchen- und Schulblatt‹) — »[...] zur Durchführung einer solchen Idee fehlt Frenssen, der sich stets in Einzelheiten verliert, die künstlerische Kraft wie die Tiefe der Weltanschauung. ›Hilligenlei‹ ist überhaupt kein Roman, sondern ein Sammelsurium von allerlei Geschichten und Geschichtchen, Figuren und Einfällen [...]« (›Das Literarische Echo‹, Berlin 1905) — »Hunderttausende empfinden so, wie es Gustav Frenssen in [...] Hilligenlei sagt. Aber freilich, auch der Dichter von Hilligenlei verficht ja die Wahrheit, auch er will der Natur nicht aus dem Wege gehen, er leuchtet hinein in die Menschenseele, nicht wie verlogene Konvention sie darstellt [...].« (›Mutterschutz. Zeitschrift zur Reform der sexuellen Ethik‹. Bd. 3. Frankfurt a.M. 1907, S.71)

3. Dezember: Meldorf. Schreiben an den Sozialpolitiker und Initiator der Baugenossenschaften Peter Christian Hansen. [SHLB]

8. Dezember: »Es wird kein Vater wagen, dieses Buch, das zur Schandliteratur gehört, auf den Tisch seines Hauses zu legen, und wenn ein Vater noch so leichtfertig und frivol wäre, so weit wird er es nicht bringen, dies Buch, in dem die Hurerei idealisiert wird, in sein Haus kommen zu lassen.« (Johs. Paulsen, in: ›Kropper Kirchlicher Anzeiger‹) — »Was sagen Sie zu Frenssens Hilligenlei? Ich bin ganz traurig darüber. Es sind ja noch immer Prachtstellen darin, aber im Ganzen finde ich es künstlerisch einen sehr starken Niedergang, ein Erstarren in Manier, ein aufdringliches Dickunterstreichen von Tendenzen, die das Buch um jede echte künstlerische Wirkung bringen. –« (Lulu v. Strauß u. Torney an Theodor Heuss) [Strauß79]

Weihnachten: 100000 Exemplare des neuen Werkes sind abgesetzt worden. Die zweite Auflage wird langsam vorbereitet. [GF201]

31. Dezember: Meldorf. Schreiben an den Redakteur und Schriftsteller Kurt Schede. [Monacensia]

1906

in 1906: Die öffentliche ausgetragene Auseinandersetzung um ›Hilligenlei‹ und die Frage ob Jesus gelebt habe, fordert Albert Schweitzer zu einer groß angelegten Auseinandersetzung mit der gesamten modernen theologischen Strömung heraus. In der grundlegenden Auseinandersetzung ›Von Reimarus zu Wrede. Eine Geschichte der Leben-Jesu-Forschung‹ weist er Fs Quellen sowie die aus diesem grob kompilierten Material resultierenden Fehler und die Schwächen in der Darstellung nach. Negativ fiele auch die völlige Vernachlässigung der Evangelien auf. Auch in öffentlichen Vorträgen nimmt er dazu Stellung: »Zuletzt – ich hätte Sie gerne damit verschont, darf es aber nicht – zuletzt kommt Frenssen mit seinem Hilligenlei, schreibt ein Leben Jesu, das weder tief noch wahr ist, sondern das unwissenschaftlichste und geschmackloseste Modernisieren der Geschichte, das man sich denken kann, und setzt darüber: ›Das Leben des Heilandes, nach deutschen Forschungen dargestellt, eine Grundlage deutscher Wiedergeburt‹. Ist das Blindheit oder Vermessenheit? Für mich ists ein Zeichen der Zeit.« [Schweitzer261] — Gertrud Storm, Tochter Theodor Storms, wendet sich an F und berichtet, wie sie am Abend im Schein der Petroleumlampe mit ihrer Nichte das neue Werk liest: »Alle die kraftvollen schönen Gestalten sind Menschen von Fleisch und Bludt, das ist alles wirkliches Leben.« [SHLB]

Januar: Der Dichter und Schriftsteller Rudolf Borchardt sendet ein Widmungsexemplar seiner ›Geschichte des Heimkehrenden (Das Buch Joram)‹ an F. [Rudolf Borchardt Archiv] — Leihbibliotheken kündigen die Aussortierung des umstrittenen Werks ›*Hilligenlei*‹ an und zahlreiche Buchhandlungen rufen zum Rückkauf auf: »Wir erklären uns bereit, alle bei unserer Firma gekauften Exemplare […] zurückzunehmen in Umtausch gegen das treffliche Buch von Schaer, ›Das Erbe der Stubenrauch‹ und rückvergüten für bereits bar bezahlte Exemplare die Differenz von 1 Mark.« (›Freie Deutsche Presse‹, 5.1.1906)

vor 3. Januar: Hadersleben. [Zeit34]

5. Januar: Hermann Hesse sendet aus Radolfzell dem »hochgeschätzten Herrn« in Meldorf einen Gruß. Fs Zeilen wären ihm immer eine große Freude. Auf der Karte finde er sein Haus abgebildet. Weiterhin habe sich mit einem Jungen seit zwei Wochen Nachwuchs eingestellt. [SHLB]

20. Januar: »Erstes spezifisches Merkmal der Frenssenschen Scholle: Sie ist niedersächsisch. Herr Frenssen hat da einen guten Griff getan. Seit Wagner, Nietzsche, Gobineau und den Bayreuther Blättern, seit Langbehn und H. St. Chamberlain ist die Rassenpsychologie bei uns in ›besseren Kreisen‹ populär. [...] Die feinste Nummer des Rassenpsychologen ist bekanntlich das Arische und vom Arischen die Quintessenz: das Niedersächsische. [...] [Frenssens] Kniff ist der, dass er fortwährend seine Menschen lediglich physisch zu konterfeien scheint, und dass er sie in der physischen Charakterisierung immer zugleich ethisch und psychologisch stigmatisiert. Die gusseiserne Assoziation von Physischem und Psychischem ist bekanntlich die petitio principii, Methode zugleich und Ziel, der Rassentheorie [...] Dank dieser rassenpsychologischen Absichten schreiten aber auch seine Figuren durchweg auf so hohen Stelzen, dass sie ihr Niedersachsentum aus allen Poren schwitzen und dass sie nicht mit den Augen blinzeln, ohne uns abgrundtiefe Perspektiven in die ›niedersächsische Seele‹ zu eröffnen. [...] nur ein Autor, der im Nebenamt berufsmäßig gewohnt ist, bloß sich selbst sprechen zu hören, kann mit solcher hartnäckigen Konsequenz, aber auch mit solcher souveränen Gleichgiltigkeit an den lebendigen Objekten seiner Kunst vorbeireden. Frenssen behandelt seine Personen als Kleiderhaken, an denen er seine sorgfältig ausgewählten, graziösen und prätentiösen Worte aufhängt«. (Karl Korn, in: ›Neue Zeit‹, Nrn. 17 u. 18 vom 20. u. 21.1.1906)

1. Februar: In der Kieler Universitätsaula hält der Theologe Otto Baumgart einen vielbeachteten Vortrag über »Gustav Frenssens Glaubensbekenntnis« und dessen neuestem Werk. [GF242] — Die Abrechnung der ›Groteschen Verlagsbuchhandlung‹ lautet:

	Soll	Haben
1904 I.V.–31.XII.	9000,–	
1905 31.I.–31.XII.	12000,–	

1905 24.V.	4000,–	
1905 11.VII.	50000,–	
1905 18.IX.	50000,–	
Hilligenlei 120000 Exemplare		
90000 zu 1,80, 30000 zu 1,50		207000,–
Sandgräfin 4000 42.–45. Tsd.		
Drei Getreuen 4000 77.–80. Tsd.		
Jörn Uhl 5000 193.–197. Tsd.		
13000 Expl. Davon 9750 à 1,–		
u. 3250 à 80 Pf.		12350,–
Gyldendahl, Kopenhagen,		
2. Auflage der 3 Getreuen		
360,– davon 2/3	240,–	
Billes, Stockholm, 1. Auflage von		
Hilligenlei 1200,– davon 2/3	900,–	
Saldo	95490,–	

15. Februar: Hamburg. Im Volksheim spricht F über seine Heimat, seine Jugend und über ›*Hilligenlei*‹. [Texte39]

März: Kiel. Aufenthalt in der Fördestadt. [Zeit34] — Meldorf. Wie im Jahr zuvor besucht Prinz Heinrich v. Preußen, Bruder Kaiser Wilhelms II. den Schriftsteller mit seinem Automobil. F spielt hinterm Haus mit Kindern in der Sandkiste. Erst nach mehrfachen Vorhaltungen seiner Frau bequemt er sich zum Empfang des Gastes. Weitere Besuche folgen. [Begegnungen41] — Ferdinand Tönnies, Soziologe, Nationalökonom und Philosoph, erhält einen abschlägigen Bescheid: »*obgleich jene Partei mir [...] die liebste ist. Aber ihre Führer sind mir die unliebsten Menschen im ganzen Land.*« F reklamiert für sich, dass er ein unpolitischer Mensch sei und lieber Schriftsteller bleiben möchte. [SHLB] Tönnies bat F unter dem Hinweis der Vertraulichkeit vor einiger Zeit, die unterdrückten Kräfte der reformierten Sozialdemokratie zu unterstützen, denen die Erneuerung Deutschlands ein Anliegen seien.

16. März: Münster. Brief an den Literaturwissenschaftler Fritz Droop. [SBB]

19. März: Müller-Grote versucht seinen Autor vorsichtig, von einer separaten Veröffentlichung des ›*Schlussworts zu Hilligenlei*‹ abzubringen. Seiner Meinung nach passe es in literarischer sowie inhaltlicher Sicht nicht zu Fs Ambitionen. [GF258] — Vor allem durch die Kritik der Theologen an ›*Hilligenlei*‹ fühlt sich F tief getroffen und will mit dieser Form einer Gegendarstellung reagieren, die stellenweise an seine späteren polemischen Pamphlete der Kriegsjahre ab **1939** erinnert.

Frühjahr: Der Hausbau in Blankenese beginnt. [Zeit38] — Hamburg und seine Vororte entwickelten spätestens seit dem ausgehenden 19. Jh. eine starke Anziehungskraft auf Literaten und Künstler. Mit dem Dichter Detlev v. Liliencron wohnt im Hamburger Vorort Alt-Rahlstedt der zurzeit bedeutendste deutschsprachige Lyriker; ihm war aus Berlin der Dichter Richard Dehmel gefolgt. Schon bald sprach man vom »Hamburger Dichterkreis« und bezog den Lyriker Gustav Falke und den Schriftsteller Otto Ernst mit ein. Hamburg war zu einem literarischen Ort in Deutschland herangereift. So erscheint es nur selbstverständlich, dass der Starautor vom flachen Land die Stadt zu »erobern« trachtet, vor allem dabei wohl das Knüpfen der richtigen Kontakte im Auge hat.

April 1906: Das ›*Schlusswort zu Hilligenlei*‹ erscheint. [Bibliographie20] — In ihm versucht er darzulegen, dass er – entgegen der ursprünglichen Intention zu ›*Hilligenlei*‹ – mit dem umstrittenen Werk keinen Jesuskultus neu verkünde, sondern vielmehr Jesus als natürlichen, irrenden Menschen dargestellt habe. Der Abschied vom biblischen Christentum ist eingeläutet.

11. April: Die Sozialistin Lily Braun – eingenommen von der Sexualethik und den als selbstbewusst dargestellten Frauenfiguren der letzten Werke –, bittet F in einem Brief, er solle doch in dieser Art und Weise auch für die Zeitschrift ›Neue Gesellschaft‹ Texte liefern. »Es gibt kein empfänglicheres Publikum für Sie als das unsere. Unsere Leser gehören zu den ernsten Menschen, die das neue Land gewinnen wollen.« [Zeit415]

15. April: Mit Pastor Friedrich Paulsens »Die sexuelle Moral in G. Frenssens Hilligenlei« erscheint ein geharnischter Angriff auf den Autor gerade wegen dessen offener Thematisierung und liberaler Darstellung der Sexualität. (›Neue Freie Presse‹,

Wien) — Übrigens handelt es sich hier um einen Zug der Zeit ab ca. **1890**: Vehement wird auf der einen Seite für ein Aufbrechen der Verkrustung – auch der sexuellen – gekämpft. Seitens der Frauen steht dafür besonders Werk und Leben Franziska Gräfin zu Reventlows. Die andere Seite kämpft ebenso heftig mit allen erlaubten und nicht erlaubten Mitteln gegen diese Art »Volksverderben«.

19. April: Karl Kraus mokiert sich über Friedrich Paulsens »unerlaubt öde Kapuzinade gegen die Unsittlichkeit des – Pastors Frenssen«. [Fackel Nr.201/18]

4. Mai: Verleger Gustav Müller-Grote versucht seinen Autor davon abzuhalten, Änderungen an ›Hilligenlei‹ vorzunehmen. [GF258]

7. Mai: Die Leserin Minna Cauer berichtet in einem Brief an F über einen Vortrags- und Diskussionsabend über ›Hilligenlei‹. Der Saal war überfüllt, das Publikum lauschte andächtig und an der Diskussion beteiligten sich »Klerikale und Sozialisten«. Wäre er dabei gewesen, er hätte empfunden, »dass in Deutschland trotz aller schweren und trüben Konflikte eine Sehnsucht nach Hohem und Idealem lebt und dass wir aus dem Werk von Ihnen lernen: Deutschlands Wiedergeburt.« Die Teilnehmer haben ferner den Wunsch ausgesprochen, »mit Ihnen zusammen nach dem heiligen Land mitsuchen zu helfen.« [SHLB]

13. Mai: Münster. F hält sich mehrere Tage in der Stadt auf. [Zeit34]

4. Juni: Meldorf. Schreiben an Unbekannt. [SHLB]

30. Juni: Münster. [Zeit34]

September: Das Werk ›*Peter Moors Fahrt nach Südwest*‹ erscheint mit 50000 Exemplaren und wird schon bald zum beliebtesten Kolonialbuch in Deutschland und Europa mit Übersetzungen in Schweden, Dänemark, Niederlande und England. Erstmals werden die in Deutschland nur wenig bekannten Kämpfe mit den Eingeborenen bekannt. Auch die Darstellung eigener Unzulänglichkeiten und Grausamkeiten gehört dazu. Bis **1914** steigt die Auflage auf 178000, bis **1945** gar auf 433000 Exemplare, ohne dabei Neben- und Lizenzausgaben zu berücksichtigen. Der Erfolg beruht größtenteils in unverstelltem Realismus und der zupackenden Sprache. [Bibliographie21] — Das schon von Kant, Herder, Schiller oder Hegel als allgemeingültig formulierte Argument, Schwarze trügen nichts zum Fortschritt der Menschheit bei, es wäre somit Gottes Wille, dass sie gegenüber den weißen, »tüchtigeren« Völkern untergehen, dies Argument ist bei allen westlichen Nationen verbreitet. F bleibt somit innerhalb der bei allen Kolonialmächten verbreiteten Anschauung verfangen. Die Hereros »*haben den Tod verdient, nicht weil sie die zweihundert Farmer ermordet haben und gegen uns aufgestanden sind, sondern weil sie keine Häuser gebaut und keine Brunnen gegraben haben. [...] Den Tüchtigeren, den Frischeren gehört die Welt. Das ist Gottes Gerechtigkeit.*« (›Peter Moors Fahrt nach Südwest‹, S.198) — »Mit ›Peter Moors Fahrt nach Südwest‹ beginnt der objektive Künstler Frenssen zu wachsen: Hier ist schon die echte, selbstvergessene Hingabe des Dichters an das Schicksal des anderen, an das Erlebnis des anderen, das vollständige Aufgehen in einer neuen Welt, das Widerstrahlen des Glückes der inneren Ruhe«. (›Hochland‹, 1912 Bd.10, Teil 1) — Schon bald nach Erscheinen bezichtigt der Student H. Michaelsen F des Plagiats, hatte er ihm doch im vorigen Jahr Rede und Antwort zum Feldzug in ›Deutsch-Südwestafrika‹ gestanden, an dem er teilgenommen hatte. [Zeit338]

Wir waren mit raschem Schwung aus dem Sattel; die Zügel flogen über den Pferdehals; die Pferdehalter griffen zu. Unsere Kompanie war nur neunzig Mann stark; zehn ließen wir bei den Pferden; nur achtzig Mann gingen wir in den dichten Busch hinein. Die Feinde schossen heftig und stießen kurze, wilde Rufe aus. Ich sah einen von den Unsrigen verwundet; er kauerte und untersuchte seine Wunde am Schenkel. Ich sah noch nichts vom Feinde. Aber da sah ich, einen Augenblick nur, ein Stück von einem erhobenen Arm im graubraunen Kordrock und schoss dahin. Dann lag ich und spähte auf ein neues Ziel. Es ging lebhaftes Feuern hin und her. Wenn einer von uns getroffen zu haben glaubte, verkündete er es mit lauter Stimme: »*Der steht nicht wieder auf! Mensch, mitten in die Brust!*« *Der dritte Mann zu meiner Rechten, der ein wenig nach vorn an einem Busch lag, zuckte zusammen. Drüben schrie eine lachende Stimme:*

»Hast genug, Dütschmen?« Der Kamerad sagte mit ruhiger Stimme: »Ich habe einen Schuss in der Schulter« und kroch auf allen vieren zurück. [...] Und da kam auch schon der Ruf: »Sprungweise vor!« Wir sprangen auf und stürzten vor; aber eine entsetzliche Kugelsaat prasselte gegen uns an – wir warfen uns wieder hin. Schräg vor mir hatte ein Unteroffizier eine Kugel in den Leib bekommen; das Blut strömte sofort mit Gewalt aus der Wunde; er kauerte und versuchte, es mit seinem Taschentuch zu hemmen, und rief laut um Hilfe. [...] Wir kamen nicht vorwärts. Ich weiß nicht, wie lange wir so lagen und schossen. Es sind wohl Stunden gewesen. Ich wunderte mich einmal, dass sich kein Offizier bei uns sehen ließ, und vergaß es wieder. Der Schweiß rann mir wie Wasser über den ganzen Körper. Nicht meine Zunge, mein ganzer Hals, mein ganzer Körper schrie nach einem Schluck kühlen Wassers. Seitwärts versuchte ein Lazarettgehilfe, einem Verwundeten einen Gummischlauch um den stark blutenden Schenkel zu legen.« (›Peter Moors Fahrt nach Südwest‹. 239.–253. Tsd., S.150ff.)

8. September: Der seit **1903** geführte Briefwechsel mit der Pädagogin Emmy Beckmann kreist meist um das eine Thema: Ehebruch. Darf ein »edles Weib« sich »ihrem Helden« unabhängig von christlichen Geboten hingeben? »*Ich halte dafür, dass sie, wenn sie es tut, schöner und gütiger handelt, als wenn sie sich ihm versagt; sie schafft sich und einem anderen Menschen große, schöne Freude und schafft sich und ihm Gerechtigkeit. Es ist wahr, dass sie sich auch Leid und Not schafft; aber ich bin der Meinung, dass diese Not für die Seele fruchtbar ist, während die Not lebenslänglicher Jungfernschaft, nach dem, was wir sehen, auf die Weibesseele verdorrend wirkt. Was dann noch das anbetrifft, dass sie einer anderen, nämlich der etwaigen rechtmäßigen Gattin ihre* ›Helden‹ *Leid schafft, so steht auf der anderen Seite die Freude, die sie einem anderen Menschen gibt, und die Bescheidenheit des Teils an Glück, das sie für sich nimmt. Zuletzt meine ich nicht, dass sie vor jener andern sich schämen muss: Denn je edler jene andere ist, umso besser wird sie verstehn, dass er auch noch durch einen anderen Frühlingswald gehen kann* *als allein und allezeit durch den, welchen sie gepflanzt hat, ohne schmutzige Füße zu bekommen [...].«* (an Emmy Beckmann) [Beckmann105]

nach 6. Oktober: Kopenhagen. [GrübeleienII.91]

29. Oktober: Emmy Beckmann äußert sich gegenüber F skeptisch zur Erzählung ›*Peter Moors Fahrt nach Südwest*‹. [SHLB]

November: Aufgrund der großen Nachfrage wird eine zweite Auflage von ›*Peter Moor*‹ über 50 000 Exemplare nachgedruckt. [Bibliographie21]

Anfang November: Meldorf. Auszug aus dem eigenen Haus in der ›Österstraße‹ und Übersiedelung nach Hamburg-Blankenese in die eigene Villa ›Baurs Weg Nr.8‹. Für die tägliche Hausarbeit sorgen Angestellte. [Zeit38] — Das Leben nimmt seinen geregelten Gang wieder auf. Ein- oder zweimal in der Woche, jeweils mittwochs und/oder sonnabends unternimmt das Ehepaar F um 15 Uhr einen Stadtbummel und kehrt zum Kaffee und Kuchen im Alsterpavillon ein. Der übrige Tagesablauf eines Schriftstellers folgt dem geregelten Gang: F geht »*morgens, nachdem er einen Blick in die Zeitung getan hat, an seinen Schreibtisch, wovon er zuweilen zu seiner Frau hinübergeht, dann geht er zu Tisch und liest nach Tisch in seinem Lehnstuhl, während seine Frau im Sofa sitzt, die Zeitung zu Ende, und geht dann an seine Arbeit u. spaziert mit seiner Frau, und isst zu Abend u. sitzt dann wieder mit ihr am Mittagsplatz, bei irgendeinem Buch [...]*« (an Friedrich Hammer, 8.2.1908) [Zeit39] — Es folgen Bekanntschaften mit dem ehemaligen Reichskanzler Bernhard v. Bülow, der nicht weit entfernt in Klein-Flottbek wohnt oder zu Theodor Bohner, mit dem er auf Vermittlung von Przssn. Feodora Przssn. v. Schleswig-Holstein in Kontakt kommt, den er schließlich einlädt, falls er einmal in Hamburg weilt, doch zu einem Besuch vorbeizuschauen. [Freundschaft9f.]. Bekanntschaften zu Rechtsanwalt Lorenz Petersen, Siegfried Heckscher, Rechtsanwalt und Mitglied des Direktoriums der HAPAG, sowie über Annas Freundin, Elisabeth Lindemann, ab **1917** auch zu deren Ehemann, Wenzel Hablik, kommen hinzu. [Zeit42 u. 44] — Albert Ballin, Direktor der HAPAG, lädt ihn zu sich ein, versucht ihn gar zu einem Ausflug nach Cuxhaven zu überreden. Dort wolle er ihn dem

Kaiser vorstellen. Doch F lehnt mit der Begründung ab, er wüsste, dass jeder zweite Satz aus dessen Munde seinen Widerspruch hervorrufen würde. [Lebensbericht188] — Weiteren Umgang pflegt das Ehepaar F zu Kurt Küchler und später zu Hans Grimm [Zeit46] — Carl Hauptmann ist einmal zu Gast im Hause Fs. Ferner ergeben sich lockere Kontakte zu Otto Ernst, Gustav Falke sowie zu Richard und Ida Dehmel; beide Ehepaare besuchen sich gegenseitig, doch »warm« werden sie nicht miteinander. Für Dehmel handelt es sich bei F nur um einen »sentimentalen Biedermann« und F wiederum kommt mit der selbstbewussten, pathetischen sowie alles und jedes ins Monumentale deutenden Ida Dehmel nicht zurecht. — *»Stellen Sie sich vor: Ida Dehmel war unlängst meine Tischdame und fragte ausgerechnet MICH, ob ich ihren Mann nicht auch für den bedeutendsten Dichter des Jahrhunderts halte!«* (F an Senta R. Möller-Ernst) [Dehmel] — Doch die Männer unterhalten trotz ihrer unterschiedlichen Charaktere bis zum Ableben Dehmels eine lockere Beziehung. [Lebensbericht190f. u. 279] — Eine Kontaktaufnahme zu Liliencron gelingt es zu umgehen, obwohl der auch zu den Bewunderern Fs gehört. F mag den Menschen nicht. Sein lebensbejahendes und offenes Wesen ist ihm fremd. *»Nein, ich bin nicht für das Vagabundentum, für die Boheme. Darum mochte ich auch nicht mit Liliencron umgehen, er war mir zu unsolide. Den festen bürgerlichen Boden unter den Füßen haben und behalten, das ist es! Mit dem anderen nur spielen – ich habe auch viel Dunkles und Wildes in mir –«* [Lebensbericht189] [Reicke191] — Überhaupt erleichtert sein Wesen einen Umgang mit Künstlern und Literaten nicht gerade. Er wirkt mit seiner Art »immer wie ein Gast. Mich amüsierte bei gelegentlichem Zusammensein, wie er ohne Rücksicht auf die Umgebung – etwa auf einem Presseball – ganz in der Art seiner Gestalten in einer Art vorweggenommener Psychoanalyse jedem sein Leben abfragte.« [Heinrich Spiro: Schicksal und Anteil. Berlin 1929, S.140] Mit diesem inquisitorischen Verhalten kann er selbstverständlich auf Dauer die literarischen und künstlerischen Kreise nicht für sich begeistern und so die Stadt »erobern«. Ebenso wenig mit dem offenen Eingeständnis, ihn interessiere Schreiben und Reden über Kunst nicht im Entferntesten: »*Ich greife immer wieder dann und wann nach alten, schönen Werken von Homer bis zu meinem Landsmann Storm, und nach schönen Bildern und Bauten, und lasse eines jeden Art auf mich wirken [...] Mit diesen stillen Betrachtungen ist mein Bedarf an Unterhaltung und Belehrung über Kunst völlig gedeckt.*« [GrübeleienII.317] — Zu den Blankeneser Jahren gehören auch die zahlreichen Besuche der Verwandten, die zum Teil mehrere Wochen bleiben wie z.B. der Neffe Georg Frenssen. [Lebensbericht] — Von aufkommendem Antisemitismus, wie in Teilen des Bürgertums, bleibt F unbeeinflusst. »*Jüdische Familien gaben Gelegenheit zu Anknüpfungen. Die jüdischen Menschen waren ja in Dingen der Kunst sehr wach. [...] Was kümmerten sich die deutschen sogenannten Gebildeten, mit sehr seltenen Ausnahmen, um deutsche Kunst und Künstler!? Wenn in den Hamburger Zeitungen stand, dass deutscher Adel nach Hamburg gekommen wäre, folgte die Bemerkung, dass er zu Besuch von Tieren gekommen, sei es bei Hagenbeck oder dem Horner Rennen oder im Zirkusring. Die künstlerischen Menschen und Begebenheiten waren ihnen entweder gleichgültig, oder leise unheimlich oder komisch.*« [Lebensbericht187] — So verkehrt auch eine Frau Dr. Levysohn gemeinsam mit einer Freundin in der Blankeneser Villa. Zahlreich sind die gemeinsamen Treffen im Turmzimmer. »Er sei ein väterlicher Mann u. blonder Hüne gewesen. Aber er habe versucht, sie u. ihre Freundin u. manches andere Mädchen (Gymnasiastinnen von 15, 16 Jahren) zu debauchieren. Es seien heimliche Verführungsversuche gewesen.« [Klemperer75] — Wie denn überhaupt der Kreis, der sich zu F hingezogenen Frauen recht groß ist. Sei es als Korrespondenzpartnerinnen wie die Pädagogin und Politikerin Emmy Beckmann oder Leni Burfeind, die F wohl am **1. März 1910** auf dem Vereinsfest der Altonaer Kunstfreunde kennen lernt. Auch Charitas Bischoff, die bei seinem Besuch **1899** Rat und Zuspruch in literarischen Dingen erhielt, und in der Zwischenzeit das Buch über ihre Mutter Amalie Dietrich verfasst hat, gehört zu diesem Bekanntenkreis. Als sie nach Blankenese zieht, kommt es zu einer erneuten Begegnung. F bittet sich das noch nicht erschienene Manuskript aus und steht wieder mit Rat und Tat zur Sei-

te. Beide besuchen sich fortan in ihren Wohnungen. [Zeit44f.]
[Bischoff28f.] — In die Blankeneser Zeit fällt auch eine finanzielle Entscheidung: Ein Hamburger Kaufmann, von dem er **1890** 6000 Mark geliehen hatte, die er aber bald nach dem Erfolg des ›*Jörn Uhl*‹ zurückzahlen konnte, war inzwischen selbst in finanzielle Schwierigkeiten geraten. F steht ihm mit einem Mehrfachen der damaligen Summe bei. [Lebensbericht156]

10. November: In der Zeitschrift ›Simplicissimus‹ erscheint mit ›Hilligenlei‹ eine den gleichlautenden Roman glossierend parodierende Kurzgeschichte Gustav Meyrinks. [Simpl/Jg11-H24.376ff.]

Dezember: Bei den ab Ersterscheinung angeschafften Bänden verzeichnet der größte deutsche Lesezirkel, der Berliner ›Novitäten Lesezirkel‹ von Borstell und Reimarus in der Rubrik ›Belletristik‹ unter den ersten fünf Plätzen allein viermal F.

Frenssen	Jörn Uhl	3130 St.
Frenssen	Hilligenlei	2075 St.
Heyking	Briefe, die ihn nicht erreichten	2030 St.
Frenssen	Peter Moors Fahrt nach Südwest	2000 St.
Frenssen	Die drei Getreuen	1730 St.

Die Firma versorgt in Berlin und im Umland Adelige, Gelehrte, studierte Offiziere der Berliner, Potsdamer und Spandauer Regimenter mit neuer Literatur. Zerlesene Exemplare werden an Antiquariate, Schul-, Militär- und Volksbibliotheken abgegeben. [Jäger113]

1. Dezember: Im Deutschen Reichstag geht es hoch her. Anlässlich der Beratungen zum Nachtragshaushalt zur Kolonie ›Deutsch-Südwestafrika‹ wirft u.a. der Sozialdemokrat August Bebel der Regierung vor, sie mache mit ihrer Kolonialpolitik die Eingeborenen zu »Heloten«.

13. Dezember: In seiner Rede vor dem Deutschen Reichstag bezieht sich Reichskanzler Bernhard v. Bülow in seiner Stellungnahme zur Kolonialpolitik auch auf ›*Peter Moors Fahrt nach Südwest*‹. Als die Mehrheit der Abgeordneten weitere 29 Millionen Reichsmark für den **1904** begonnenen Feldzug in ›Deutsch-Südwestafrika‹ ablehnen, löst Bülow das Parlament auf. [GF271]

20. Dezember: Verleger Müller-Grote rät F, keine billige

Volksausgabe von ›*Peter Moors Fahrt nach Südwest*‹ zu verlangen. Zwar würde zurzeit versucht, es auch prokolonialistisch zu verwenden, doch überwiege die Tendenz, es vorwiegend antikolonialistisch auszuschlachten.»So sprach der ›Vorwärts‹ neulich in seiner Kritik davon, dass das Buch in alle Hände käme, um von der ›blödsinnigen Kolonialpolitik‹ abzuschrecken.« [GF271]

30. Dezember: Ein ungenannter Autor berichtet in einer Glosse über die ungeheure Breitenwirkung Fs: »Zwei Berliner Herren saßen mir im Eisenbahnwagen gegenüber. ›Was lesen Sie?‹ frage der eine den andern. ›Frenssen.‹ ›Merkwürdig, ich auch.‹ ›Jeder Mensch liest Frenssen.‹ ›Muss kolossales Geld verdienen.‹ ›Ich möchte den Kerl mal sehen, aber der sitzt auf seiner Klitsche und kommt überhaupt nicht nach Berlin.‹ ›Eigentlich eine Unverschämtheit.‹« (›Berliner Lokal-Anzeiger‹)

1907

in 1907: Pastor Hoffmann besucht den Dichter und versucht ihn zu einer Vortragsreise in die USA zu bewegen. [Briefe27] — Der Pflegesohn Fritz Hanssen verlässt das Ehepaar F, um zu seinem Vater nach Chile zurückzukehren. Zum Aufbau einer eigenen Existenz erhält er 20 000 Reichsmark mit auf den Weg. [Zeit39]

18. Januar: Hamburg-Blankenese. Schreiben an die Volkskundlerin Gertrud Messdorff. [SHLB]

23. Januar: Verleger Müller-Grote ist schon jetzt gespannt auf das angekündigte Heldenepos. In den folgenden Monaten und Jahren muss er für F eine Vielzahl an Sekundärliteratur über Bismarck beschaffen. [GF281]

25. Januar: Hamburg-Blankenese. Brief an den Dichter Gerhart Hauptmann. [BSM] — Während F sich mit zweitausend Menschen auf einem Fest amüsiert, tritt um Mitternacht ein Mann vor die Gäste und verkündet die Niederlage der Sozialdemokraten bei der heutigen Reichstagswahl, die fast die Hälfte der Mandate gegenüber **1903** eingebüßt haben. Die Wahl wurde wegen des um der Kolonien heftig geführten Wahl-

kampfes im Allgemeinen nur »Hottentotten-Wahl« genannt.
»*Woher wusste der Mann, dass die ganze Versammlung die Nachricht als eine frohe Botschaft aufnähme? Ich wenigstens dachte vielmehr an die Niedergeschlagenheit, die in dieser Mitternachtsstunde über unzählige, wackre Arbeiter gekommen war, die wohl noch ernsthafter und edler über die Zukunft ihres Vaterlandes dachten, als viele von denen, die hier zum Fest zusammengekommen waren, und ich war der Meinung, dass unser Vaterland zu seinem Fortschreiten eine starke Arbeiterpartei brauchte.*« [GrübeleienII.138]

Februar: Im Verzeichnis der Mitglieder der ›Vereinigung der Freunde der Christlichen Welt‹, der F seit spätestens **1904** angehörte, wird sein Name nicht mehr aufgeführt. Ein weiterer Schritt aus dem Schoß des kirchlichen Glaubens heraus wurde vollzogen. [GF265]

23. Februar: Hamburg-Blankenese. Brief an den Verleger Alfred Janssen. [SUBH]

28. Februar: Das Werk ›*Das Leben des Heilands*‹ erscheint in der ›Groteschen Verlagsbuchhandlung‹ in 50000 Exemplaren. [Bibliographie20]

Dies Weltbild, das Weltbild des Kopernikus, Galilei, Newton; Galvani, Darwin, Robert Mayer, Helmholtz erkennen wir an. Wir erkennen es an ohne irgendeine Einschränkung. Und wir erschrecken nicht vor ihm, sondern wir stehen vor ihm mit dem hellen Vertrauen, mit dem der Heiland vor dem Weltbild seiner Tage stand. So wie der Heiland, jener so menschliche Held, mit feurig liebender Seele, mit seinem: »Ich will Gott lieben und die Menschen,« vor dem Weltbild seiner Tage stand, und nirgends ihm untertan, nirgends im Widerspruch mit ihm, mit souveräner Seele es deutete: So kommen jetzt Menschen und werden kommen, von seiner Art, von seinem Vertrauen, unbelastet mit all den veralteten Glaubens- und Weltansichten, und werden dies ungeheure rätselvolle Bild der Welt ahnen verstehn, und mit schöner heiliger Fantasie, mit frei schaffender Seele herrlich deuten und werden das Bild Gottes sehn. Und dieser Gott wird anders sein, ganz anders als der des Heilands. (›Das Leben des Heilands‹, 1.–50. Tsd., S.104)

12. März: Kaiser Wilhelm II. bezieht sich aus Anlass einer Rekrutenvereidigung in Wilhelmshaven auch auf Fs ›*Peter Moors Fahrt nach Südwest*‹. [GF272]

16. März: Die ›Deputation für die Stadtwasserkunst‹ bestimmt, dass Architekt Wilhelm Schwarz mit seinem Entwurf des Wasserturms für den Standort ›Sternschanze‹ den Zuschlag zur Ausführung erhalten soll. Schwarz hatte im Wettbewerb den 3. Platz belegt und sein Werk unter das Motto ›Jörn Uhl‹ gestellt. [Bismarckdenkmal284]

Frühjahr: Zusammen mit zwei Freundinnen und dem österreichischen Autor Oberndorfer unternimmt Anna F eine Reise nach Italien. [Zeit41]

5. Juni: »*Nach zwei Jahren machen Sie Ihr Examen, und dann suchen Sie in Hamburg ein Amt, und dann wird es ein großartiges Gespann Freunde: die [...] Professorentochter aus alter, alter Kultur und der dithmarscher Dorfjunge, der als der erste seines Geschlechtes an die Bücher und an die Bildung herankam.*« (an Emmy Beckmann) [Beckmann105]

13. Juni: Hamburg-Blankenese. Schreiben an den Schriftsteller Adolf v. Wilbrandt. [DLM]

Sommer: Hamburg-Blankenese. Der amerikanische Künstler Robert Haven Schauffler besucht F und fertigt in der Folgezeit ein Bronzeporträt als Flachrelief an. [Almanach84]

21. August: Hamburg-Blankenese. F kapituliert endgültig gegenüber Emmy Beckmann, deren Verstand »*scharf und hochmütig*« ist, trotz der »*weichen, braunen Augen*«. Sie ließ sich von ihm nicht in Sachen »*Jungweibernot*« missionieren, weder im Allgemeinen noch als Ledige persönlich. Fs manchmal zwischen den Zeilen an die Oberfläche drängender Wunsch eines gemeinsamen erotischen Verhältnisses muss unerfüllt bleiben. »*Ich sehe, dass da nichts zu machen ist [...] Es sind verschiedene Geister in uns. Ihrer ist nicht unfrei, ich sehe das jetzt ein; er ist feiner. Es ist da bei Ihnen eine verfeinerte Natur. Sie wollen nicht gegen Ihre Seele handeln; und das darf auch ein Mensch nicht. So soll es nun eine gute Freundschaft sein [...].*« (an Emmy Beckmann) [Beckmann107]

November od. Dezember: Hamburg-Blankenese. Emmy Beckmann erhält die Ankündigung Fs, dass er im geplanten

Werk ›*Klaus Hinrich Baas*‹ einer der Romanfiguren, »*Sanna Eschen*«, Wesenszüge von ihr beigeben werde. [Beckmann107]

1908

in 1908: Robert Haven Schauffler veröffentlicht in der New Yorker Zeitschrift ›Outlook‹ den Bericht über seinen Besuch vom letzten Jahr: ›*Pastor Frenssen. The German Dickens*‹. [Bibliographie167]

8. Februar: Hamburg-Blankenese. Da es mit dem Lesen selbst bei Licht zunehmend hapert, beschließt F sich demnächst bei Dr. Beselin eine Brille zu besorgen. [Zeit39]

März: Hamburg-Blankenese. Der Künstler Hans Kolitz jr. fertigt ein Bleistiftporträt Fs an. [Bibliographie245]

9. März: Hamburg-Blankenese. Brief an die Pädagogin und Politikerin Emmy Beckmann. [SHLB]

Frühjahr: Hamburg-Blankenese. Feodora Przssn. v. Schleswig-Holstein übersendet ihr Manuskript ›Mann im Nebel‹ zur Begutachtung. [Freundschaft9f.] — Noch mitten in der Arbeit am ›*Klaus Hinrich Baas*‹ entsteht unter dem Titel ›*Der Lehrer von Loo*‹ ein anderes Werk. »*Wir leben in einer Zeit der Reaktion. Nun, und da quält mich schon lange besonders das eine: dass sie absichtlich so wenig für die Volksschule tun. [...] Es wird ein schlimmes Buch.*« (an Theodor Bohner) [DLM]

23. Mai: Eine längere künstlerische Würdigung des Schaffens Fs erscheint in den USA: »With Frenssen came the day of democratic, poetic, lovingly wrought fiction. He has given us a rest for the homely, the autochthonous. He has made the commonplace romantic. I believe that in coming to love his peasants, our German sympathies have been taught to reach out even beyond the frontiers of Germany.« (›Outlook‹) [Almanach84]

Juli: Bad Orb. F weilt mit seiner Frau zur Kur im Spessart. Die zahlreichen Stellungnahmen und Angriffe der letzten Jahre im Gefolge der Veröffentlichung von ›*Hilligenlei*‹ und ›*Peter Moors Fahrt nach Südwest*‹ hatten das Herz etwas angegriffen. [Zeit41]

Sommer: Hamburg-Blankenese. Als F über seinen Rechtsbeistand Siegfried Heckscher dem ehemaligen Soldaten H. Michaelsen zu erkennen gibt, er würde ihm für dessen Informationen zum Feldzug in der Kolonie ›Deutsch-Südwestafrika‹ einen finanziellen Ausgleich gewähren, zieht der seine kurz nach Erscheinen des ›*Peter Moor*‹ **1906** erhobenen Plagiatsvorwürfe in einem Schreiben an F endgültig zurück. [Zeit53]

Juli / August: Hamburg-Blankenese. Theodor Bohner ist für mehrere Tage zu Besuch. Er wird aufgefordert, das in Druckfahnen gesetzte Werk ›*Der Lehrer von Loo*‹ zu lesen und ein ehrliches Urteil zu sprechen. Innerhalb von zwei Tagen im Hause Fs beendet Bohner seine Lektüre. Er lernt das ruppige aber nicht nachtragende Wesen des Autos kennen. So muss er sich einmal »Schafskopf« schelten lassen, als er meint mit dem zur Lektüre übergebenen ersten Teil wäre die Erzählung beendet. Insgesamt fällt sein Urteil über die Erzählung negativ aus. Bohner lässt sich nicht beirren und rät, das Werk nicht zu veröffentlichen. [Freundschaft20]

12. August: Hamburg-Blankenese. F dankt für Bohners offenes Urteil. Letztlich wird das Werk ›*Der Lehrer von Loo*‹ tatsächlich nicht veröffentlicht. [Freundschaft20] [DLM]

26. August: In der Zeitschrift ›Simplicissimus‹ erscheint mit ›Wie das Buch Hiob ausgefallen wäre, wenn es Pastor Frenssen und nicht Luther übersetzt hätte‹ eine weitere glossierend parodierende Kurzgeschichte Gustav Meyrinks zu ›*Hilligenlei*‹ insbesondere zum nachgeschobenen Text ›*Das Leben des Heilands*‹. [Simpl/Jg12-H22.342ff.]

1909

in 1909: Als Hans Grimm nach siebenjährigem Aufenthalt in Südafrika mit den Truppen Friedrich v. Erckerts nach Deutschland zurückkehrt und die Elbe aufwärts in Richtung Hamburg fährt, wird er während des Passierens von Blankenese auf das Wohnhaus Fs und dessen Anwesenheit hingewiesen. »Ich schraubte an meinem Görzglas, und er stand wirklich da mit andern und winkte wie ein Liebender den Reitern – von deren

Heimkehr er gehört hatte – und ihrem guten Schiffe zu.«
(Hans Grimm) [Almanach43]

13. März: In einem Brief an F gibt der Freund und Rechtsbeistand Siegfried Heckscher, Direktoriumsmitglied der HAPAG und Mitglied des Reichstags, neben dem »Zentrum« vor allem einer »gewissenlosen Agitation des Bundes der Landwirte« die Schuld am heftig geführten Streit um den Plagiatsvorwurf zu ›*Peter Moors Fahrt nach Südwest*‹. [Zeit53]

23. März: Hamburg-Blankenese. Der vom Staatssekretär und Vizekanzler Theobald v. Bethmann Hollweg herangetragene Wunsch, F möge ihn einmal besuchen, wird von F positiv beantwortet. [SHLB]

24. März: Bethmann-Hollweg ist über »die Erfüllung eines recht unbescheidenen aber ebenso herzlichen Wunsches« erfreut, muss aber leider absagen. In der fraglichen Woche halten ihn jedoch Verpflichtungen immer von zu Hause fern. Der Wunsch nach einem Besuch wird aber aufrechgehalten. [SHLB]

14. Juni: Hamburg-Blankenese. »*Wunderlich, dass Du meine Bücher so gern hast. Ich bin doch ganz wie meine Bücher.*« (an Emmy Beckmann) [Beckmann109]

Sommer: Heidelberg. Die Gärtnerin auf dem Stift Neudorf, Elisabet Touret, mit deren Vater F in lockerem Briefverkehr stand, erhält aus Anlass des geplanten Aufenthalts des Schriftstellers die Ankündigung des Besuchs. F bat sie, ihn am Bahnhof abzuholen und ihm die Stadt zu zeigen. Als sie Ihren Arbeitgeber, Alexander v. Bernus, im Beisein seiner Gäste – Kasimir Edschmid, Melchior Lechter, Karl Wolfskehl, Wilhelm Petersen, Karl Thylmann, Rolf v. Hoerschelmann – fragte, ob sie für den nächsten Tag freibekäme und den Grund benannte, bricht alles in ein lautes Hallo aus. »Allgemein wurde der Wunsch geäußert, Elisabet solle am kommenden Nachmittag Gustav Frenssen zum Tee nach Stift Neuburg bringen. Als sie Bedenken äußerte, ob er die Einladung annehmen werde, sagte Wolfskehl: ›Unter allen Umständen, schaffen Sie ihn her, tot oder lebendig!‹ [...] In gehobener Stimmung wurde Frenssen am Nachmittag erwartet. Er kam. Sämtliche Anwesenden waren ihm, auch dem Namen nach, unbekannt. Seine Führung durch Stift Neuburg geschah unter allgemeiner Beteiligung. In der von Friedrich Schlosser erbauten Kapelle fragte er, aus welcher Zeit sie stamme. Als ich [Edschmid] ihm sagte, sie rühre von Friedrich Schlosser her, der convertiert habe, [...] war seine kurze kernige Antwort: ›Schwaches Geschlecht!‹ | Beim Tee, der auf der Veranda serviert wurde, wandte sich Frenssen an Karl Wolfskehl und fragte ihn, ob er auch Kunstmaler sei, was Wolfskehl verbindlich verneinte. ›Dann sind sie wohl Schriftsteller?‹ ›Nein, durchaus nicht!‹ wehrte Wolfskehl aufs Entschiedenste ab. – Es war ein genussreicher Nachmittag gewesen, der nachträglich viel Stoff zum Lachen gab, denn jeder hatte aus seinem Gespräch mit Frenssen einen markanten Ausspruch zu berichten.« Nachdem Elisabet Touret den Gast wieder nach Heidelberg zurückbegleitete und am Abend auf das Stift zurückkehrte, wollen die bei Mondschein badenden Gäste sofort wissen, welchen Eindruck der Besuch auf Stift Neudorf bei F hinterlassen habe. »›Was hat er gesagt?‹ war die gleichzeitig aus dem Wasser gestellte Frage. ›Es scheine ihm eine etwas exzentrische Gesellschaft zu sein‹, war die Auskunft. ›Schwaches Geschlecht‹, paraphrasierte Wolfskehl. ›Von ihnen‹, ergänzte Elisabet Touret, ›meinte er, Sie hätten im Äußeren Ähnlichkeit mit Paul Heyse‹. Lautlos versank Karl Wolfskehl unter dem mondbeschienenen Wasserspiegel«. [Bernus22f.]

7. Juli: Kaiser Wilhelm II. beruft den Staatssekretär des Inneren und Vizekanzler Theobald v. Bethmann Hollweg zum Reichskanzler.

25. Juli: Alt-Rahlstedt. Unter den Persönlichkeiten aus Kunst, Politik und Militär, die den Dichterfürsten Detlev v. Liliencron sein letztes Geleit geben, gehört auch F. Als der Sarg aus der Wohnung getragen wird, stimmt eine Regimentskapelle den ›Großen Kurfürsten Reitermarsch‹ an. Unter flatternden Fahnen der Kriegervereine begibt sich der Zug nach dem Alt-Rahlstedter Friedhof. Schülern des Ortes und der Nachbargemeinde säumen den Weg. Es ist die Huldigung eines ganz Großen, die hier zelebriert wird. [Böckel50]

28. Juli: Theobald v. Bethmann Hollweg freut sich schon auf Fs Besuch im Herbst oder Winter. »Was Sie gesagt und gesungen, hat in unserm Volke schon so viel Großes und Gutes gewirkt, dass ich auch die freundlichen Wünsche, mit denen Sie mich in mein neues Amt begleiten, eine ganz besondere Kraft beimessen möchte.« [SHLB]

September: Das Werk ›Klaus Hinrich Baas‹ erscheint in der ›Grote'schen Verlagsbuchhandlung‹ in 50 000 Exemplaren. Im selben Monat wird noch eine zweite Auflage über 30 000 Exemplare nachgedruckt. [Bibliographie23] — Die Figur der »*Sanna Eschen*« wurde um einige Wesenszüge seiner langjährigen Bekannten und Briefpartnerin Emmy Beckmanns herumgeformt. Etwas, was F in Realität nicht gelungen ist, hier kann er es umsetzen: Dem literarischen Ich, »*Klaus Hinrich Baas*« gelingt die Eroberung der »*Sanna Eschen*«. [Beckmann107f.]

An einem solchen nasskalten Herbsttage schoben sie einmal in der Abenddämmerung vor den Lagerschuppen am kleinen Grasbrook entlang, um Güter nach dem Grasbrookhafen zu fahren. Ein böiger Westwind und viel Hin- und Herfahren von Schleppern und Fährdampfern hatten das Wasser sehr unruhig gemacht, dass es wie voll springender Fische wühlte, gischte und spritzte; ein Sprühregen schlug ihnen ins Gesicht. Sie hielten sich noch am Bollwerk; aber nach einer Weile mussten sie wegen eines Oberländer Kahns, der da lag, mehr ins Fahrwasser hinein. Da kam ein größerer Dampfer stromab an sie heran und musste nach ihrer Seite ausweichen. Der Oberländer Kahn nahm kein Ende und war noch immer an Backbordseite. Der Dampfer kam nahe, er kam zu nahe ... er quetschte die kleine Schute zwischen sich und dem Oberländer und drückte sie in das springende, grünliche Wasser.

Klaus Baas sah noch, wie Peter Sööt, stumm wie immer, mit einem langen Satz nach der Reling des Oberländers griff, und sah noch eiserne Wände, abrutschende Warenballen und stürzendes Wasser; dann versank er in den Quirl. Er schlug um sich und arbeitete mit Händen und Füßen und kam ungequetscht wieder hoch, fasste einen hingehaltenen Haken und krabbelte mit eigener Kraft an Deck des Oberländers und stand an einer Pardun und spuckte, und schüttelte sich und klappte mit Augen und Mund. Eine ruhige Stimme sagte: »Na, nu gah man na Mutter;« eine andere lachte und sagte: »Dee richtige Elias Regenworm!« (›*Klaus Hinrich Baas*‹. 1.–50. Tsd., S.151f.)

Und schon wartet ein weiterer Stoff auf literarische Umsetzung. Machte sich doch in Hamburg das Gerede bereit, kleinere Reedereien hätten nicht mehr seetüchtige Schiffe auslaufen lassen, um mit ihrem Untergang die Versicherungsprämie zu verdienen. F lässt seine Gedanken wandern. [Lebensbericht162]

nach 1. September: Hamburg. Der Architekt und Städteplaner Fritz Schumacher, einer der Väter der Reformarchitektur und Mitbegründer des ›Deutschen Werkbundes‹, tritt seinen Dienst als Hamburger Oberbaudirektor an. In der Folgezeit findet sich immer wieder einmal F im Hause ein. Beide kennen sich schon aus der Meldorfer Zeit, als Schumacher noch in Dresden als Architekt tätig war. Einmal ist bei diesen gemeinsamen Treffen auch Carl Hauptmann dabei. Nach dem Essen fängt F sofort in seiner direkten Art ein Gespräch mit dem neuen Gast an: »›Woher kommt es eigentlich, Herr Doktor, dass Sie so gar keine Erfolge haben?‹ – ›Aber ich bin ganz zufrieden mit meinen Erfolgen, Herr Frenssen.‹ – ›Ach nein! Sie haben doch wirklich keine Erfolge. Kommt das nicht, weil Sie eigentlich ein Wissenschaftler sind?‹ Und anstatt grob zu werden, entwickelte Hauptmann nun, wie sein Dichten mit seinem Wissen überhaupt nichts zu tun habe, sondern ihn überfalle.« Frenssen war immer auf »Menschenjagd und suchte das etwas zu verhüllen durch eine gewisse Naivität des Fragens. So gefestigt er auch in seinem schönen Blankeneser Heim dazusitzen schien, man fühlte oftmals etwas Unsicheres in seinem Wesen, das neben der prachtvollen Natürlichkeit seiner selbstlosen Frau vielleicht besonders deutlich wurde.« [Schumacher325f.]

23. Oktober: Hamburg-Blankenese. F empfielt Ferdinand Tönnies einen Dr. Röster, der sich in Kiel habilitieren will. Er kenne ihn seit langer Zeit, »*eine tüchtige wissenschaftliche Kraft und ein Talent*«. [SHLB]

23. November: Hamburg-Blankenese. Brief an die Pädagogin und Politikerin Emmy Beckmann. [DLM]

28. November: Der Leser P. Baumgärtel gesteht F, »Lese ich nun schon an und für sich langsam, so ganz besonders bei Ihren Werken. Nicht allein das Auge, nein auch das Herz saugt jedes Wort begierig auf«. [SHLB]

Dezember: Im ›Weihnachts Almanach‹ der G. Grote'schen

Verlagsbuchhandlung erscheint Fs Beitrag ›Wie ›Peter Moor‹ entstanden ist‹.

4. Dezember: Hamburg-Blankenese. »*Ich werde in meinem Leben nie glücklich werden, weil ich soviel sinnloses Leid und besonders dieses nur vor Augen sehe. Der Gedanke, dass ich mit ›Hilligenlei‹ gegen dies Leid angetreten bin, gibt nur wenig Trost, es bleibt ja alles beim Alten.*« (an Theodor Bohner) [SHLB]

31. Dezember: Berlin. Schreiben an den Dichter Übersetzer, Kabarettisten und Theaterkritiker Hans v. Gumppenberg. [Monacensia]

1910

Januar: Berlin. [Zeit42] F. Böckler veröffentlicht den Essay ›Frenssens Aufstieg und Niedergang‹ (›Der Türmer‹, 12.Jg., Heft 4).

28. Januar: Der ›Pegnesische Blumenorden‹ (Pegnitzorden) ernennt F zu seinem Ehrenmitglied. [Bibliographie233]

1. März 1910: Altona. Auf dem Vereinsfest der Altonaer Kunstfreunde lernt F möglicherweise Leni Burfeind kennen. [Zeit45]

5. März: Hamburg-Blankenese. Das Ehepaar F nimmt die am **27. November 1908** geborene Edith Elisabeth Eskildsen zur Pflege auf und gibt ihr den Namen Wiebke oder »Ibe«. Sie soll das uneheliche Kind eines dänischen Diplomaten sein, der sich in Hamburg aufgehalten hatte. Fs hatten sich schon längere Zeit jedoch vergeblich eigenen Nachwuchs gewünscht. Spätestens ab **1908** war Fs Frau auf der Suche nach einem geeigneten Kind mehrmals unterwegs gewesen, sogar bis nach Ostpreußen. [Zeit40] [Begegnungen46]

23. März: Hamburg-Blankenese. F lässt Richard Dehmel eine eigenhändige Visitenkarte zukommen. [SUBH]

4. August: In Herwarth Waldens Zeitschrift ›Sturm‹ erscheint in der Reihe »Schlechte Dichter« eine Karikatur Fs aus der Feder von Samuel Friedolin.

20. November: Tod des russischen Dichters Graf Lev Nikolaevic Tolstoi. »*Wieder einer von denen, die heiliggesprochen* werden, während sie in Wirklichkeit ebenso wenig heilig sind wie die Lilien auf dem Felde. Sie blühn, wie sie geboren werden, und wachsen, und leben sich aus, nach ihrer Natur. Dieser Tolstoi war ein rassiger, bunter, blutvoller, taumelnder Schmetterling und blieb es bis ans Ende.« [GrübeleienII.296] — Der bekannte Traumforscher Wilhelm Stekel, Arzt für Psychotherapie und Nervenleiden – ein Schüler Siegmund Freuds – wendet sich für sein Werk ›Die Träume der Dichter‹ auch an F. Die gleichlautenden Fragen sind: Ob typische, sich wiederholende Träume vorkommen, ob Tagträume vorkommen, ob Träume mit kriminellem Einschlag auftreten, sind die Träume nüchtern oder phantastisch und werden Träume zur dichterischen Produktion verwandt. Weiterhin wird um Mitteilung eines Traumes gebeten, der einen großen Eindruck hinterlassen hat. F beantwortet alle Fragen mit Nein, außer der Frage, ob die Träume nüchtern oder fantastisch sind. »*Sobald ich einschlafe, träume ich. Ich weiß das daher, dass ich mich immer im Traum befinde, so oft ich plötzlich geweckt werde. Wenn ich allmählich erwache, weiß ich wenig oder nichts von Träumen. Meine Träume sind ruhig fortgehende, ernste und mit ganzem Eifer bestandene Erlebnisse, immer des tätigen Manneslebens, wobei Bedenken, Erwägungen, das Gefühl großer Mühe eine starke Rolle spielen, doch ohne Katastrophen. – Dies ist wohl sehr normal; aber ich wollte Sie nicht ohne Antwort lassen.*« [Stekel38]

vor 25. November: Hamburg-Blankenese. Das Ehepaar Korten, beides Leser der Werke Fs, besuchen »ihren« Dichter. [SHLB]

Dezember: Im ›Weihnachts Almanach‹ der G. Grote'schen Verlagsbuchhandlung ist F wieder mit einem kleinen Beitrag vertreten.

12. Dezember: Hamburg-Blankenese. Beginn des Schriftwechsels mit dem Philosophen, Kant-Forscher und Vorstandsmitglieds der ›Stiftung Nietzsche-Archiv‹ Hans Vaihinger. [SUBB]

1911

7. Januar: Hamburg-Blankenese. Schreiben an Helene Krack. Der Briefwechsel dauert mindestens bis **1918**. [SHLB]

28. April: »Kennst Du in Frenssens Werken einen einzigen scharf geschnittenen Charakter? einen echten Bauern? Wem gefallen seine Kinder, die wie alte Leute reden? Sinnliche Anwandlungen, die Gott sei Dank auch im saubersten Weibe sich regen, reißt er aus der Seele, nagelt sie an die Wand und demonstriert daran, dass alle Mädchenseelen durch und durch brünstig sind und nach dem Beschäler schrein. Sein Heiland in ›Hilligenlei‹ ist ein Waschlappen, seine Bücher strotzen vor Rhetorik, die man für Poesie ausschreit. Fabulieren, ja, das kann er, und – sammeln, und einzelne Schilderungen und kleine Bilder sind ganz vorzüglich, möchte aber wissen, wie es mit Frenssen nach 40–50 Jahren aussieht.« (Johann Hinrich Fehrs an Timm Kröger) [Nordelbingen-Bd.23/40ff.]

Juni: Paris. Auf Einladung des norwegischen Schriftstellers Jacob Hilditsch hält sich F in der Seine-Metropole auf. Beide besuchen den Louvre und treffen u.a. den schwedischen Diplomat Graf Birger v. Mörner, der unter dem Pseudonym ›Aráfi‹ auch literarisch tätig ist. [Zeit42]

Juli: Der bekannte Künstler Bernhard Winter, von Müller-Grote mit Illustrationen zur Jubiläumsausgabe des ›*Jörn Uhl*‹ beauftragt, hält sich für einige Zeit in Dithmarschen auf, besucht Fs Elternhaus in Barlt und hält sich auch bei den Eltern Hans Beecks auf dem Hof Spersdieck auf. Zahlreiche Skizzen mit Erntemotiven entstehen, die er, in sein Oldenburger Atelier zurückgekehrt, als Feder- und Tuschezeichnungen ausformt. [Winter/Weber8] [Begegnungen18] — Locarno. Kurt Küchler fertigt ein Foto Fs an, das ihn unter Palmen zeigt. [Zeit135]

Herbst: Eine von F verfasste Stellungnahme für Freunde und Bekannte, dass H. Michaelsen den Vorwurf des Plagiats im Zusammenhang mit ›*Peter Moors Fahrt nach Südwest*‹ schon seit **1910** nicht länger aufrecht erhält, gelangt entgegen der Absprache Beider durch Indiskretion an die Öffentlichkeit. Michaelsen sieht sich in seiner Ehre als Offizier verletzt. [Zeit54]

September/Oktober: Das Werk ›*Der Untergang der Anna*

Hollmann‹ erscheint in der ›Groteschen Verlagsbuchhandlung‹ in 70 000 Exemplaren. F selbst findet es als sein künstlerisch gelungenstes Werk. A. Paul Weber fertigte dafür acht Federzeichnungen an. [Bibliographie24] — Verleger Müller-Grote behauptet später, aufgrund des Erscheinens wären einige Versicherungsgesellschaften nervös geworden und trugen dazu bei, dass einige »Seelenverkäufer« von den Weltmeeren verschwanden. [Heimat82.Jg-6/170]

Vor vier oder fünf Jahrzehnten heiratete ein junger Blankeneser Seemann, aus dem alten Geschlecht der Guldts, nicht die Lotsentochter, die seine Tanten für ihn bestimmt hatten, sondern irgendein bräunliches etwas duckiges Ding von einem Mädchen, das sich eines Sonntagabends vom Etzer Moor her in einen Blankeneser Tanzsaal verlaufen hatte.
Die Familie war sehr enttäuscht, und ließ es den jungen Mann gleich am ersten Tag fühlen. Als aber am zweiten eine alte spitzige Tante fragte, wie viel tausend Torfsoden die junge Frau denn als Mitgift ins Haus gebracht, warf er sie hinaus. Die Familie konnte ihn dann nicht weiter quälen, so gern sie es getan hätte und ihm allein deswegen ein längeres Leben gegönnt hätten; denn er fuhr am dritten Tag auf der Anna Hollmann nach Senegambien, wurde dort an Bord fieberkrank und starb dort. Seine Witwe, die von Natur und von ihrer Jugend im Moor her zu einer scheuen Einsamkeit neigte, und durch den frühen Tod ihres Mannes noch dazu vergrämt war, zog sich ganz von der Familie zurück. Sie nannte sie mit Verachtung kurzweg »das Pack" und verbot ihrem kleinen Jungen, den sie immer mit seinem vollen Namen »Jan Guldt« nannte, in ihrer kurzen Art, jeden Verkehr mit ihr. (›*Der Untergang der Anna Hollmann*‹. 100. Tsd., S.1)

27. Oktober: Hamburg-Blankenese. Postkarte an den Schriftsteller Leopold Wulff. [SUBH]

13. November: Hamburg-Blankenese. Schreiben an den Literaturwissenschaftler Eugen Wolff. Der Briefwechsel wird mindestens bis **1928** fortgeführt. [INDL]

10. Dezember: Aus Breslau meldet Prof. der Philosophie Eugen Kühnemann an F: »Hochverehrter Herr, ich habe soeben in einem Zuge von Anfang bis zu Ende meiner Frau und drei jungen, vertrautesten Freunden und Schülern den Untergang der Anna Hollmann vorgelesen. In der Ergriffenheit der ersten Minute danken wir Ihnen für die heilige Stunde.« [Zeit169]

18. Dezember: Blankenese. F sendet Sönke Petersen sein neuestes Werk. *»[...] nehmen Sie das Büchlein, wie die vorigen, freundlich an und erinnern sich gern des jungen Menschen, der einst oft in Ihr Haus kam, der sich jetzt in seiner Weise mit der Welt und dem Leben auseinandersetzt.«* [Autographenhandel]

29. Dezember: Hamburg-Blankenese. Schreiben an den Philologen Richard M. Meyer. [DLM] — Ein Dankesbrief geht an Prof. Hanns Martin Elster, Redakteur bei der ›Grote'schen Verlagsbuchhandlung‹, der mit ›Gustav Frenssen. Sein Leben und sein Schaffen‹ die erste größere Biografie des Dithmarscher Autors verfasst und ihm zugesandt hatte. (Warren Washburn Florer: Modern Language Notes, May 1913, Vol. 28. No.5) —Aufgrund einer Einladung besucht Elster den Schriftsteller später in Blankenese, »wo ich gute Stunden mit ihm hatte und ihn auch als leidenschaftlichen Liebhaber von schönen Friesinnen kennenlernte«. Der Briefkontakt bleibt bis **1941** bestehen. [ImprimaturVIII]

1912

in 1912: Die Wohnungssituation in den großen Städten wird immer katastrophaler. Allein die Hauptstadt Berlin verzeichnet einen Zuwachs von 800 000 Einwohnern in **1871** auf nunmehr über drei Millionen Bürger. Die meisten leben zu fünft oder gar mit sieben Personen in Einzimmerwohnungen. Und ist noch ein zweites Zimmer vorhanden, so ist es meist zur Untermiete vergeben. Zur Beruhigung wird Kindern regelmäßig Alkohol verabreicht. 12 % aller Deutschen gelten als Alkoholiker. — F lässt in seinem Heimatort das Armenhaus abreißen und auf eigene Kosten an anderer Stelle wieder errichten. Die soziale Tat folgt auch ganz praktischen Erwägungen. Das in Nähe zum elterlichen Haus gelegene Gebäude behinderte eine geplante Erweiterung. Dem Ausbau der kleinen Handwerkerkate zu einem Sommersitz steht fortan nichts im Wege. [Zeit56] — In der ›Grote'schen Verlagsbuchhandlung‹ erscheint das Schauspiel ›*Sönke Erichsen*‹. Grundlage der umgearbeiteten Fassung bildet ›*Das Heimatfest*‹, welches **1903** in Husum aufgeführt wurde. [Bibliographie25] [Texte186]

9. Januar: Hamburg-Blankenese. Postkarte an Generalmajor v. Basedow. [SUBH]

10. Januar: »Lese Anna Hollmann von Frenssen.« (Arthur Schnitzler) [Schnitzler296]

Februar: Hamburg. F besucht den Presseball. [Zeit52]

3. Februar: Hamburg-Blankenese. Brief an Richard Dehmel. [SUBH]

27. Februar: H. Michaelsen teil F mit, er habe dessen Indiskretion in Sachen der Absprache über seinen Plagiatvorwurf in Sachen ›*Peter Moors Fahrt nach Südwest*‹ nunmehr dem Ehrengericht übergeben. [Zeit54]

29. Februar: Schriftsteller, Maler und Redner Fritz v. Unruh dankt per Telegramm für Fs Zeilen: »Am Beginn meiner Laufbahn solche Worte zu hören, gibt Mut. Kommen sie aber aus dem Munde des Meisters aller Prosa, so durchjubeln sie das Herz«. [SHLB]

22. März: Der japanische Präsident der Kaiserlichen Adelsschule ›Gakushuin Toshokwan‹ in Tokyo, M. Noghi, bedankt sich für die Zusendung von ›*Peter Moors Fahrt nach Südwest*‹, wodurch F »im weiteren Sinne [...] Interesse an der studentischen Jugend Japans« bekundet habe. [SHLB]

April–Mai: Baden-Baden. F versucht, eine Erkältung auszukurieren. [Zeit42]

18. April: Hamburg-Blankenese. Schreiben an Erwin Ackerknecht, während der Weimarer Republik ein Pionier des Volkshochschulwesens und der Volksbüchereibewegung. [DLM]

Ende April: Der Künstler Bernhard Winter hält sich erneut in Dithmarschen auf und besucht wie im Vorjahr das Ehepaar Beeck auf Spersdieck. Er fertigt u.a. eine Skizze der Mutter in alter Tracht und ein Bild des Sohnes Hans in Arbeitskleidung an. Die Studien werden jedoch in der illustrierten Jubiläumsausgabe des ›*Jörn Uhl*‹ nicht verwendet. [Begegnungen18]

25. Mai: Barlt. »*Ich bin Ihnen sehr dankbar, dass Sie versuchen wollen, Modelle zu nehmen, die nach meiner Meinung – es ist dies eine ziemliche subjektive Sache – die richtigen sind.*« (an Bernhard Winter) [Winter/Weber8]

9. Juni: Hamburg-Blankenese. Schreiben an den Komponisten Walter Niemann. [INDL]

20. Juli: Bad Harzburg. Schreiben an Unbekannt. [SBH]

23. August: Barlt. Bernhard Winters zugesandte Zeichnungsvorlagen für die geplanten ›*Jörn Uhl*‹-Illustrationen finden ausnahmslos das Gefallen des Autors. Es gibt nichts, was er daran auszusetzen hätte. »*Ich habe die letzten Bilder, die Sie mir sandten, mit großem Vergnügen besehen, und dann weitergeschickt.*« [Winter/Weber8]

September: Baden-Baden. Brief an den Juristen, Komponisten und Schriftsteller Hermann Beuttenmueller. [DLM]

30. September: Barlt. Brief an den Schriftsteller Hermann Sudermann. [DLM]

vor 15. November: Seit **1910** mehrfach im Gespräch und von den 600–700 Personen und Institutionen, die das Findungskomitee im Vorjahr um Vorschläge bat, auch durchaus genannt, hofft F auf den Erhalt des Nobelpreises. Zumal in zahlreichen Zeitungen darüber öffentlich berichtet wird. Auch der zweite hoch gehandelte deutsche Kandidat, Gerhart Hauptmann, weiß um die knappe Entscheidung. Von einem schwedischen Journalisten zu seiner Chance befragt, in diesem Jahr den Literaturnobelpreis zu erhalten, gibt er sich nach außen hin erstaunt: »*Bekommt nicht Frenssen diesmal diesen Preis*«. (›Aftonbladet‹, 16.11.1912)

15. November: In Stockholm wird der diesjährige Träger des Nobelpreises für Literatur bekannt gegeben. Die Ehrung geht an Gerhart Hauptmann.

16. November: Fs Verleger Müller-Grote macht aus Anlass der Stockholmer Entscheidung aus seiner antijüdischen Haltung keine Mördergrube: »*Der Tanz aller Literaturjuden um ihr Goldenes Kalb ist [...] einfach zum Kotzen.*« Überhaupt wird er in den folgenden Jahren immer wieder seinen Autor mit antisemitischen Äußerungen über »*Berliner Literaturjüdchen*« konfrontieren. [GF400] — F Haltung dagegen ist noch gefestigt, wie seine Gedankensplitter nahelegen: »*Er saß Tag für Tag, mittags und abends, in einer krummen Gasse Hamburgs unter stumpfsinnigen Kneipengenossen und schimpfte auf die Juden. Aber es waren nicht die Juden, die sein Geschäft und Deutschlands Seele verdarben, sondern es war seine und seinesgleichen Unfähigkeit und Schlafmützigkeit.*« [GrübeleienI.216]

18. November: Im ›Simplicissimus‹ erscheint Peter Schers glossierendes Gedicht »Pastors und der Nobelpreis«. [Simpl/Jg17-H34.559]

[...]
»Lisbeth,« sprach der Pastor leise:
»Alles ist noch nicht verloren;
Frenssen ist zum Nobelpreise
Für die Lit'ratur erkoren!«

»Gottfried!« schrie sie frohen Sinnes,
Und sie krabbelte ihn sachte,
Wo die Wulst des Doppelkinnes
Eben eine Falte machte.

»Gottes Mühle, Gottes Mühle«,
Rief er mit verklärten Mienen,
»Mahlt die eklen Kunstgefühle –
Auch der Pastor will verdienen!

Lisbeth, Lisbeth, unser Frenssen –
Teures Frauchen, ich verstumme!
Komm, wir woll'n sein Bild bekränzen –
Oh – die ungeheure Summe!«

Stille, Knaster, Pasterbeine.
Traute Hände, die sich fassen;
»Nöch – du könntest doch auch deine
Predigttexte drucken lassen?«

In der Stube saß der Paster
Gottfried Schmidt und räkelte

Sich bei einer Pfeife Knaster
In dem Stuhl. Sie häkelte.
31. Dezember: Hamburg-Blankenese. Brief an den Hamburger Senator und späteren Bürgermeister Werner v. Melle. [SUBH]

1913

in 1913: Hamburg-Blankenese. Der ehemalige Pflegesohn Fritz Hanssen besucht noch einmal das Ehepaar F. [Zeit39]
Jahresanfang: Berlin. [Freundschaft28]
18. Januar: Das Stück ›*Sönke Erichsen*‹ wird am Hamburger Thalia-Theater aufgeführt. »Man scheidet von dem Stück in einem lebhaften Zwiespalt des Gefühls: ein edles Wollen, auch ein großes dichterisches Können, und beides versagt an der Kunstform des Dramas, der der Dichter im innersten Herzen fremd gegenübersteht.« (unbekannter Rezensent) [Zeit49] — Das Stück wird u.a. an den Bühnen von Hamburg, Düsseldorf, Karlsruhe und Berlin aufgeführt. F selbst ist bei keiner Aufführung anwesend. [Bibliographie25] [Texte186] [Lebensbericht165]
15. Februar: Verleger Müller-Grote sendet Belege des Abdrucks ›*Der Untergang der Anna Hollmann*‹ in einer US-amerikanischen Zeitung nach Blankenese. [Bibliographie25]
April: Anna F unternimmt eine Reise an die Riviera und in die Schweiz. Ihr Mann bleibt daheim. [Zeit41]
9. Mai: Hamburg-Blankenese. Schreiben an einen nicht näher bezeichneten Professor. [SHLB]
12. Mai: Hamburg-Blankenese. F wendet sich an die ›Deutsche Schillerstiftung‹ in Weimar, um für den vor einiger Zeit von einem Schlaganfall schwer getroffenen Gustav Falke eine finanzielle Unterstützung zu beantragen. »[...] *ein echter Poet, der sich im Leben nicht zurechtfinden kann, dazu etwas weichlich, schüchtern.*« [Schillerstiftung]
23. Mai: Hamburg-Blankenese. In einem Schreiben an den ehemaligen Pflegesohn Fritz Hanssen teilt F mit, er befürchte den Ausbruch eines Krieges. [Zeit55]
29. Mai: Der St. Petersburg Anwalt Wladimir v. Wiljamowitsch-

Berenstamm wendet sich in einer heiklen Angelegenheit an F Die Staatsanwaltschaft beschuldigt den Übersetzer des ›*Hilligenlei*‹ mit der Arbeit, die Absicht der Gotteslästerung verfolgt zu haben. Noch vor Erscheinen wurde das Werk konfisziert. Die bürgerlichen Ehrenrechte sollen entzogen werden und die Verbannung nach Sibirien stehe im Raum. Für ihn als Verteidiger wären einige Rezensionen deutscher Zeitungen vielleicht hilfreich. »Falls es Ihnen keine Mühe macht, so richten Sie an meine Adresse einen Brief mit Ihrer Unterschrift, die behördlich bescheinigt ist, zur Vorlegung beim Gericht, worin Sie Folgendes schreiben: Meine Mitteilung habe Sie in die äußerste Verwunderung versetzt, dass irgendjemand von der Staatsanwaltschaft zur Verantwortung herangezogen werden konnte wegen Übersetzung Ihres Buches ›Hilligenlei‹ als eines ketzerischen Werkes, da es durchweg von einer religiösen Gesinnung erfüllt sei und von der tiefen Verehrung für den christlichen Glauben.« F hilft mit einem Bittgesuch an den heiligen Synod in St. Petersburg und macht dabei in seinem Anschreiben erstmals von seinem Doktortitel gebrauch. [Almanach64] [Lebensbericht128]

19. Juli: Verleger Müller-Grote lässt die Korrekturfahnen ›*Von meinem Lebensweg*‹ drucken. Das Manuskript wird nicht veröffentlicht, findet aber später ohne große Korrekturen Eingang in die ›*Grübeleien*‹ und den ›*Lebensbericht*‹. [GF32]

19. Oktober: Eutin. Im ›Voß-Haus‹ feiert F seinen 50. Geburtstag. Bei sonnig-windigem Wetter unternimmt das Ehepaar mit der Pferdedroschke einen Ausflug in die umliegenden Wälder. [Zeit42] [GrübeleienII.199] — Die Jubiläumsausgabe des ›*Jörn Uhl*‹ mit den nach Zeichnungen von Bernhard Winter gefertigten Holzschnitten erscheint in einer auf 200 Exemplare limitierten und nummerierten, auf Büttenpapier gedruckten und in Leder gebundenen Auflage. [Winter/Weber8]

vor 24. Oktober: Hamburg-Blankenese. F stellt dem Kieler Germanistik Professor Eugen Wolff für dessen Seminar ein Porträtabbildung zur Verfügung. Der bedankt sich umgehend. »Wir freuen uns, Sie wenigstens im Bilde immer bei uns zu haben.« (Wolff an F, 24.10.) [SHLB]

24. Oktober: Die ›Itzehoer Nachrichten‹ feiern den Dithmarscher Autor mit einer Gesamtauflage von einer Million Exemplaren, alle Werke zusammengerechnet, als meistgelesenen Schriftsteller deutscher Zunge. — »*Wenn nun und so oft in Ihrem Leben Weihnachten wiederkommt, setzen Sie sich in einen bequemen Stuhl unter die Lampe und besehen den Jörn Uhl, und freuen sich Ihrer Mühe und denken auch an all die Leute, die Sie während des Werkes kennengelernt haben: Von der blonden Sophie Nagel, die aus lauter Eigenwillen keinen Mann nimmt, bis zu dem uralten Barlter Tischlermeister, der so weise und selbstgerecht redet [...] und sind dieses Abschnitts Ihres Lebens froh und guter Dinge.*« (an Bernhard Winter) [Winter/Weber8]

30. Oktober: Hamburg-Blankenese. Schreiben an Jan v. Harten. [SBH]

17. November: Die ›Deutsche Schillerstiftung‹ dankt für das Bittgesuch vom **12. Mai** um Unterstützung für den schwer erkrankten Gustav Falke. Da die Mittel in diesem Jahr erschöpft seien, wird um etwas Geduld gebeten. [Schillerstiftung]

1914

in 1914: In den USA erscheint als Ausgabe für den Deutschunterricht an US-amerikanischen Schulen ›*Peter Moors Fahrt nach Südwest*‹, übersetzt von Herman Babson.

21. Januar: F wird über die inzwischen erfolgte Abstimmung im Verwaltungsrat der ›Deutschen Schillerstiftung‹ zugunsten seines vorjährigen Antrags in Kenntnis gesetzt: Gustav Falke soll im Zeitraum **1914–16** jährlich eine Pension über 1000 M erhalten. [Schillerstiftung]

Frühjahr: Hamburg-Blankenese. Beginn der Arbeit am Epos ›*Bismarck*‹. »*Ich arbeite wie im Fieber daran. Denn ich bin immer in Furcht, es kommt zu einem Krieg. Die anderen lassen uns unseren Frieden und unsere Arbeitsamkeit nicht. Wir werden einmal um alles kämpfen müssen. In einem solchen Krieg werden wir, wird unsere Regierung nicht wach, nicht hart genug sein. Sehen Sie, darum möchte ich vorher meinen Bismarck fertig haben. Ich möchte einen Bismarck zeigen, der* *hart, listig, verwegen ist, einen Mann.«* (an Theodor Bohner, o.D.) [Freundschaft50]

März: Hamburg-Blankenese. Die ersten vier Gesänge des ›*Bismarck*‹ gehen nach Berlin an Verleger Müller-Grote. [Freundschaft52] — Zunächst als Erzählung begonnen, versuchte er bald den Stoff in Jambenform auszuführen. Doch auch dies gelang nicht recht. So wendete er sich der Form des Hexameters zu, wie er es bei Klopstock zu finden vermeint. »*Ich habe bei Abfassung des Bismarckbuches, wie bei allen meinen Büchern, im Unterbewusstsein, träumend, blind wandelnd, immer den Drang, dem einfachsten Kopf verständlich zu sein. […] Ich erzähle immer noch in die Augen und Ohren jener drei ganz bestimmten Leute des Kirchspiels Hemme, die ich vor mir sah, auf die ich eindringlich einredete, wenn ich an meinen Predigten arbeitete. Es war ein Tagelöhner, ein Gärtner und ein Arzt.*« [GrübeleienII.189 u. 202]

20. März: Rom. Schreiben an Hedwig Küchler, der Ehefrau von Kurt Küchler. [SHLB]

April: Florenz und Rom. Das Ehepaar F lässt sich von Theodor Bohner, jetzt Leiter der deutschen Schule, sowie zeitweise von Lorenz Petersen die Sehenswürdigkeiten der Stadt am Tiber zeigen. Aufmerksam verfolgt F die Riten während der Karwoche im Petersdom. Auf Einladung des ehemaligen Reichskanzlers Bernhard v. Bülows erfolgt ein kurzer Abstecher mit gemeinsamem Frühstück in die ›Villa Malta‹, wo der Politiker und Diplomat zurzeit logiert. Auch wird eine längere Fußwanderung von Olevano nach Subiaca unternommen. [Freundschaft47]

Juni: Anna F unternimmt eine Reise nach Schweden, wo sie mit dem Diplomaten und Autor Graf Birger v. Mörner sowie Verner v. Heidenstam und Sven Hedin zusammentrifft. F bleibt daheim. [Zeit41]

27. Juli: In der Hauptstadt fordert das ›Berliner Tageblatt‹ in einem öffentlichen Aufruf dazu auf, die Jugendlichen und Männer vorwiegend aus den gebildeten Schichten, die in den letzten beiden Nächten begeistert durch die Straßen der Stadt lärmten, doch bitte zum Schlafengehen anzuhalten: »Eine Verquickung der auswärtigen Politik mit Straßenradau ist nicht wünschenswert und nur ganz unreife Jungen können sich heldenhaft dünken, wenn sie Unter den Linden ›Nieder mit Russland‹ schreien.«

28. Juli: Auf der zentralen Friedenskundgebung »Gegen den Krieg« in Berlin versammeln sich zwischen 100000–150000 Demonstranten. Vorwiegend handelt es sich um Lehrlinge, Arbeiter und Angestellte.

31. Juli: Vom Verlag kommt die Mitteilung, dass das ›Bismarck‹-Epos inzwischen gesetzt vorliegt. »Die Auflage von 30000 ist, in Anbetracht der ungewöhnlichen Art des Buches, für den Verlag doch schon ein sehr hohes geschäftliches Wagnis, zumal in diesen wilden Zeiten und erst recht, wenn es inzwischen zum Krieg kommt.« (Gustav Müller-Grote an F)

1. August: Frankreich macht mobil und das Deutsche Reich erklärt Russland den Krieg. — Das Bild gleicht sich nahezu in allen deutschen Städten, wildfremde Menschen fallen sich lachend und weinend in die Arme. Der Druck im Kessel kann entweichen. Für viele, vor allem junge Menschen der Ober- und Mittelschicht, war das zwischen Aufbruch und Stillstand erstarrte Wilhelminische Kaiserreiches schon seit Jahren kein hinnehmbarer Zustand mehr. »Würden einmal wieder Barrikaden gebaut. Ich wäre der Erste, der sich darauf stellte, ich wollte noch mit der Kugel im Herzen den Rauch der Begeisterung spüren. Oder sei es auch nur, dass man einen Krieg begänne, er kann ungerecht sein. Dieser Friede ist so faul und ölig wie eine Leimpolitur auf alten Möbeln.« (Georg Heym, 6.7.1907)

3. August: Während die deutsche Kriegserklärung nun auch Frankreich erreicht, marschieren schon die Truppen in Belgien ein. — Mit Ausbruch des Krieges geht eine Sturzflut von Schriftstücken und Gedichten einher, in denen der Krieg romantisiert und Hass gegen die Gegner geschürt wird. Selbst Priester und namhafte Kunstschaffende sehen in der Vorkriegszeit eine »Dekadenz und Zersetzung der deutschen Kultur« durch ausländische Einflüsse, die sich in dem erhofften »Stahlgewitter« selbst reinigen wird. »Wie hätte der Künstler, der Soldat im Künstler nicht Gott loben sollen für den Zusammenbruch einer Friedenszeit, die er so satt, so überaus satt hatte! [...] Krieg! Es war Reinigung, Befreiung, was wir empfanden, und eine ungeheure Hoffnung.« (Thomas Mann) Namhafte Schriftsteller wie Georg Heym, Hermann Löns oder Richard Dehmel greifen wie berauscht zur Waffe und melden sich freiwillig an die Front. Auch Hermann Hesse meldet sich freiwillig, wird aber nicht genommen. [Weltkrieg825]

5. August: Verleger Müller-Grote weigert sich nunmehr, den ›*Bismarck*‹ unter der geänderten politischen Lage herauszubringen. [GF282]

31. August: Von F umgestimmt, gibt Müller-Grote schließlich doch grünes Licht zur Veröffentlichung des Epos. [GF282]

10. September: Ohne genaue Kenntnis des eigenen Frontverlaufs gibt Generalstabschef Helmut v. Moltke in Luxemburg den Befehl zum Rückzug der Truppen hinter die Aisne. Die Franzosen erhalten Zeit, ihre Stellungen zu festigen. Fortan gibt es im Westfeldzug keine Möglichkeit zu einer Offensive mehr. Die Wende des Krieges ist somit schon eingeläutet. Wenige Tage später wird Moltke durch Erich v. Falkenhayn abgelöst, der hinter vorgehaltener Hand vom Heer als »zerbrochenem Instrument« spricht.

13. September: Der Reichstagsabgeordnete und Leiter der Auslandspropaganda Matthias Erzberger bittet F im »vaterländischen Interesse« um einen Aufsatz über den Weltkrieg. Er soll in nordischen Zeitungen verbreitet werden. Von dänischer Seite wurde er ihm als ein Mensch bezeichnet, dessen Meinungsäußerungen dort gern gelesen würden. [SHLB]

16. Oktober: »Jetzt steht unser Heer im Kampfe für Deutschlands Freiheit und damit für alle Güter des Friedens und der Gesittung nicht nur in Deutschland. Unser Glaube ist, dass für die ganze Kultur Europas das Heil an dem Siege hängt, den der deutsche ›Militarismus‹ erkämpfen wird, die Manneszucht, die Treue, der Opfermut des einträchtigen freien deutschen Volkes« (Erklärung der Hochschullehrer des ›Deutschen Reiches‹)

vor Weihnachten: Das in Hexametern gehaltene Epos ›*Bismarck*‹ erscheint in der ›Grote'schen Verlagsbuchhandlung‹ in 30000 Exemplaren. Das Honorar beträgt 25000 Reichsmark [Bibliographie26] [GF282]

Als nun Bismarck dies vernahm, der im Garten einherging
und auf weiten Ritten die Zukunft Preußens bedachte,
da ergrimmte er heftig über das Volk und den König,
lachte herbe und höhnisch, und sprach in bitterer Seele:
›Wie sie doch immer so irren!‹ Jetzt stieren sie alle zusammen,
König und ganzes Volk, auf den einen Namen Napoleon.
Ach, was ist ein Name! Zuweilen deckt er den Braven
und zuweilen den Schelmen. Wie selten den Großen und Helden!
Weil er Napoleon heißt, ist er darum der schreckliche Riese,
der einst ganz Europa unter die Füße getreten?
Sollte es gar nicht möglich sein, ihn klug zu besiegen,
wenn es vonnöten wäre, wenn Gefahr von ihm drohte?!
Noch aber sehe ich keine Gefahr ... Ich sehe, so scheint mir
Dass er uns nützen könnte! ... Man müsste ihn fragen und prüfen!‹
Also sprach er zornig; und fuhr nach Norden zum König,
um vom Irrtum abzuraten, wenn es noch Zeit wär'.
(›*Bismarck*‹. 1.–30. Tsd., S.158f.)

1915

Jahresanfang: Die ›Hamburger Nachrichten‹ bezeichnen das ›*Bismarck*‹-Epos als eine »Schändung« des »Helden«. [GrübeleienIII.46]

in 1915: Mehl sowie Brot, Brötchen und Zwieback gibt es nur noch auf speziellen Marken. Eine Person darf ab sofort nur noch 2 kg Brotwaren je Woche essen. — Der Briefwechsel mit dem Dichter Herman Claudius beginnt. Claudius selbst besucht den Schriftsteller in den **1920er** Jahren: »Nachdem er – mit ängstlichen Ermahnungen seine Beetrabatten beim Wegschieben meines Motorrades in ein Gartenhäuschen ja zu schonen – mich in der Stube zum Sitzen gebracht hatte, begann er gleich allerlei über meine Existenz und mein Wesen zu erfragen, als ob ich nur gekommen sei, eine Gestalt in einer seiner Geschichten zu werden. Er selber sprach nachlässig vor sich hin in den etwas seine Lippen überhängenden Bart [...] Frenssen hatte für meine Lyrik kein Verständnis, was er auch offen zugab: Ich weiß nicht, was all das Reimen und Versemachen soll. Wozu nützt das.« [Schl.-Holst./Juni49-10]

5. Januar: Hamburg-Blankenese. An Ludwig Munzinger, Herausgeber der Kriegs-Zeitschrift ›Champagne-Kamerad‹ – nach Kurt Tucholsky in all der »Schlammflut« »eine literarische Ehrentat« –, geht ein Absageschreiben: »*Weder kann ich mich überwinden, aus der sichern Heimat heraus an die Kämpfenden zu schreiben, noch würden mir [...] solche Briefe gelingen.*« [Autographenhandel]

9. Januar: Hamburg-Blankenese. Schreiben an das Mitglied der ›Deutschen Schillerstiftung‹ Wilhelm Edward Gierke. [SUBG]

24. Januar: Sichtlich erschrocken über die nicht erwarteten Reaktionen zieht F sein mit soviel Herzblut entstandenes Epos ›*Bismarck*‹ auf eigenen Wunsch aus dem Handel zurück. Der Verleger erhält eine entsprechende Anweisung. [Lebensbericht204] [Bibliographie26] — Der für viele Deutsche noch als Heros geltende »Eiserne Kanzler« hier als ein zweifelnder, irrender, skrupelloser und intriganter Mensch dargestellt, passte in dieser »großen Zeit« nicht ins Bild. Auch dass Kaiser Wilhelm II. in seiner Auseinandersetzung mit Bismarck sein »Fett« abbekommt, mag ein Übriges tun. Nicht nur die öffentliche Kritik ist niederschmetternd, auch auf offener Straße passiert es immer mal wieder, dass auf F als Nestbeschmutzer mit Fingern gezeigt wird und ihm Schimpfworte nachgerufen werden. Ein Junge auf der ›Elbchaussee‹, auf der F abends spazieren geht, ruft ihm »Es lebe Bismarck« zu. [GrübeleienIII.96]

25. Januar: Verleger Müller-Grote bestätigt per Telegramm den Empfang von Fs Weisung. [GF283] — 17500 Exemplare des Epos wurden bis zu diesem Zeitpunkt abgesetzt, 6500 Bände werden makuliert, weitere 6000 bleiben auf Lager liegen, werden aber nicht mehr beworben. [GF283]

23. Februar: Groß-Flottbek. Der Freund und Pastor Hermann Niebuhr tauft Fs angenommenes Kind Wiebke. [Zeit41]

2. März: Hamburg-Blankenese. Brief an Theodor Bohner. [LBZ-RLP]

April: Hamburg-Blankenese. Obwohl Richard Dehmel von einer Umarbeitung abgeraten hatte, sitzt F mitten in der Arbeit an der Umgestaltung seines ›*Bismarcks*‹. [Freundschaft54]

14. Juni: Hamburg-Blankenese. Die ersten sieben geänderten Gesänge des ›*Bismarck*‹ liegen als Korrekturfahnen wieder vor und Theodor Bohner erhält sie zur Durchsicht zugesandt. Wieder erweist sich der als kritischer Leser und gibt zahlreiche Bedenken kund. [Freundschaft55]

Sommer: Hamburg-Blankenese. Das Haus wird großzügig umgebaut und erweitert. [Zeit38]

5. Juli: Hamburg-Blankenese. Die von Bohner mit Hinweisen versehenen zurückgesandten Korrekturbögen des ›*Bismarck*‹ werden von F schlichtweg negiert. »*[...] ich kann von Ihren sorgfältigen Darlegungen nicht den geringsten Gebrauch machen, weil ich ganz anders beanlagt bin, wie es scheint. Ich habe ein anderes Gehörempfinden und bin auch zu unfähig, auf theoretischem Weg, ich meine, durch gedankliche Erwägungen und Schlüsse zu einer Erkenntnis zu kommen und dieser Erkenntnis nun gar in jedem einzelnen Fall praktisch zu verwerten. Ist da zuweilen etwas Hartes in meinem Wesen, das Goethe und Schiller vermeiden, so mag die härtere Zeit es ertragen, oder mag sie es ablehnen: Ich kann mich nicht danach schicken. Ich muss nach meinem eigenen Schnabel pfeifen.*« (an Theodor Bohner) [Freundschaft56] — Das bearbeitete Werk erscheint jedoch nicht.

Anfang September: Wohl protegiert durch Kreise, die der Heeresleitung nahestehen, reist F ohne direkten Auftrag als Privatmann nach Polen. Er lernt den Journalisten und SPD-Reichstagsabgeordneten Georg Davidson kennen. Gemeinsam besuchen sie das Warschauer Getto, nehmen dort an einer Aufführung des jüdischen Theaters teil und kommen mit einigen Juden ins Gespräch. Die nächste Station ist Bialystock, bevor es nach Weißrussland an die Front geht. Während des Aufenthaltes an der Front erfolgt ein kurzes Zusammentreffen mit dem jüngsten Sohn des Kaisers, Prinz Joachim. Die Rückkehr erfolgt über Grodno. Der kurze Zeit später abgefasste Bericht über seine Berührung mit dem Kriegsgeschehen, ›*Reise an die Ostfront*‹, gelangt nicht zum Druck. Neben einer relativ positiven Einstellung der Juden gegenüber, fallen Sätze, die den

Krieg verurteilen; er leidet mit den Verwundeten, beschreibt anhand der in ihren selbst ausgehobenen Erdlöchern gestorbenen russischen Soldaten die ganze Unbarmherzigkeit des Stellungskrieges. Alles wirkt recht unverkrampft gegenüber anderen literarischen Erzeugnissen der »Großen Zeit«. [Zeit42, 51, 227] — Einige dieser eigenen Erkenntnisse und Zeugenaussagen werden später Eingang in die Romane ›Die Brüder‹ und ›Otto Babendiek‹ finden.

Wir standen noch so und sprachen mit den Verwundeten, da kam ein kurzer, dicker Major des Wegs und sagte: »Ihr müsst wieder nach vorn« Als wir sagten, dass wir unsre Kompanie verloren hätten, sagte er, die wäre da und da und wir sollten nur mitkommen. Wir gingen mit ihm und gingen gebückt an einem Waldstück entlang. Da zeigte er uns mit der Hand, wo unsre Kameraden lägen – es war vielleicht dreißig Meter seitwärts nach vorn – und sagte, wir wollten im Sprung zu ihnen stoßen. Er selbst sprang zuerst. Als er aber den Graben der Unsrigen grade erreichte und hineinsprang, bekam er einen Schuss in die Kehle. Er wollte sein Koppel noch lösen, fiel aber seitwärts in die Arme der Kameraden. Wir sprangen aber doch einzeln hinter ihm her in den Graben. Von unsern Kameraden waren schon viele verwundet, und manche, deren Köpfe blutig waren, waren zusammengesunken und bewegungslos.

Wir lagen in blauem scharfem Qualm und schossen in einen gewaltigen Lärm, der uns rings umgab, in schwerer, notvoller, quäliger Erregung. Wir stolperten, krochen, traten über die Toten und Verwundeten hin [...]. Als wir so einige Stunden ... ich weiß nicht, wie lange ... gelegen hatten, sahn wir, dass die Russen uns von links her umgehn wollten. Da ließen wir unsre Toten und Verwundeten zurück und sprangen wie die Hasen aus unserm Graben und rannten über das freie Feld zurück. Und ich und andre erreichten den Wald.

Im Schutz des Waldes standen und knieten wir hier und da, und waren völlig ratlos und verwirrt und niedergeschlagen. Zwei von uns, ganz junge Kameraden, die ihren liebsten Freund neben sich hatten fallen sehn, schrien wie Verrückte. (›Otto Babendiek‹. 1. Neuaufl. 1996, Bd.2. S.229f.)

24. September: Berlin. In aller Stille begeht das Ehepaar F das Fest der Silbernen Hochzeit. [Zeit42]

18. Dezember: Hamburg-Blankenese. Da zum Ende des kommenden Jahres die für drei Jahre gewährte Pension an Gustav Falke durch die ›Deutsche Schillerstiftung‹ ausläuft, wendet sich F erneut an die Institution und bittet die Gewährung um weitere drei Jahre. »*Ich finde ja überhaupt, dass Falke in der Reinheit seines schönen und echten Genies, in seiner Unsicherheit und Unbeholfenheit gegenüber dem Leben und gar der Welt und in seiner zarten und feinen Güte so recht der Gegenstand der Fürsorge der Stiftung ist, die Sie vertreten.*« [Schillerstiftung]

31. Dezember: Die ›Deutsche Schillerstiftung‹ bestätigt F den Eingang seines Antrages. Eine Entscheidung über die Fortgewährung erfolge jedoch erst auf der nächsten Sitzung des Verwaltungsrats und der finde erst nach einer Beendigung des Krieges statt. [Schillerstiftung]

1916

17. Januar: Hermann Hesse sendet einen Gruß aus Bern. Fs vorige Antwort ist ihm vollkommen begreiflich. Er freue sich, dass F sein Anklopfen genau so aufgefasst habe, wie es gemeint war. [SHLB]

11. Februar: Hamburg-Blankenese. Da inzwischen Gustav Falke verstorben war, erbittet F bei der ›Deutschen Schillerstiftung‹ auch für die Witwe und deren noch kleiner Kinder die Fortgewährung der Unterstützung. »*Ich bitte, in mir nicht den bestellten Fürsprecher und nächsten Freund der Familie Falke zu sehen; ich stehe ihr im Wohnort und nach meiner Natur ziemlich fern. Ich hatte nur aus kurzen Begegnungen mit ihm immer wieder den Eindruck des weltfernen gütigen Menschen, der der Fürsprache und Hilfe dringend bedurfte.*« [Schillerstiftung]

26. Februar: Hamburg-Blankenese. F lädt das »*sehr geehrte Fräulein*« Döring zu einem Besuch für den kommenden Sonntag, **5. März**, ein. [SUBH]

1. März: Hamburg-Blankenese. F siedelt für den Sommer nach Barlt über ins ehemalige Haus seiner Eltern. Erst zum Winter hin wird er wieder nach Hamburg zurückkehren. Von jetzt an wird es für die nächsten vier Jahre bei diesem Wechsel zwischen den Orten bleiben. [Zeit38]

2. März: Tod der Dichterin Carmen Sylva (bürgerlich: Elisabeth v. Rumänien). Die Zeitungen sind voll von Nachrufen. »*Immer wieder brachten sie diese bekannten posierenden Bilder: die alte, gut gewachsene Frau mit den edlen Zügen in klassischer Säulenhalle stehend, die sehnsüchtigen Blicke in die Ferne gerichtet, oder am Schreibtisch, tiefe Dinge sinnend, dabei immer in einer Art Hochzeitsstaat und immer so zwischen Iphigenie und einer ältlichen Schauspielerin; und darunter ›Carmen Sylva, die königliche Dichterin‹. Sie war weder das eine noch das andere in der rechten, schönen, bitterernsten Weise. Sie war Königin und Dichterin in einem unwahren Märchen.*« [GrübeleienII.277]

1. Mai: Während der großen Mai-Kundgebung in Berlin ruft der Sozialdemokrat Karl Liebknecht »Nieder mit dem Krieg«. Er wird kurz darauf verhaftet und zu zweieinhalb Jahren Zuchthaus verurteilt.

31. Mai: 37 Kampfschiffe der britischen Flotte treffen auf 21 Schiffen der deutschen Hochseeflotte am Skagerrak. Die Schlacht beginnt um sechs Uhr nachmittags. Die Deutschen versenken fast doppelt soviel Bruttoregistertonnen, wie sie an eigenen Verlusten erleiden, doch insgesamt gelingt es nicht, durch die Schlacht die Briten empfindlich zu treffen. Die eigenen beschädigten Schiffe werden zur Reparatur in die Werften nach Cuxhaven beordert.

Sommer: Cuxhaven. Zu Recherchen über die Schlacht ums Skagerrak hält F sich zwei oder drei Tage in der Hafenstadt auf, sucht das bei der Schlacht beschädigte Schiff ›Seydlitz‹ auf und spricht mit Admiral Scheer und mit Matrosen: »*Der Matrose, der während der Schlacht im Mastkorb gestanden, schob die Eisentür der Kammer hinter sich zu, stellte sich stramm und sagte laut: ›Soll Herrn Dichter erzählen!‹ Wie ich mich schämte! Ich sagte: ›Mensch, ick bün keen Dichter; ich kann bloot gut vertelln! Und mien Vater wär'n Discher!*

Sett di, un vertell!'«. [Lebensbericht208f.] — Die Schilderung der Schlacht passt gut ins Konzept. Das Auswärtige Amt hatte ihn zuvor aufgefordert, ein Buch zu verfassen, mit der Thematik, wie das deutsche Volk den Krieg bestehen könne. [Alberts139]

3. Juli: Barlt. F beantwortet erstmals einen Brief des Aufsichtsratsvorsitzenden der AEG, Walter Rathenau. [SHLB] — Rathenau selbst war Anhänger der Langbehnschen Parole »Zurück zum Volk« und gegen die »Nervenreiz«-Kunst »neumodisch konstituierter Talente«. Selbst bevorzugte er die Bauernidyllen eines Hans Thoma.

September: Veröffentlichung der Propagandaschrift ›Ein Brief‹ in der ›Grote'schen Verlagsbuchhandlung‹ in 20000 Exemplaren. Die gleiche Auflagenhöhe wird im **November** noch einmal nachgedruckt. [Bibliographie26] — Angeblich entstand das Werk aus Briefen, die F im **Juni** und **Juli 1915** an einen ehemaligen Jugendfreund in die USA gesandt haben will und in denen er seine Sicht der Dinge darlegt, wie es zum Krieg kommen konnte und in der er eine kultur- und glaubensprägende Rolle für Deutschlands Zukunft ausmalt. Im Kontext der zeitgleich erscheinenden Propaganda- und Schmähschriften auch aufseiten der Gegner hält sich die zwischen richtiger Einsicht, falschen Schlüssen und Prophetie changierende Schrift einigermaßen zurück.

»Ja, so waren wir! Aber unser Kaiser! Der war anders! Der war ein Kriegsmann! Der wollte ein Napoleon I. sein und führte aus solchem Willen heraus sein törichtes, sein unwissendes Kindervolk in dieses Grausen voll Blut und Not! [...] England ist der Bedrücker der kleinen Nationen gewesen; vom Trug und Raub der Kleinen ist es so fett und groß geworden. Und für die kleinen Nationen zu streiten, nahmen sie Russland zum Helfer! [...] Die anderen Völker kämpften, litten bitterlich, starben und weinten. Amerika kämpfte nicht; es lachte nur, [...] glaube mir: Die toten Kinder Amerikas werden kommen. (›Ein Brief‹, S.12, 40 u. 62)

1917

in 1917: Hamburg-Blankenese. Briefkontakt mit dem niederdeutschen Erzähler und Dramatiker Wilfried Wroost, den F zu unterstützen versuchte. [SUBH]

Jahresanfang: Hamburg-Blankenese. F beginnt die neue Erzählung ›Die Brüder‹. »*Eine Kriegsgeschichte, leider! Aber der Grund der Geschichte und der wichtigere Teil der Begebenheit liegen doch in der Heimat und in den Stuben eines Bauernhauses, und so wird es doch eine Arbeit meiner Art.*« (an Walter Rathenau, 4.8.1917) [Rathenau1743]

3. Februar: Der an der Ostfront eine kleine Frontzeitung redigierende Kurt Tucholsky stößt in einem Artikel auch in die nationalistische Fanfare: »Der Krieg wird ja dem Deutschen endgültig dem Ausland gegenüber Haltung beigebracht haben. Wir haben dem Engländer nichts abzusehen, aber nur das eine: seine Rücksichtslosigkeit, wenns um das Land geht! Nur so sind sie weitergekommen, nur so vollbringen wir etwas in der Welt. Mit dem Blut, das einer Rasse durch die Adern rollt, lässt sich nicht spaßen. WIR SIND WIR!« (›Der Flieger‹, Nr. 11)

18. März: In der ›Deutschen Kriegswochenschau‹ erscheint ›Um Haus und Herd‹. »*Es ist kein Krieg, Deutsche, wie der von 1870 oder 1866; es ist durchaus nicht ein solcher Krieg. Es ist etwas ganz andres. Etwas völlig andres. Es ist eine Erdkatastrophe. Es ist eine Weltwende. Es ist eine Zeit wie die, da Jerusalem zerstört wurde und ein ganzes tüchtiges Volk seine Heimat verlor.*« [Texte54ff.] — Einzelne der noch folgenden Artikel Fs werden in weiteren Frontzeitungen erneut abgedruckt so u.a. in der ›Düna-Zeitung. Halbwöchentliche Frontzeitung der 41. Infanterie-Division‹. — Anders als noch **1915**, als er quasi privatim Polen und die Ostfront bereiste, lässt F sie nun einspannen und verfasst »*der Aufforderung der Behörden gehorsam*« einige Aufrufe. Und ganz dem Motto verpflichtet, wes Brot ich ess, des Lied ich sing, ist der Ton nunmehr ein ganz anderer als noch in der nicht veröffentlichten ›Reise an die Ostfront‹ aus **1915** oder in ›Ein Brief‹ des Vorjahres. Angeregt und auf ausdrückliche Bitte des Kriegspresseamtes stellte sich F erstmals der Aufgabe, zu aktuellem Zeitgeschehen Stellung zu beziehen. Erstmals durchbricht er seine Zurückhaltung und wird zum homo politicus. Weitere Texte folgen, die ihm zunehmend als ehemaligen Pastor zu politischen Predigten geraten und die mit Ressentiments gegenüber anderen Völkern und dem immer stärker in den Vordergrund drängenden Bekenntnis, als Deutscher einem auserwählten Volk anzugehören, durchwirkt sind. [Lebensbericht207] [Zeit226f.]

Frühjahr: Das neue, aufsehenerregende Werk Walter Rathenaus, ›Von kommenden Dingen‹, erscheint, und wird vom Verfasser sofort nach Blankenese gesandt. Mitten in der Arbeit an seinem Roman ›*Die Brüder*‹ liest F Rathenaus Werk, dass bis **Oktober** in 43 Auflagen vorliegen wird, doch zögert er zunächst mit einer Antwort.

um 4. April: Berlin. [Zeit42]

16. April: Schlug zuvor schon die große Stunde der Ersatzstoffe – selbst aus Papier und Holz werden inzwischen Schuhsohlen und Textilien hergestellt, Seife und Waschpulver gibt es nicht mehr – so lässt schließlich die Reduzierung der Brotration das Fass zum Überlaufen bringen. Die Versorgungslage im Deutschen Reich ist katastrophal. Es kommt zu Massenstreiks in Berlin, Leipzig, Magdeburg, Kiel, Hamburg, Nürnberg und Bremen. Allein in der Hauptstadt wird in 319 Betrieben die Arbeit niedergelegt und in Leipzig bilden sich vorübergehend Arbeiterräte. »Außer dem täglichen Brot ist die Kartoffel sehr wichtig. Diese verschafft uns die Kartoffelmarke. Jede Person kann 1 Pfund täglich beanspruchen. Da jedoch der Kartoffelvorrat nicht ausreicht, streckt ihn die Stadt zeitweilig mit Dörrgemüse, Gemüse oder Kohlrabi. Eier erhält man monatlich höchstens ein Mal 1 Ei. Auf die Zuckermarken konnte man Zucker beziehen. Jetzt bekommt man nur noch Süßstoff oder bestenfalls Sacharin darauf. Wenn sich das englische Parlament rühmt, die Mutter aller Parlamente zu sein, so ist die Mutter aller Marken auf jeden Fall deutsch.« (Käthe Moos, Wiesbaden 19.11.1917)

25. April: Das Kriegspresseamt bedankt sich bei F für dessen schnelle Erledigung zur Abfassung wirkungsvoller Worte an die Streikenden. [Texte63]

29. April: ›*Ein Mahnruf an Deutschlands Arbeiter und Arbei-*

terinnen‹ erscheint in der ›Deutschen Kriegswochenschau‹. [Texte63]

7. Mai: Nach der gescheiterten französischen Frühjahrsoffensive an der Somme bricht in 45 Divisionen der offene Aufstand aus. Einzelne Bataillone verbrüdern sich mit den Deutschen, andere wollen auf die eigene Hauptstadt ziehen. Dem eilig eingesetzten General Henri Philippe Pétain gelingt es mit drakonischen Strafen, wieder Ordnung in den eigenen Stellungen zu schaffen. Die deutsche Heeresleitung kann die sich bietende Situation mangels Material, Kriegsgerät und Soldaten, nicht ausnutzen.

16. Mai: Barlt. An einen Unteroffizier wird eine signierte Autogrammkarte gesandt. [Autographenhandel]

Sommer: Hamburg-Blankenese. Der Reisende und Schriftsteller Hans Grimm besucht F. [Grimm30]

31. Juli: Die britische Armee beginnt die zweite Flandernschlacht mit einem bisher nie da gewesenen Aufgebot an Material und Menschen. Im Dauerregen und dem durch die Zerstörung der Entwässerungsgräben nahezu unpassierbaren Gelände bleibt der Vormarsch der alliierten Truppen aber schon bald im Schlamm stecken. In drei Monaten Kampf fallen auf beiden Seiten zusammen rund 434 000 Soldaten.

4. August: F bedankt sich bei Walter Rathenau für dessen schon vor längerer Zeit zugesandtem Werk ›Von kommenden Dingen‹. Es sei schade, dass Rathenau eine »*gewisse schwere Art habe, sich auszusprechen*«, die »*den sachlichen Zweck, sich kundzutun, verlässt und an sich wirkt*«. Doch insgesamt habe er das Buch »*nun längst zu Ende gelesen zwar wieder mit dem herzlichen Interesse und völliger Zustimmung.*« Sätze wie jener mögen es sein, die auch in Fs Gedankengebäude hineinpassen, wenn davon die Rede ist, »daß nicht Parteien Änderungen hervorbringen. Diese Kraft gebürt allein der Weltanschauung, dem Glauben, der transzendenten Idee.« [Rathenau1743]

8. August: Rathenau wiederum dankt seinerseits für Fs offene Worte. Er könne aber nicht anders schreiben, nicht aus seiner Haut. Beim Fortgang der literarischen Arbeit Fs wünsche er guten Erfolg. [Rathenau1743

23. September: In der ›Deutschen Kriegswochenschau‹ erscheint Fs Aufsatz ›*Um Deutschlands Zukunft*‹. »*Was haben sie mit den Deutschen getan, die sie fangen konnten?! Seit der Zeit, da man die Juden verfolgte, da man Hetzjagd hinter den Negersklaven machte, hat die Menschheit nicht wieder solche Schande gesehen.*« [Texte68ff.]

Oktober: Das Werk ›*Die Brüder*‹ erscheint in der ›Groteschen Verlagsbuchhandlung‹ in 34000 Exemplaren und wird zu einem großen Erfolg. [Bibliographie27] — Im Gegensatz zu den harschen politischen Zeitungsartikel Fs sind in der Erzählung die Ressentiments erstaunlich abgemildert. Die wenigen diesbezüglichen zusammengedrängten Absätze wirken wie ein Fremdkörper und erscheinen wie ein Zugeständnis an die Zensur, denn, zwischen den Zeilen mehrmals zu lesen, wird dem eigenen Volk infolge Unkenntnis, Unverständnis, ja, durch Hochmut anderen Völkern gegenüber, doch auch eine mögliche Mitschuld am Krieg attestiert. — Nach dem Krieg gehört die Schilderung der Schlacht um das Skagerrak, herausgelöst als separates Bändchen, zu einer der wenigen zugelassenen Schullektüren im Deutschunterricht in Großbritannien. Und auch in Deutschland wird diese Schilderung gern in den Schulen gelesen. [Lebensbericht210]

Da! ... ein Beben durchs Schiff ... ein ungeheueres, knatterndes Krachen ... das Schiff schüttelt sich ... Turm Cäsar hat den ersten Schuss gelöst ... gewaltig, Meer und Himmel füllend, bricht er über die See. Gleich darauf folgt Turm Anna zu ihren Füßen. Nun, mit hellem Knattern, auch die Kasemattgeschütze ... Nun blitzt es auch drüben ... da in der Ferne, vom Feind her ... ja ... fünf glühende Punkte ... verschwunden ... Nun ... kommt es? ... kommt es? ... Da ... mit heulendem Sausen ... in rasender Fahrt ... juhend und sausend ... wie sie heranjagen! ... im selben Augenblick sind sie da ... Zweihundert Meter vorm Schiff schlagen sie ins Wasser ... ungeheure Gischtsäulen, einige dunkel, andere blendend weiß, fliegen auf. Ein ungeheures Getöse füllt die Luft, rollt, stößt neu an, brüllt und stößt gegen die Wände des Himmels. Wie zahllose rasende Gewitter, die mit schrecklichem knatternden Donner um sie stehn. Wenn es von den deutschen

Schiffen einen kleinen Teil einer Sekunde einmal schweigt, hören sie den Donner vom Feind; aber gleich wieder füllt das ungeheure Getöse, wie von riesigen, jagenden Ungeheuern, Luft und Meer. Eben haben einige Türme wieder geschossen ... das Schiff bebt noch von den Schlägen. Da kommen wieder feindliche Granaten mit heulendem Sausen in rasender Fahrt daher. Sie schlagen vorn, dicht vor dem Bug und zur Seite ins Wasser; eine ungeheure Gischtsäule fliegt auf, steht einen Augenblick, achtzig Meter hoch, vor dem Schiff, und überwirft dann das Vorschiff und den Kommandoturm mit sprühenden Wassermassen. Der Feind hat sich eingeschossen. Der Stab geht in den Turm, von da aus die Schlacht zu leiten; der Adjutant, die Signalmaaten und Läufer gehen auf die Leeseite, um nicht völlig ungeschützt zu sein. Sie sehn sich an und nicken sich zu und rufen sich irgendein Wort zu, aber sie verstehn sich nicht. Aus dem eigenen Schiff brechen in langen Blitzen mit ungeheurem Knattern die Schüsse; aus der ganzen deutschen Linie dröhnt es wie Salven ungeheurer Gewitter; in rotgelbem Schein leuchten die Blitze; in Schwefel und Rauch lösen sich Himmel und Erde; das Meer ist ins Beben gekommen; es ist mit großen, unruhigen Wellen bedeckt, die sich wie von Schmerzen gequält übereinander werfen. Und in der Ferne ... weit in der Ferne, doch deutlich zu sehn ... in der Reihe der fingerlangen Striche am Rand des Meeres ... wieder ... wieder ... das jähe Aufblitzen ... ein hellbrauner Rauch ... so! ... nun hat er wieder geschossen! ... Nein ... das war der Zweite ... der schießt nicht auf uns ... aber nun ... Da ... der Erste in der Reihe! ... nun kommt es ... da ... wie sie heranheulen ... wie sie poltern ... wie sie sich polternd durch die gequälte Sturmluft drängen! ... Da ... in schrecklicher Fahrt, mit ungeheurer Kraft und Schwere, Ambosse ... glühende Eisenblökke ... da ... schwer krachend schlägt es in die Backbordspill ... eine Wolke von schmutzigem, dunklem Rauch und Staub fliegen haushoch auf, ein Stück Ankerkette, so groß wie ein Mensch, fliegt am Kommandoturm vorüber. Ein Mann, der am Geländer sich haltend um die Turmecke kommt, wird von einem Splitter getroffen und schlägt mit dem zerschmetterten Gestänge die sieben Meter tief aufs Deck. Da liegt er still; seine Mütze mit dem sauberweißen Namenszug liegt neben ihm. Einen Augen-

blick halten sie die Hand vorm Mund, stehen sie im Rauch, dann fliegt er im Sturm vorüber. Wieder bebt das gewaltige Schiff, blitzen seine Türme, rast sein Feuer aus den Kasematten; es hebt sich, schüttert zusammen und stürmt weiter; das Wasser vorm Bug sprüht hoch und wirft sich über die zertrümmerte Back. (›*Die Brüder*‹. 83. Tsd., S.373ff.)

10. Oktober: Hamburg-Blankenese. Schreiben an Anton Bettelheim, österreichischer Literaturwissenschaftler, Schriftsteller und langjährigen Herausgeber des ›Biographischen Jahrbuchs und deutscher Nekrolog‹. [ÖNB] — Bettelheim hatte gerade eine Broschüre zusammengestellt: Marie von Ebner-Eschenbach und Gustav Frenssen.

7. November: In Russland bricht die Revolution der Bolschewiki aus.

17. November: Hamburg-Blankenese. Schreiben an Renate Warburg-Simon. [SHLB]

29. November: Admiral Scheer, der Chef der Hochseestreitkräfte, dankt F für die Zusendung des Buches ›Die Brüder‹ und lobt, »dass nicht seekriegsgeschichtliche Begebenheiten den Inhalt des Ganzen ausfüllen, sondern Menschenschicksale [...] also nicht Kriegsliteratur, die ich [...] wohl anfange, überschlagend weiterlese und selten zu Ende bringe.« [Almanach65f.]

16. Dezember: ›*Kriegsweihnacht 1917*‹ erscheint in der ›Deutschen Kriegswochenschau‹. [Texte71ff.]

1918

8. Januar: Der US-amerikanische Präsident Woodrow Wilson verkündet im Kongress seinen 14 Punkte umfassenden Friedensplan, auf den sich die kriegführenden Mächte einigen sollen.

2. März: Hamburg-Blankenese. Um 13 Uhr 10 geht bei der Post ein Telegramm von Prinz Max v. Baden ein. Auch er hatte ein Exemplar des neuen Werkes ›*Die Brüder*‹ zugesandt erhalten: »nachdem ich ihr buch gelesen habe drängt es mich ihnen auch persönlich für die schönen starken u tiefen eindrücke zu danken die sie mir mit ihrem wertvollen geschenk gegeben haben«. [SHLB]

9. April: Der Berliner Professor Dr. H. Mackowsky fragt an, wie er an ein Exemplar des **1915** zurückgezogenen ›Bismarck‹-Epos gelangen könne. [Heimat73.Jg-2/74]

vor 23. April: Den Frauen in Barlt, deren Männer im Felde stehen, werden über die Kirche 13500 Reichsmark ohne Namensnennung gespendet. Der Geber ist kein Geringerer als F. [Zeit56]

24. April: »Wir schwärmen von Sudermann und von Frenssen.« (Hugo Ball an Emmy Hennings) [Ball279]

30. April: Hamburg-Blankenese. F meldet Professor Mackowsky, dass seit einiger Zeit, heimlich still und leise, die **1915** zurückgezogene und teilweise makulierte Auflage des ›Bismarck‹ wieder im Handel erhältlich ist. [Heimat73.Jg-2/74]

27. Juli: Bad Orb. Karte an Lisbeth Lindemann-Hablik. [SHLB]

28. Juli: In der ›Deutschen Kriegswochenschau‹ erscheint Fs Aufsatz ›*Der deutsche Sieg*‹. [Texte77f.]

Frühjahr – Sommer: Barlt. Anna F ist für fünf Monate schwer erkrankt. [Freundschaft90]

8. August: Der ›Schwarze Tag des deutschen Heeres‹. Alliierte Truppen, darunter 54000 Amerikaner, überrennen die deutschen Linien zwischen Ancre und Aisne. Die deutsche Front an der Somme bricht zusammen.

11. August: Hamburg-Blankenese. Schreiben an H. R. Reich. [SGL]

14. August: Erich Ludendorff, ›Erster Generalquartiermeister‹ der ›Obersten Heeresleitung‹, gibt den Krieg verloren und bittet das ›Auswärtige Amt‹ dringend, erste Schritte zu einer Friedensinitiative einzuleiten.

29. August: Barlt. Schreiben an den Notar Uhlback in Berlin-Mariendorf. [SLD]

25. September: In der ›Frankfurter Zeitung‹ erscheint Kurt Tucholskys Reimerei ›Trotzdem‹, in dem zur Zeichnung der 9. Kriegsanleihe, die vom **23. September** bis **23. Oktober** läuft, aufgerufen wird.

29. September: Unter dem Hinweis, dass die Front jeden Tag zusammenbrechen könne, fordert die ›Oberste Heeresleitung‹

die Reichsregierung ultimativ zur sofortige Aufnahme von Waffenstillstandsverhandlungen auf. Wenn auch die Westfront sich wieder etwas stabilisiert habe, so seien für eine Fortsetzung des Krieges doch keine Reserven an Menschen und Material mehr vorhanden.

3.–7. November: In Kiel meutern Matrosen der Hochseeflotte und die Werftarbeiter. Überall im Reich schließen sich Aufstände an, werden Arbeiter- und Soldatenräte gebildet. Ein geradezu gespenstisches Bild ist in nahezu allen großen Städten zu beobachten. Die Staatsgewalt, im ›Wilhelminischen Kaiserreich‹ in Gestalt von Schutzpolizei und durch die Straßen marschierendem Militär immer und überall sichtbar, scheint sich in Luft aufgelöst zu haben. Das Bild bevölkern nun schäbig gekleidete, unterernährte Menschen, die mit schmutzig, unrasiert und verwildert dreinschauenden Matrosen in Gruppen herumstehen.

9. November: Um einer kommunistischen Machtübernahme zuvorzukommen, ruft der SPD-Fraktionsvorsitzende Philipp Scheidemann von einem Balkon des Berliner Reichstagsgebäudes eigenmächtig die Deutsche Republik aus. Daraufhin tritt Kaiser Wilhelm II. offiziell als Kaiser zurück, jedoch nicht als König von Preußen, wie er verkünden lässt.

11. November: Der Reichstagsabgeordnete Matthias Erzberger unterschreibt in einem Eisenbahnwagon im Wald von Compiègne die von den Alliierten diktierten Bedingungen für den Waffenstillstand. Die Heeresleitung hat sich geschickt herausgehalten und ein Bauernopfer vorgeschickt. Später wird sie behaupten, gewisse Politiker wären ihr in den Rücken gefallen. Weite Teile der jugendlichen Bevölkerung, von Kindesbeinen an auf die Herausgehobenheit des deutschen Volkes getrimmt, folgen dieser Auffassung. »Die Sozialdemokratie hat das Heer systematisch unterminiert und den Siegeswillen im Volk unterhöhlt. Das sind zwei wesentliche Gründe für unsere Niederlage.« (Hamburger Klosterschul-Abiturientin, 7.5.1919)

16. November: Per Telegramm lädt der Altonaer Soldatenrat F am folgenden Tag zur Gründung des ›Rates geistiger Arbeiter‹ ein. [Zeit57]

1919

8. Januar: Hamburg-Blankenese. Schreiben an Karl Mussbach. [SHLB]

15. Januar: Rosa Luxemburg und Karl Liebknecht, die beiden Vorsitzenden der frisch gegründeten Kommunistischen Partei Deutschlands, werden in Berlin durch Offiziere eines Freikorpsverbandes ermordet.

zw. 13. Februar u. 20. Juni: Reichsministerpräsident Philipp Scheidemann erhält von F den ›Jörn Uhl‹ übersandt, diesen »wunderbaren Lebensgang eines Dithmarscher Kindes«. [Scheidemann68] — In der ›Grote'schen Verlagsbuchhandlung‹ erscheint Theodor Storms ›Bötjer Baasch‹ mit einem Vorwort von F und Illustrationen von Johannes von Wicht.

27. Februar: Iven Kruse, ehemaliger Chefredakteur des Feuilletons des ›Hamburger Fremdenblatts‹ und in gleicher Funktion zukünftig bei der ›Kieler Zeitung‹ tätig, wendet sich für eine geplante Heimatbeilage an F. Bedeutende Schleswig-Holsteiner werden um Stellungnahme zur Frage gebeten: »Welche Wünsche und Hoffnungen haben Sie für die Zukunft Schleswig-Holsteins?« Fs undatierte Antwort, die nicht abgedruckt, wahrscheinlich gar nicht abgesandt wurde, lautet: »*Wir haben Krieg verloren, militärisch. Nachdem wir ihn verloren haben, ist es gut für unser Volk, dass sein Verlust der Sturz der alten Regierungsform mit sich brachte. Wohl nicht schlecht, aber langsam, widerwillig, hochmütig. Ich erhoffe viel Gutes von der neuen.*« [BK176]

März: Für das Buch von Arno Johannes Hammer ›Gesetzliche Familienhilfe als Förderung einer gesunden Bevölkerungsentwicklung und als notwendige Voraussetzung für den Aufstieg der Begabten‹ steuert F ein Geleitwort bei. »*Es darf nicht so sein, dass nach dem zweiten oder dritten Kind jedes Neugeborene den Mut der Eltern tiefer und tiefer zu Boden drückt, sondern es muss so werden, dass jedes neue Kind mit* ›*Flagge heraus!*‹ *begrüßt wird. Das aber wird nur dann geschehen, wenn es den Eltern nicht wirtschaftliche Nachteile, sondern vielmehr Vorteile bringt.*« [Texte89]

10. März: In zwei niederländischen Zeitungen erscheint ›*Über* den *Bolschewismus*‹ darin F auffordert, militärisch gegen drohenden Bolschewismus vorzugehen. Als Initiator des Beitrags gilt Siegfried Heckscher, Rechtsanwalt und Mitglied des Direktoriums der HAPAG. [Texte85ff.]

28. Juni: In Versailles erfolgt die Unterzeichnung des Friedensvertrags.

16. Oktober: Hamburg-Blankenese. »*Ich habe mich in Barlt etwas ausgebreitet und habe das Nachbarhaus zugekauft, eine Pferdeweide und 2 Pferde.*« (an Fritz Hanssen) [Zeit57]

24. Oktober: In Barlt stirbt Fs Vater, der zuletzt auf dem Hof seines zweiten Sohnes Theodor gelebt hat. [Zeit57]

1920

in 1920: Heide. Über die Bekanntschaft mit Landrat Friedrich Pauly lernt F den Maler Hans Groß kennen und erwirbt dessen Gemälde ›Schifferboot im Sturm‹. [Zeit75] — Die Biografie ›*Jacob Alberts. Ein deutscher Maler*‹ erscheint in der ›Grote'schen Verlagsbuchhandlung‹, darin F selbst seine Hochschätzung für den Impressionismus zum Ausdruck bringt. [Bibliographie27] — Das Epos ›*Bismarck*‹ wird ein drittes Mal überarbeitet. [Freundschaft56] — Beginn an der Arbeit zur autobiografischen Erzählung ›*Otto Babendiek*‹. [Freundschaft63] — Der Beitritt in die SPD wird erwogen, jedoch wieder fallen gelassen. [Alberts277]

1. Februar: Hamburg-Blankenese. Schreiben an den Kieler Literaturwissenschaftler Eugen Wolff. [INDL]

10. Februar – 14. März: Zahlreiche dänische und deutsche Organisationen versuchen, in den beiden Abstimmungsgebieten Nord- und Mittelschleswigs, Stimmung für die jeweilige Seite zu machen. Die Volksabstimmungen über die Zugehörigkeit der Zonen unterstützt F auf deutscher Seite mit dem weitverbreiteten Flugblatt ›*Ein letztes Wort an die Nordschleswiger*‹, in welchem u.a. die Worte zu lesen sind, Deutschland sei »*in vielen Dingen Führer der Menschheit*« und aus diesem Grunde könne man sich unmöglich den Dänen anschließen. [Texte90ff.] — Im Kontext der mit Flugblättern und Artikeln heftig geführten Auseinandersetzung sind Fs Äußerungen nichts Besonderes.

28. Februar: Der ›Journalisten- und Schriftstellerverein für Hamburg, Altona und Umgebung‹ ernennt F zum Ehrenmitglied »in freudiger Würdigung seines dichterischen Schaffens, das, auf niederdeutschem Boden erwachsen, niederdeutsches Land und niederdeutsches Menschentum in einer stattlichen Reihe von Romanen geschildert hat, die jeder Freund deutscher Erzählungskunst in Deutschland und im Ausland kennt und schätzt und in dankbarer Anerkennung der hohen Auffassung des Schriftstellerberufs«. [Bibliographie234]

13.–17. März: Kapp-Lütwitz-Putsch. Die Reichsregierung flieht aus Berlin nach Dresden und dann weiter nach Stuttgart. Die Reichswehr verharrt in neutraler Stellung und gibt damit ein eindeutiges Signal gegen die demokratischen Kräfte der Republik. — Auch an den Universitäten wird von Seiten der Studenten vehement gegen die Republik agitiert. Die Vorlesungen der sich eindeutig zur Demokratie bekennenden Professoren und Dozenten, selbst die als liberal geltenden, werden boykottiert. Und da das Gehalt zu einem Teil von den Kolleggeldern abhängt, werden sie aus reiner Existenzangst schnell zum Verstummen gebracht. »[...] wenn man bedenkt, dass das unsre Richter von 1940, unsre Lehrer von 1940, unsre Verwaltungsbeamten, Polizeiräte, Studienräte, Diplomaten von 1940 sind, dann darf man wohl diesen Haufen von verhetzten, irregeleiteten, mäßig gebildeten, vesoffnen und farbentragenden jungen Deutschen als das bezeichnen, was er ist: als einen Schandfleck der Nation [...].« (Kurt Tucholsky: Briefe an einen Fuchsmajor. ›Weltbühne‹, 31.1.1928)

12. April: Hamburg-Blankenese: »*Es kann wohl sein, dass von Russland her noch schwere Bewegungen, Zuckungen sich westwärts durch ganz Europa wälzen; aber ich glaube, dass Deutschland nicht schlecht dabei fahren wird.*« (an Fritz Hanssen) [Zeit59]

14. April: Hamburg-Blankenese. Gegenüber seinem ehemaligen Pflegesohn Fritz Hanssen klagt F über die Last eines Kapitalisten in Zeiten einer galoppierenden Inflation. So nutzen zahlreiche Schuldner, denen er einmal Geld geliehen hatte, die

Zeit, um ihm ihre Verbindlichkeiten in zunehmend wertloser werdendem Papiergeld zurückzuzahlen. [Zeit56]

Mai: Hamburg-Blankenese. Das Ehepaar F verlässt den Villenvorort und zieht endgültig ins weltabgelegene Dorf Barlt, Fs Geburtsort. Seit der Blankeneser Zeit schon diente das einstige Elternhaus als Sommersitz. [Zeit38] — In den folgenden Jahren wird F mehrere Umbauten vornehmen. So wird die ehemalige elterliche Kate mit dem zuvor erworbenen Nachbargebäude durch einen Saalbau verbunden. Die Decke gestaltet der Künstler Wenzel Hablik. Was allerdings bleibt – und seine Frau trauert den Blankeneser Annehmlichkeiten lebenslang nach –, sind fehlendes elektrisches Licht, fehlende Zentralheizung und fehlendes Bad. [Zeit58] — Er unterhält sich gerne mit den Mädchen des Dorfes, und versucht ihnen – nach seinem Verständnis – in ihrer Entwicklung, auch in sexueller Hinsicht, zu helfen, »*nicht bedenkend, dass man in dem empfindlichen Entwicklungsalter nur höchst ungern über diese Dinge spricht.*« Manche Mädchen machen fortan einen großen Bogen um das Haus des Autors. [Zeit81] — Im Auftrag des Ausschusses für den Süderdithmarschener Heimattag »Wodansberg« besucht Hans Beeck den Schriftsteller, um ihn als Festredner zu gewinnen. Unter hellem Lachen lehnt F ab: »*O, Hans Beeck, da sind Sie aber bei mir an den ganz Verkehrten geraten. Ein Festredner, wie sie ihn für ihr Heimatfest wünschen, muss ein Mann sein mit weißer Weste, breiter Brust und frecher Stirn. Das habe ich alles nicht. Dazu bin ich viel zu ängstlich, zu bangbüchsig und furchtsam. Nein, das kann ich nicht.*« F wechselt nunmehr das Thema, fragt den jungen Besucher nach seinem Herkommen und Lebensweg aus, besonders über dessen Kriegserlebnisse in Frankreich, ob er mit der dortigen Zivilbevölkerung zusammengetroffen wäre, wie die Franzosen die Deutschen beurteilt hätten und vieles mehr. Immer wieder will Beeck sich Verabschieden wird aber mit dieser und jener Frage zum Bleiben genötigt ganz nach dem Motto »He frogt dat Kalw vun de Koh«. [Begegnungen25ff.] — Ein Resümee über sich fällt ernüchternd aus. Er hätte immer wieder das Bedürfnis gehabt, Glück stiften zu wollen und anderen Menschen zu helfen, doch sie hätten ihm nur sein Geld »*aus den Händen* *gerissen. [...] Über diesen Zustand [...] ist mein Körper krank, meine Natur müde und mein Charakter bitter geworden.«* (unveröffentlichtes Manuskript ›Familienklage‹, 1918) [Zeit56]

25. Mai: Barlt. Wegen des Marner Pferderennens und Barlter Rolandreiten sagt F den geplanten Besuch bei Ehepaar Hablik in Itzehoe ab. Er begibt sich lieber unter das Volk. [Zeit81]

30. Juli: Barlt. »*Freilich, wenn die russische Flut über uns käme, würden vorläufig harte und schwere Zeiten kommen. Kämen sie doch! Und wenn ich mein ganzes Vermögen und ein ganzes Bein dafür hergeben sollte!*« (an Fritz Hanssen) [Zeit59] — Solche zunächst im privaten Kreis kursierenden Äußerungen sind es, die in Kreisen der äußersten Rechten in ihm einen »Volksschädling« zu erkenne vermeinen, selbst noch **1935**, als er längst auf die Linie des Nationalsozialismus umgeschwenkt war. [Zeit59]

vor 14. September: Dem neu gegründeten ›Verband Deutscher Erzähler‹ – einer Gegenorganisation des im **Mai** gegründeten ›Schutzverband Deutscher Schriftsteller‹ – treten Gerhart Hauptmann, Thomas Mann, Jakob Wassermann und F bei. »Der Verband wird auf die Lösung aller schwebenden Fragen, welche die schwergefährdete Zukunft des deutschen Schrifttums betreffend, Einfluss zu nehmen versuchen und in Kürze mit seinen Vorschlägen an die Öffentlichkeit treten.« (›Hamburgischer Correspondent‹, 14.9.1920)

20. September: Barlt. Wenn er auch zuvor abgelehnt hatte, die Festrede zu halten, so nimmt er die eingegangene Einladung als Ehrengast doch an und teilt dem Ausschuss des Heimattages »Wodansberg« sein Kommen mit. [Begegnungen28]

26. September: Windbergen. Als am Vormittag der Heimattag mit einem Gottesdienst am ›Wodansberg‹ bei nebligem Wetter mit Sichtweise unter 50 m beginnt, haben sich rund 4000 Gästen eingefunden. Auch das Ehepaar F befindet sich darunter. Die Festrede, die der Barlter Autor zuvor abgelehnt hatte, hält der Wesselburener Amtsvorsteher Paul Voß. F vielmehr mischt sich unter das Volk, ganz im Gegensatz zu den anderen Ehrengästen. [Begegnungen28]

September / Oktober: Das neue Werk ›Grübeleien‹ erscheint mit 12000 Exemplaren. Erstmals werden darin auch Auszüge

seiner Biografie abgedruckt, die **1940** unter dem Titel
›*Lebensbericht*‹ erscheinen wird. [Bibliographie30f.]

Ein ostelbischer Politiker, ein Fürst, schreibt mir einen langen Brief, ich sollte meine Begabung zum Segen des deutschen Volkes gegen die Sozialdemokratie wenden. Ich habe nicht geantwortet. Der Mann bedenkt nicht, dass es in mir so anders aussieht als in ihm, der seit sechshundert Jahren oder länger in reichem und privilegiertem Stande lebt. Er bedenkt nicht, dass ich aus einem Handwerkerhause stamme, unter Arbeitern und Arbeiterkindern aufgewachsen bin und immer noch unter ihnen lebe, und weiß, wie, trotz aller wirtschaftlichen Besserung ihrer Lage seit der Gründung des Reiches, ihre Existenz, ihr Ehrgefühl und ihr stetiges, wenn auch langsames Emporkommen gehemmt oder doch nicht genug gefördert werden. Wenn also die Regierung nicht genug für sie tut, was sowohl gerecht, wie sittlich, wie volksgesund wäre, so sehe ich keine andere Hoffnung für sie, alles das zu erreichen, was sie mit Recht begehren (z.B. diese drei wichtigsten Dinge: Zulassung zu aller Gemeinde- und Staatsverwaltung, freie und gute, kostenlose Bildung ihrer Kinder bis zur höchsten Stufe, wenn sie tüchtig sind, und Möglichkeit eines ordentlichen Wohnsitzes und kleinen Landbesitzes, also zusammengefasst: Regelung unseres kommunalen und staatlichen Daseins nicht nach ererbtem oder erworbenem Vermögen, sondern nach dem sozialen Wert der Menschen) als die politische Partei der Sozialdemokratie.
(›*Grübeleien*‹. 29.–33. Tsd., S.190f.)

1921

in 1921: Prof. Hanns Martin Elster veröffentlicht in der von ihm herausgegebenen und Liebhaber ansprechenden Reihe ›Deutsche Dichterhandschriften‹ einige Faksimiles aus Fs erstmals **1897** erscheinenden Erzählung ›*Eine Handvoll Gold*‹ nebst Dichterporträt und Biografie. Die Dresdner Druckerei Lehmann & Schulz hatte ein bahnbrechendes Verfahren zur Reproduktion von Handschriften entwickelt. F findet sich in illustrer Gesellschaft neben Hermann Hesse, Thomas Mann, Börris Frhr. v. Münchhausen, Walter v. Molo, Wilhelm Raabe oder Stefan Zweig. [ImprimaturVIII] — Die Erzählung ›*Uwe und Antje*‹ entsteht. Verleger Müller-Grote lehnt eine Veröffentlichung ab. [Bibliographie107]

21. Januar: Der Starautor populärwissenschaftlicher Werke und Verfechter des Prinzips der Zuchtauswahl in der Natur, Wilhelm Bölsche, bedankt sich bei F für die Übersendung dessen ›*Grübeleien*‹ mit einer Gegengabe, sein Buch ›*Liebesleben in der Natur*‹. [SHLB] — In diesem stark verbreiteten Werk findet der Schriftsteller manches Samenkorn wieder, das später in der zu eigen gemachten Anschauung zur Rassenzucht vollends zur Blüte ausreifen wird.

5. Juli: Barlt. Schreiben an den Publizisten und Politiker Theodor Bohner. [DLM]

29. Juli: In München wird der Österreicher Adolf Hitler zum Vorsitzenden der NSDAP gewählt.

27. August: Altona. [Zeit79]

November / Dezember: Der an ›*Der Landprediger von Wakefield*‹ und dem biblischen Hiob angelehnte Roman ›*Pastor von Poggsee*‹ erscheint mit 36 000 Exemplaren. [Bibliographie28] — Als eines der Vorbilder für den Küster »*Holgersen*« diente dabei Kapitän Helgesen, ehemaliger Oberst und Kommandant Friedrichstadts zur Zeit der Belagerung **1850**. [Heimat63.Jg-11/284] — »*Die politischen Ausführungen in dieser Erzählung, die bis in die deutschnationalen Kreise als verständig und maßvoll anerkannt worden sind, dienen dem Bestreben, dem deutschen Volk auf einer mittleren Linie zum inneren Frieden zu verhelfen.*« (F in: ›Hamburger Fremdenblatt‹, 9.10.1922) — Angriffe aus konservativen Kreisen erfolgen, in denen F vorgeworfen wird, er rede der »freien Liebe« das Wort. Und Helene Lange diagnostiziert im Werk eine »Verranntheit in die Theorie der Jungweibernot. [...] Für F liegt in dieser Voraussetzung die Entschuldigung für die Sinnlichkeit des Mannes, die danach eigentlich nur gewährt, während sie in Wirklichkeit nur zu oft vergewaltigt.« [Lebensbericht217] [Beckmann109]

In den folgenden Tagen fuhren in Wagen und Autos immer

mehr Menschen von Kiel und Hamburg hin und her. Auch in Hamburg hatte der Umsturz gesiegt; und in wenigen Tagen siegte er in Berlin und im ganzen Land.

Es gingen wilde Gerüchte; man sagte, dass von Hamburg Abgesandte kommen würden, Führer der Umstürzler – man stellte sie sich als blutrote, wilde Menschen vor – die in jedem Kirchspiel die Herrschaft übernehmen würden; für Poggsee würde Holgersen ernannt werden und die Besenbinder würden seine Helfer sein. Die Landschaft hatte sich im Laufe der vielen Jahre an die geheimnisvolle und dunkle Existenz des Küsters von Poggsee gewöhnt; aber nun bekam diese Erscheinung eine dunkelrote, wilde, leuchtende Färbung, und wurde in wenigen Tagen groß und schrecklich. Man erzählte, dass er schon seit Jahren den großen Umsturz vorgeahnt, ja gewusst hätte, und dass er in aller Heimlichkeit ihn vorbereitet und eine bedeutende Rolle gespielt hätte, ja, einige glaubten, dass er, wenn er wollte, – und er würde wollen – plötzlich unter einem neuen, seinem wirklichen Namen als einer der Hauptleute in Berlin auftauchen würde. Als dies Gerede einige Tage alle Gemüter beschäftigt und erschreckt hatte, nahm es die bestimmte Gestalt an, dass die Hamburger Aufständischen, ja die ganze arme Bevölkerung Hamburgs ausziehn und sich auf die Dörfer stürzen und sie ausrauben und anzünden würde, und Holgersen wüsste davon, und würde alle diejenigen, die er nicht möchte, ans Messer liefern. (›*Der Pastor von Poggsee*‹. 49. Tsd., S.370)

Anfang–Mitte Dezember: Walter Rathenau, ehemals Aufsichtsratsvorsitzender der AEG und gewesener Wiederaufbauminister im 1. Kabinett Wirth, unternimmt zwei Reisen nach London. Er versucht, in Gesprächen ein Moratorium zur Stundung der deutschen Reparationszahlungen auszuloten. Zwischen den Verhandlungen findet Rathenau Entspannung und Ablenkung bei der Lektüre des ›*Pastors von Poggsee*‹. [Lebensbericht224]

30. Dezember: Wurde er von zahlreichen Anführerinnen der Frauenbewegung zuvor noch wegen seines Aufbrechens der bürgerlichen Moral gefeiert, hat sich das Verhältnis jetzt merklich abgekühlt. »Das, wogegen sich mein Frauenempfinden auflehnt, und ich glaube, alle Frauen werden da mit mir übereinstimmen, ist die Einseitigkeit, mit der die Frau in Ihrem Buch schlechthin – jede einzelne – auf das Gebiet der Sexualität beschränkt wird. [...] dass die Frau nur noch als in der einen Sehnsucht lebend dargestellt wird, halte ich für ebenso unwahr und darum schädlich, wie für Ihre Künstlerschaft verhängnisvoll. [...] Wir hatten einmal geglaubt – nach dem ›*Jörn Uhl*‹ – dass Sie ein Bundesgenosse sein würden im Kampf um eine freiere und höhere, d.h. geistigere Auffassung von der Frau; jetzt fallen Sie uns geradezu in den Rücken«. (Emmy Beckmann an F) [SHLB] — F selbst hat für die Vertreter der weiblichen Emanzipation nur noch Ironie übrig, vor allem, da sie das Recht/Pflicht auf Mutterschaft verneinen: »*Die edlen Führerinnen der Frauenbewegung bringen es in ihrer hohen Geistigkeit fertig, das Sexuelle in sich zum Schweigen zu bringen.* [...] *Wenn die Führerinnen der Frauenbewegung wüssten und bedächten, wie die Masse derer, die ihre Bücher, Zeitungen und Reden lesen, im Herzen denken: ›Ach, einen Mann im Arm, und alles andre ist Nebensache!‹*« [GrübeleienII.259f.]

1922

um 1922: Der niederdeutsche Schriftsteller Rudolf Kinau weilt für ein paar Stunden in Barlt. F folgt der ausgesprochenen Einladung und besucht den Schriftsteller in Altona. [Zeit74]

in 1922: Der Heider Maler Hans Groß und seine Frau besuchen den Schriftsteller in Barlt. Selbstverständlich wird dabei auch über Kunst gesprochen. »Frenssen erklärte sich befremdet und nicht einverstanden mit dem Überschwang des sogenannten Expressionismus, den der Maler als den wieder gewonnenen Ausdruck des künstlerischen Empfindens hervorhob. Frenssen horchte auf, er begann zu verstehen, denn sein eigener Wille in seiner erzählenden Kunst stand dem nicht so fern.« (Elma Groß-Hansen, o.D.) [Zeit75]

Januar: Die erste Auflage des ›*Pastors von Poggsee*‹ ist ausverkauft. [Zeit70]

März: Das ›Central-Relief-Comitee‹, ein Verein deutschstämmiger Amerikaner, lädt F zu einer Reise in die USA ein. Die Organisation, die es sich zur Aufgabe gemacht hatte, die immer noch vorherrschende Notlage in Deutschland und Österreich zu lindern, erhofft sich in dem weltweit bekannten Autor einen zugkräftigen Spendensammler. Auch soll er, ein Nebenaspekt, mit seinem Auftreten von einem neuen, einem besseren Deutschland künden. F erklärt sich zu der Reise in die USA bereit. [Lebensbericht218] — Die Lebenshaltungskosten betragen das 20-fache der Vorkriegszeit; die Honorare sind dagegen nur um das fünf- bis siebenfache gestiegen.

20. März: Reichspräsident Friedrich Ebert setzt einen Brief an F auf, in dem er gutes Gelingen für die kommende USA-Reise wünscht: »Ich hoffe auch, dass es Ihnen gelingen wird, durch mündliche Aussprache die Kenntnis von unserer Not und das Verständnis für die so außerordentlich ungünstigen Verhältnisse zu vertiefen, die es Deutschland trotz seines besten und aufrichtigen Willens so sehr erschweren, aus eigener Kraft sein wirtschaftliches und kulturelles Leben wieder auf- und auszubauen.« Das Schreiben wird allerdings nicht abgesandt. [SHLB]

vor 25. März: Hannover. Besuch bei Generalfeldmarschall Paul v. Hindenburg. Während des Gespräches äußert F sich u.a. dahingehend, das dermaleinst, nach einem oder zwei weiteren Kriegen, die Vereinigten Staaten von Europa kommen würden. Hindenburg stellt das in Abrede. Im Anschluss wird der Oberpräsident der Stadt, der Sozialdemokrat Gustav Noske, aufgesucht, »*zu dem Er schon lange eine Zuneigung*« hat. [Briefe2]

25. März: Berlin. Im Außenministerium erteilt Ministerialdirektor von Schubert dem »Botschafter« noch einige Verhaltensregeln mit, u.a. solle er auf keinen Fall die USA kritisieren und sich immer um politische Mäßigung bemühen. Im Anschluss an das Gespräch folgt F der Einladung des Innenministers Adolf Köster. [Briefe3f.]

26. März: Berlin. Außenminister Walter Rathenau lädt den inoffiziellen Botschafter des neuen, demokratischen Deutschlands zu sich in die Villa im ›Grunewald‹ ein. Über drei Stunden währt das Gespräch, in dessen Verlauf der Außenminister den ›*Pastor von Poggsee*‹ als ein Werk bezeichnet, in dem sein

Gegenüber »*zum ersten Mal Gut und Böse gleich gerecht behandelt hätte*«. [Lebensbericht224]

27. März: Berlin. Noch am Morgen erhält F die Aufforderung, zu einer Audienz beim Reichspräsidenten vorzusprechen. Er fährt in die ›Wilhelmstraße‹ und wird im Schloss im Beisein Ministerialdirektors Meißner von Friedrich Ebert empfangen. Ebert spricht den Schriftsteller auf den Sinn und Zweck der Reise an, plaudert noch ein wenig über seine Heimatstadt Heidelberg und seinen Wahlkreis in Nordhannover. Ein politischer Auftrag wird nicht erteilt, doch übergibt er F seinen am **20. März** abgefassten Brief, der Grüße und die besten Wünsche an die Freunde Deutschlands in Nordamerika enthält sowie Dank für die bisher geleistete Hilfe zum Ausdruck bringt. Am Abend folgt noch ein kurzer Abstecher bei dem deutschen Botschafter in Moskau, Graf Brockdorff-Rantzau. Das Resümee all der Besuche bei den neu zur Macht gelangten Politikern ist einfach: Die früher vorherrschende privilegiengleiche Vergabe der Ämter ist entschwunden. Er erkennt, dass die Ämter früher von vielen nicht in dem Sinne genutzt und ausgefüllt wurden, wie sie jetzt durch die höchsten Repräsentanten der Republik bekleidet werden. Will man etwas bewegen, muss man sich engagieren. »*Unsre vornehme und gelehrte Jugend, schien mir, sollte sich nicht damit aufhalten, zu maulen und mit Wut an die Stunde zu denken, da ihnen ein Lump oder Narr die Achselklappen abgerissen hatte, und auf einen jähen Umschwung hoffen, sondern sollte mit tapferer Klugheit in die Politik gehen.*« [Lebensbericht226] — Noch am Abend erfolgt die Abreise in Richtung Niederlande. [Briefe7ff.]

28. März: Rotterdam. Nach der Ankunft übergibt F seine Koffer der Schifffahrtslinie und fährt nach Amsterdam weiter, wo er das Reichsmuseum besichtigt. »*[...] saß wohl eine halbe Stunde vor der ›Nachtwache‹, nach deren Anblick ich mich seit dreißig Jahren so oft gesehnt habe. [...] Ich hielt mich bei dem Wunder der Komposition, der Farben, der Lichter nicht lange auf, länger bei dem Haufen lebensvoller Menschen, indem ich ihrer Gemütsart und ihrem Tagewerk nachsann, am längsten aber, wie immer vor seinen Bildern, bei dem Leben des Malers selbst, das ein so schweres Auf und Ab, und so ver-*

worren war ... wie denn freilich jedes rechte Künstlerleben verworren ist.« Nach dem Museumsbesuch schlendert F durch die Straßen Amsterdams und gelangt zufällig an den Platz, an dem Spinoza einmal gelebt hatte. Da er sich das Wohnhaus einmal ansehen möchte, spricht er einen draußen stehenden Händler an: »*Der robuste, wohl gekleidete Mann, die Zigarre im Mund, lächelt ein wenig spöttisch, und sagte er wisse es nicht. Ich sagte in derselben freundlich neckischen Weise: Er müsse es doch eigentlich wissen; denn er, der jüdische Mann, verdanke unter andern diesem Spinoza, dass er hier so behaglich, breit und sicher vor seinem Laden stände. So neckten wir uns noch eine kleine Weile, beide unsre Position verteidigend, er seinen Laden, seine Zigarre und gutes Geschäft, und ich Spinozas Bedeutung für dies alles.*« [Briefe11ff.]

29. März: Amsterdam. »*Der, scheint mir, ist nach diesem Krieg ein schlechter Diplomat, ja ein enger Mensch, der nicht in seinen politischen Gedanken in der Ferne die Vereinigte Staaten von Europa sieht.*« [Briefe14]

30. März: Rotterdam. F begibt sich an Bord. Da über die Zeitung bekannt wurde, welcher prominente Autor in die USA reisen wird, kommen einige Journalisten aufs Schiff und befragen F zur Lage Deutschlands. Die Überfahrt erfolgt mit dem Doppelschraubendampfer ›T.S.S. Rijndam‹ der Holland-America-Linie entlang der niederländischen Küste in Richtung Süden. Das Schiff, **1901** mit 12527 Bruttoregistertonnen erbaut, für 2282 Passagiere und 266 Mann Besatzung hergerichtet, mit den Maßen 175,3 m Länge, 19 m Breite und 13,77 m Höhe, für eine Reisegeschwindigkeit von 15 Knoten ausgelegt, hatte schon bessere Zeiten erlebt und wurde ab **1919** mehr und mehr als Postdampfer eingesetzt.

31. März: Boulonge-Sur-Mer. Zwischenstopp

1. April: Plymouth. Ankunft in der Hafenstadt. Nach kurzem Aufenthalt an Englands Küste nimmt das Schiff wieder Fahrt zur Überquerung des Atlantiks auf. [Briefe14]

2.–6. April: An Bord der ›Rijndam‹. Derweil plagt sich F nach eigenen Angaben mit einer fiebrigen Erkältung, die er mit »*heißer Milch und Emser Pastillen*« zu bekämpfen versucht, immer in Sorge, rechtzeitig zur Ankunft in New York wieder bei

Stimme zu sein. Und es sollen doch so viele Reden im Interesse der Sache geführt werden. Einer späteren Äußerung eines mit dem selben Schiff fahrenden Auswanderers zufolge leiden viele Passagiere unter Seekrankheit. Die Zeit vertreibt F sich mit der Lektüre von H. G. Wells ›The future in America‹ und Polenz' ›Land der Zukunft‹. Zweifel kommen auf, Zweifel am Gelingen des gewaltigen Unterfangens. Immerhin ist er der erste Deutsche von bekanntem Namen, der in den USA seine Stimme für das Nachkriegsdeutschland erheben wird. Mit Widerständen ist durchaus zu rechnen. Während dieser Tage verlässt er die selbstgewählte Klause, seine Kabine, nicht ein einziges Mal. Der einzige Kontakt zur Außenwelt bildet Kabinenstewart Kiewitt, mit dem er sich auf Englisch unterhält. »*Er ist für mich der Vogel, der Land sieht. Ich aber bin ein Esel, unten in der Arche angebunden.*« [Briefe15ff.]

7. April: An Bord der ›Rijndam‹. Abends wieder starkes Fieber. F erhält ein Telegramm, das ihn bei seiner Ankunft vor Reportern warnt. [Briefe20]

8. April: An Bord der ›Rijndam‹. Erstmals während der Reise fühlt F sich wieder so stark, dass er seine Kajüte verlässt und sich noch im Morgennebel aufs Deck begibt. Die ersten Anzeichen von Land zeigen sich: Bojen tauchen auf, ein Vogel wird gesichtet, schließlich dreht ein Lotsenboot bei; »*es war sehr aufregend.*« Schließlich taucht aus dem Nebel die Freiheitsstatue auf. Der Dampfer wird an die zweistöckigen Piers auf Ellis Island herangezogen, wo Dr. Hans Keiler vom ›Central-Relief-Committee‹ schon auf den Gast aus Deutschland wartet. An Reportern vorbei bringt Keiler F zu seinem Auto und fährt den Gast ins Hotel ›Astor‹ am ›Times Square‹, wo er im siebzehnten Stock logiert. [Briefe20]

9. April: New York. [Briefe20f.] — Die Amerika-Reise wird, im Rückblick auf Fs Leben und Schaffen, wie ein alles um sich hell erleuchtender Blitz wirken, der F noch einmal eine klare, unverstellte Sicht bietet. Das Buch, das aus ihr entstehen wird, ›*Briefe aus Amerika*‹, zeigt einen Mann von danach nie wieder erreichter Einsicht und Weitsicht. In den Werken danach versickert die Erkenntnis wie ein Rinnsal in der Wüste.

10. April: New York. Dr. Keiler unternimmt mit seinem Gast eine längere Autofahrt durch die Straßen und Häuserschluchten. »*Die Stadt hat etwas Frisches, Wildes, Leuchtendes, leicht Italienisches, Heidnisches. Die Menschen und ihre Art erinnern mich an Genua oder Rom.*« Am selben Tag noch folgt der erste öffentliche Auftritt Fs vor 600 Zuhörern. Von nun an gibt es kein Zurück mehr. [Briefe22f.] — Von nun an gilt: »*Ich bin immer von Menschen umgeben, oft von vielen. Es geht vom Morgen bis in die Nacht; und ist unsagbar ermüdend.*« [Briefe25]

11. April: New York. Immer wieder fühlt F sich von Reportern bedrängt: »*[...] wenn ich merke, dass einer Sinn für Humor hat, kommt es zu einer gemütlichen Unterhaltung. Ungemütlich ist es, wenn sie mit scharfen Gesichtern und aus den Kriegslügen heraus mit politischen Dingen kommen.*« Bevor er aufgebracht reagiert, greift Dr. Keiler beschwichtigend ein. [Briefe23]

15. April: New York. In der ›Aeolian Hall‹ spricht F vor rund 2000 Zuhörern und liest aus seinem ›Jörn Uhl‹ vor. »*[...] ich kann viel Gutes tun, indem ich alles mit Beweisen aus der Geschichte begründe und die Umstände erkläre, und zu rasche Urteile zerstöre und Gutes von Deutschland rede, sowohl vom Alten wie vom Neuen. Und ich merke, dass ich sie überzeuge und auf die mittlere Linie bringe, auf die des ruhigen Gleichgewichts des Urteils.*« [Briefe24f.]

16. April: New York. Vortrag in einer Kirche in Brooklyn. [Briefe20] — Währenddessen gelingt andernorts der diplomatische Durchbruch. Deutschland kann sich aus der Isolation befreien. Mit der Unterzeichnung des Vertrags von Rapallo verzichten Deutschland und die UdSSR gegenseitig auf Ansprüche aus Kriegszeiten und nehmen diplomatische Beziehungen auf.

vor. 20. April: Philadelphia. Etwa 700 Abgesandte aus deutschen Vereinen füllen den Vortragssaal. Im Anschluss an seine Rede trifft F sich mit vier Pastoren, die alle das Predigerseminar in Kropp bei Pastor Paulsen besucht hatten. Nach dem Vortrag folgt noch ein Ausflug mit dem Auto durch die umliegende Parklandschaft. [Briefe26f.] — Von Philadelphia geht es nach Baltimore, wo F von Pastor Hoffmann empfangen wird, der den Dichter **1907** einmal besucht hatte, und ihn damals zu einer Vortragsreise in die USA zu überreden versuchte. Am Abend redet F im Gemeindesaal vor einer kleinen Menschenschar. »[...] *es scheint, dass hier große Spaltungen in den Vereinen sind, und es wird wohl so werden, dass hier diese, dort jene Partei mich bekommt, und die andre sich dann fernhält.*« Gelegentlich eines Interviews sich dahingehend geäußert, Deutschland habe während des Krieges, die privaten Golddinge für den Staat hingegeben, erfolgte im daraus resultierenden Zeitungsartikel die Verallgemeinerung zum Persönlichen dahingehend, dass F keine goldene Uhr mehr besäße. So erhält er hier von einer Delegation eine goldene Taschenuhr überreicht. »*Sie erweitern hier alles. Sie haben nicht die Achtung vor der historischen, objektiven Wahrheit und ihrer starren Grenze, die wir haben. Sie leben von Gerüchten; sie sind darin noch Kolonialland. Wanderland, Kolonialland ist immer voll von Gerüchten. Sie sind das Gegenteil von Wahrheitsfanatikern; sie sind Sentimentsfanatiker. Was sie lieben, das glauben sie, und zwar mit einem edlen Feuer.*« [Briefe27f.]

20. April: Baltimore. Mit der Eisenbahn im Pullman-Wagen geht es sechs Stunden durch Ausläufer des Alleghany-Gebirges nach Altoona.

21. April: Altoona. Am Vormittag erfolgt die Ausarbeitung von zwei Vorträgen. [Briefe29]

22. April: Altoona. Vor rund 400 Zuhörern, meist einfache Bürger deutscher Herkunft, spricht F nun schon fast routiniert zu den immer wiederkehrenden Fragen seiner Gastgeber: Was ist mit Deutschland und was wird aus ihm? [Briefe30]

23. April: Altoona. Zugfahrt nach Pittsburgh. »*[...] es ist hier alles sehr weitläufig – und im Dämmern all die schreiende Reklame [...] die Lichtbilder, die hässlichen Häuser, die sausenden Autos, und unten im Tal die Schlote und die offenen lohenden Feuer ... das war schon so etwas wie Veitstanz des Goldes.*« Im Hotel fällt neben ihm ein junger Mann um: »*Wohl überarbeitet.*« [Briefe30]

24. April: Pittsburgh. Dem geehrten Gast wird zu Ehren ein Bankett gegeben; 150 Personen sind anwesend vor denen F wieder einmal eine kurze Rede halten muss. Dann um 20 Uhr folgt die große Versammlung vor rund 1000 Zuhörern mit Orgelmusik, Gesangverein, Gebet. Anschließend tritt F auf das Podium. »*Ich [...] spreche hier zu einer sterbenden Sekte und zu einer – das ist meine Meinung; war es schon zuhause, – die sterben muss, nämlich zu Leuten, die sich politisch vom alten Herkunftslande nicht lösen können, und müssen sich doch lösen.*« [Briefe31ff.]

25. April: Pittsburgh. Treffen mit Pastor Voß, einem Urenkel von Johann Heinrich Voß. »*Es scheint, dass meine Hauptwirkung nicht die öffentlichen Ansprachen sind, sondern dass ich eben hier bin, dass die Deutschstämmigen zum ersten Mal nach dem Krieg wieder einen Deutschen von Ruf unter sich haben und jemanden, der Gutes von Deutschland redet und ihnen die gebeugten Herzen aufrichtet.*« [Briefe33f.]

vor 27. April: Pittsburgh. Abreise nach Rochester am Ontariosee, das nach einer siebenstündigen Bahnfahrt erreicht wird. [Briefe35]

27. April: Rochester. Nach einem Vortrag im Deutschen Seminar der Baptisten Universität wird F während des anschließenden Banketts noch einmal gedrängt, seine Stimme erschallen zu lassen. Auch am Abend, vor geladener Runde von 30 Personen muss er noch einmal die »*politischen, wirtschaftlichen und seelischen Zustände Deutschlands*« erläutern. [Briefe36]

28. April: Rochester.

30. April: Cleveland. In Begleitung eines Redakteurs einer deutschsprachigen Zeitung unternimmt F einen längeren Spaziergang und besucht dabei drei Kirchen unterschiedlicher Glaubensausrichtungen: eine presbyterianische, eine evangelische und eine katholische. Immer mehr Städte und Universitäten bemühen sich um F, um ihn als Vortragsredner zu gewinnen. Doch ihm reicht es jetzt schon. »*Eine Reise- und Redeexistenz ist meiner Natur die zuwiderste. ... ich will auf keinen Fall bis in den Winter hier bleiben.*«[Briefe37]

1. Mai: Cleveland. F fährt allein nach Toledo. [Briefe37]

2. Mai: Toledo. Ein Pastor der dreißig evangelischen Gemeinden in dieser 200000 Einwohner zählenden Stadt empfängt F am Bahnhof. Gemeinsam besuchen sie eine kleine Kirche, bevor sie die des Pastors aufsuchen. Am Abend erfolgt, umrahmt von Musik und Gesang, ein weiterer Vortrag Fs. [Briefe38f.]

3. Mai: Toledo. Abreise mit der Bahn nach Chicago. Nach sechs Stunden kündigt sich die Metropole mit verbranntem Wald, Schlackehalden, tristen Fabrikanlagen und ebensolchen Arbeitersiedlungen, mit endlos scheinenden Güterzügen und zunehmenden Grauschleier am Himmel an. Dr. Keiler nimmt den Gast wieder in Empfang. [Briefe39]

zw. 4. u. 9. Mai: Chicago. F nimmt an einem Schleswig-Holstein-Abend teil. Auch trifft er Male Z., die in Barlt seine Nachbarin und Spielkameradin war und vor 40 Jahren auswanderte. [Briefe41 u. 51f.]

10. Mai: Chicago. Während einer sechsstündigen Autofahrt ins südliche Umland wird auf zwei Farmen eingekehrt, zunächst bei Leuten aus Norddeutschland mit denen F Plattdeutsch sprechen kann, dann folgt der Besuch einer Familie aus Hessen. Auch wird ein Denkmal zu Ehren eines Gefechtes mit Indianern aufgesucht, deren Schicksal ihn sehr bewegt. »*Ich hoffe, wenn ich nach ihnen frage, irgendeinen Unterton des Bedauerns, der Reue zu vernehmen; aber ich höre es nicht. Es ist doch keine Kleinigkeit, sein Haus auf einer Stelle zu bauen, wo im Grunde die Knochen des früheren Besitzers liegen, den man erschlagen hat. Aber sie scheinen es nicht zu fühlen; sie fühlen überhaupt sehr vieles nicht, sind Augenblicksmenschen.*« [Briefe42] — Selbigen Tags noch setzt F in einer Rede während einer Versammlung seinen deutschstämmigen Zuhörern auseinander, »*wie sehr es nötig sei, dass sie klare und wahre Amerikaner seien und mit dem alten Lande nur Beziehungen der Pietät und Kultur haben und pflegen sollten, als eine Bereicherung ihres Amerikanertums.*« [Briefe41]

11. Mai: Chicago. Gemeinsam mit einem Psychiater, der in Deutschland studierte hatte und dessen deutschstämmiger Frau besucht F am Vormittag das Gericht. An mehreren Verhandlungen nehmen sie als Zuschauer teil. »*Es ging sehr demokratisch und sehr praktisch zu und gefiel mir gut. [...] Aber soviel schien mir deutlich, dass in diesem Gerichtshof die Persönlichkeit des Richters und besonders des Einzelrichters mehr bedeutete als in Deutschland.*« [Briefe43] — Auf der einen Seite ist F beeindruckt von der Stadt, der Menschenmasse, den Autos, von den Lichtern am Abend, den endlos erscheinenden

Straßen, den riesigen Wolkenkratzern, doch die Skepsis ist groß: »*Aber was soll mir großen Eindruck machen? Dass man Häuser bis zum fünfzigsten Stockwerk hinauftreiben kann ..., dass man eine größere Form von Lokomotiven baut ... das Areal der Städte viele Meilen ausdehnt ... das kann doch kein Gegenstand des Stolzes sein. Das kann Europa auch. Es ist nur ein bisschen mehr Kraft und Arbeit. Oder wollen sie stolz sein auf das weite, reiche Land, das sie bewohnen? Denn davon kommt es ja alles! Aber wie können sie darauf stolz sein? Das haben sie doch nicht gemacht, wie Häuser und Lokomotiven? Das hat Gott ihnen gegeben. Mir scheint, das ist ein Irrtum dieses Volkes: Sie sollten übermütig sein, dass Gott so gut mit ihnen ist, sie mit Segen überschüttet. [...] Sie sollten lachen, aber sie lachen nicht; sie sind zu gesetzt und hochmütig dazu. Sie sollten vor lauter Übermut mit den Hacken bis an die Sterne hauen, das würde Gott freuen. Aber nun ziehen sie die Augenbrauen hoch und reden große Worte ... ich fürchte größere, als ihre Seelen sind ... und sehn auf Europa herab, von dessen inneren Qualen sie nichts ahnen.*« [Briefe40f.] — Durch einen Chicagoer Bürger erhält F einen Hinweis, dass er wohl unter Beobachtung stände. »*Es ist leicht möglich, dass ich eines Tages plötzlich zurückgeschickt werde, obgleich ich nicht allein aus Klugheit und Takt, sondern aus meiner Natur heraus loyal gegen diesen Staat bin.*« [Briefe41] — Am Abend Besuch bei einem Universitätsprofessor. [Briefe44]

12. Mai: Chicago. Strandspaziergang am Lake Michigan. F lässt seinen Gedanken freien Lauf. Wieder erkennt er an, was der Kapitalismus zustande gebracht hat, wenn er auch »*die Wälder verwüstet, die Flüsse verschmutzt, die Natur durch elende Fabriken, hässliche Bahnhöfe und dergleichen geschändet*« habe. Es ist der große Antreiber, nichts stagniere. Doch auch die negativen Seiten sind nicht zu übersehen. Abgesehen von den drei rechtlosen Massen, den Indianern, Negern und osteuropäischen Einwanderern erscheint F, dass der einfache Arbeiter zu gering entlohnt werde. »›*Arbeit,‹ sagte man mir, ›schafft nicht genug, man muss spekulieren.‹*« Und noch eine Erkenntnis hat sich bei F breitgemacht. So frei, wie es sich gerne selbst sieht, ist das Volk der US-Amerikaner gar nicht. In vielen Dingen erscheint es doch recht reaktionär. »*Einer, der schreibt, dass Amerika eine andere Verfassung, eine andere Regierung haben sollte, kann Zuchthaus bekommen. Das Wahlrecht ist in manchem Staat schlechter, als das Dreiklassenwahlrecht in Preußen war. Dazu liegt ein heimlicher Terror des Reichtums über dem ganzen Land. [...] Wie kommt es, dass das Volk sich diese Bevormundung, ja Bedrückung gefallen lässt? Das Volk hat nie den Druck der Armut gefühlt. Es fühlt sich frei und breit im Essen, Trinken, Wohnen, und in der Weite des Landes. Man lässt es in diesen Dingen tun, was es will. Und so geht es alles gut, solange das Volk täglich noch dreimal reichlich und gut satt wird. Was schiert diesen Arbeiter gutes oder schlechtes Wahlrecht?*« [Briefe45ff.] — Nachmittags hält F einen Vortrag an der Universität und liest aus seinem ›*Jörn Uhl*‹. Im Anschluss geben fünf Professoren dem Gast zu Ehren ein Essen. [Briefe49] — Abends Fahrt nach Milwaukee, wo eine Rede vor 1200 Menschen zu absolvieren ist. Während der Bahnfahrt trifft F auf einen jungen Mann aus Barlt. Beide unterhalten sich über das gemeinsame Heimatdorf. [Briefe51]

13. Mai: Milwaukee. Nachmittags Rede vor dem literarischen Verein und am Abend folgt noch ein Auftritt im »*überfüllten*« deutschen Theater. Danach ist F noch für zwei Stunden zu Gast bei dem Arzt John Möller, ebenfalls einem Barlter. [Briefe51]

15. Mai: Milwaukee. 50 Personen, darunter Pastoren und Professoren, haben zu einem Ehrenbankett geladen. Noch einmal muss F sich präsentieren und eine Rede halten sowie zahlreiche Toasts überstehen. »*Ich glaube, ich habe zwei Stunden lang immer wieder aufstehn und sprechen müssen.*« Danach geht es mit dem Auto zu einer großen Farm. Für erwähnenswert hält F, dass die Kühe elektrisch gemolken werden. Unterwegs hat das Auto eine Panne und F unterhält sich mit einem aus Deutschland stammenden Straßenarbeiter. [Briefe53 u. 64]

16. Mai: Milwaukee. Am Morgen Fahrt nach Champaign zur Staatsuniversität von Illinois, wo F vor der deutschen Abteilung über seinen literarische Entwicklung und über den derzeitigen Zustand Deutschlands spricht. Auch hatte sich F bereit erklärt, eine kurze Vorlesung im Kolleg des Professors

Göbel zu halten, immerhin konnte er somit einen Scheck über 65 Dollar für die deutschen Kinder, den Zweck seiner Mission, sich erarbeiten. [Briefe54]

17. Mai: Indianapolis. Nach einem Bankett vor rund fünfzig Personen tritt F noch in einer Kirche auf. Sie soll ausgewählt sein, um die hier in der Gemeinde noch starken Vorbehalte gegen Deutschland zu entkräften. [Briefe56]

18. Mai: Indianapolis. In der Nacht geht es in einer zehnstündigen Bahnfahrt nach Buffalo. [Briefe56]

21. Mai: Buffalo. Rede in einer Kirche. [Briefe57]

22. Mai: Buffalo. Ausflug zu den Niagara Fällen. [Briefe57]

23. Mai: Ithaca. Rede an der Universität vor der Deutschen Fakultät. [Briefe58]

26. Mai: Washington. F nimmt das Frühstück beim deutschen Legationssekretär an der Botschaft, dem Holsteiner Leopold Baron v. Plessen, ein. Im Anschluss geht es mit dem Auto hinaus zum Mount Vernon, zum Landsitz und dem Grab George Washingtons. Abends muss F vor kleinem Publikum wieder einmal eine Rede halten. [Briefe58]

27. Mai: Washington. Fahrt durch die Stadt. F besucht mit dem deutschen Botschafter Dr. Otto Wiedfeldt das Parlament, die Kongress Bibliothek und das Weiße Haus, wo er anlässlich einer fünfzehnminütigen Audienz dem amerikanischen Präsidenten Warren G. Harding eine englische Ausgabe des ›*Jörn Uhl*‹ überreicht. Harding spricht über das amerikanische Volk, die schwierige Lage der Deutsch-Amerikaner, die vor ihnen liegende Friedensaufgabe beider Völker und fragt F zu seinen weiteren Vorhaben in den USA. Auch gibt er ihm noch einige Ratschläge mit auf den Weg. [Briefe59 u. 61f.]

28.–30. Mai: Reading. F logiert im Hause von George D. Horst, einem Holsteiner und Quäker, der **1920** zu den Initiatoren der Kinderspeisung in Deutschland gehörte. [Briefe63]

31. Mai–1. Juni: Reading. Zweistündige Fahrt entlang des Hudson River nach Poughkeepsie zum Vassar College, der ältesten Frauenuniversität der Welt. Am Abend bestreitet F wieder einen Auftritt in einer Kirche. Eine Professorin des Colleges macht das Publikum mit dem Gast bekannt, erzählt von seinen Werken und dem Grund seiner Reise. Und obwohl die wenig-

Gustav Frenssen mit dem deutschen Botschafter Dr. Otto Wiedfeld, Washington am 27. Mai 1922. [Library of Congress]

sten hier seine auf Deutsch gehaltene Rede verstehen, hören sie aufmerksam zu. Nach dem zehnminütigen Vortrag folgt ein kurzer Empfang. [Briefe64f.]

2. Juni: Providence. Vortrag vor Studenten der deutschen Fakultät an der Universität. F wird bedeutet, dass es hier einige feindlich gesinnte Zeitungen gibt und er mit seinen Worten vorsichtig zu Werke gehen solle. So spricht er über rein Literarisches, über Theodor Storm und sich, über seine Heimat und Kindheit. [Briefe67]

nach 2. Juni: New Haven. F logiert für vier Tage bei Dr. Arnold, der ein Bildungsinstitut für Turnlehrerinnen leitet. Gemeinsam besuchen sie die Yale Universität und eines Abends geben die angehenden Lehrerinnen dem deutschen Gast ein Ständchen. Abstecher in mehrere Städte des Staates Connecticut werden unternommen so u.a. nach Hartfort. Doch das Interesse an dem Botschafter eines neuen Deutschtums ist hier nicht groß. »*Einmal war der Tiefstand der Versammlungen: fünfzig Menschen in einem Biergarten, Karten spielend, nicht aufsehend, als ich kam, der ich dreitausend Meilen gemacht hatte, ihnen von Deutschland zu erzählen. Deutscher Schimmel und Spak mitten im lebensvollen, von Erregung zuckenden Amerika!*«[Briefe68f.]

8. Juni: New York. Ein Kaufmann, zu dem F eingeladen ist, führt den Gast von seiner Wohnung hinauf auf die Dachterrasse im 50. Stock. Wieder fühlt sich F hin und her gerissen. »*Es ist sicher die größte, modernste und wildeste Stadt der Erde zu dieser Zeit. Die Menschheit hat einige Mal so übergroße, überglänzende und übermütige Städte gehabt. Ninive, Babylon, Rom. Sie reizten, quälten und schändeten die Völker, und wurden, als ihre Seele und Kultur leer geworden, von neu aufsteigenden jungen Kulturen zerbrochen. [...] Alle Völker dieser Länder werden unter russisch-asiatischer Führung ihr Gut und Gold, Blut und Ehre von ihm fordern. [...] Wie wird es dieser mächtigen, strahlenden, aufschießenden Stadt, die nach fünfzig Jahren der Mittelpunkt der Welt sein wird, ergehen?*« [Briefe70]

9. Juni: New York. »*Eine Hitze, dass ich zuweilen ein Gefühl der Beängstigung habe. In allen Trinkgläsern ist Eis, alle Räu-*

me sind mit Fliegenfenstern versehn, und im Zug sitzen die Menschen in Hemdsärmeln.«* [Briefe69]

10. Juni: New York. Am Morgen Abreise nach Marion in Indiana. [Briefe70]

11. Juni: Marion. Nach einer rund zwanzigstündigen Bahnfahrt erreicht F die Kleinstadt. Er ist Gast bei einem außerhalb der Stadt gelegenen Farmer. Die umliegende Landschaft erinnert ihn teilweise ein wenig an seine Heimat Dithmarschen. [Briefe71]

12. Juni: Marion. Ausflug zu einer verlassenen und verfallenen Indianersiedlung. *»Es ist wehmütig. Sie waren Einwanderer von Westen, von Asien, und waren Menschen von Adel. Sie waren in keiner Weise schlechter als die Einwanderer, die von Osten kamen und sie bedrängten und töteten.«* Nachdem er am Abend zunächst einem Redner der Heilsarmee an einer Straßenecke zuhört, wird noch eine Methodistenkirche besucht. Bis in die Nacht sitzen sie zusammen und reden über Deutschland. [Briefe72]

13. Juni: Marion. Wieder wird ein mehrere Stunden dauernder Ausflug unternommen und wieder erfolgt der Besuch einer längst verfallenen Indianersiedlung und des dazugehörigen Friedhofes. [Briefe73]

14. Juni: Marion. Wie jeden Tag während seines Aufenthaltes verbringt F den Vormittag auf der Farm und den Ländereien. [Briefe75]

17. Juni: Während sich der Barlter Schriftsteller für ein besseres Deutschlandbild in den USA einsetzt, unterstellt ihm daheim die ›Deutschnationale Volkspartei‹ eine einseitige parteipolitische Auslassung auf seiner »Propagandareise«. Die im Berliner Reichstag eingebrachte Anfrage lautet, ob dessen Reise auf Kosten der Reichsregierung durchgeführt wird. Die Regierung verneint. [Lebensbericht289]

20. Juni: Marion. Abreise. Während der Bahnfahrt kommt F mit einem Amerikaner ins Gespräch, der ihm klipp und klar erklärt, dass Deutschland den Krieg verschuldet habe. F versucht dagegen zu setzten, dass sei doch nur eine Behauptung, nur Gerede und entspräche nicht der Wahrheit. *»Es hilft uns niemand in der Welt, am wenigsten das amerikanische Volk,* *das uns in edlem Irrtum erwürgt hat, und uns dann, nachdem es uns durch Versprechungen wehrlos gemacht, den Schindern überlässt.«* [Briefe76f.]

21. Juni: Columbus. [Briefe75]

22. Juni: Columbus. Während der Nacht geht es mit der Eisenbahn nach St. Louis, das am Morgen erreicht wird. *»Um sieben heute Morgen stolperte ich durch vier lange mächtige Wagen voll von aufstehenden Menschen jeden Geschlechts und Alters ... wallende Vorhänge ... ein Stiefel ... ein Bein ... ein Kinderweinen, alles im selben Wagen; und der Neger mit ernstem Gesicht sorgt für alles.«* [Briefe78]

23. Juni: St. Louis. *»Es ist wundervoll, wenn wir so abends aus irgendeinem Hause kommend, durch die strahlenden, erleuchteten, breiten Straßen fahren, die mit Öl geglättet sind, zwischen vielen hundert andern Autos vorbei.«* [Briefe79]

24. Juni: St. Louis. Den Abend verbringt F auf einer hochgelegenen Terrasse bei einem Essen von Froschschenkeln und dem Anblick der unendlich scheinenden Weite. [Briefe80]

24. Juni: In Berlin wird der deutsche Außenminister Walter Rathenau durch Angehörige der rechtsextremen ›Organisation Consul‹ ermordet. Zuvor schon hatten Teile der nationalistischen Presse z.T. recht unverblümt zum Mord an diesem »jüdischen Verbrecher« aufgerufen.

25. Juni: St. Louis. Besuch des ehemaligen Sklavenmarktes. Auf der Straße verbreiten die Zeitungsausträger laut die Neuigkeit vom Mord am deutschen Außenminister Walter Rathenau. *»Es ist ein Jammer! Dieser vornehmste Kopf in Deutschland – man sah es äußerlich ganz deutlich, gab keine drei solcher Schädel in Europa –, von den engsten und versteinertsten Gehirnen im Land zerschmettert! [...] Wie sind jene jungen Menschen dazu gekommen, an einem dieser ehrenwerten patriotischen Männer zum Mörder zu werden? Sie sind von jenen Zeitungen und Menschen von Kindheit an belogen und betrogen worden, das ist es. Von Kindheit an hatte man ihnen gesagt: Es gibt nur einen deutschen Patriotismus: Das ist Hohenzollern und Reserveleutnant der Hohenzollern. Man hat ihnen vorenthalten, dass es noch einen andern, noch edleren Patriotismus gibt: den des Schillerschen und Goetheschen* *deutschen Menschen.*« Für F war Rathenau ein neuer Hardenberg. Gegen die Behauptung einer Zeitung allerdings, dass Rathenau, ihn während seines Besuches vor seiner Reise für die eigene Partei gewonnen habe, verwahrt sich F: »*Was so ein beschränkter Kopf für eine Ansicht von mir hat!*« — Bei dem obligatorischen Auftritt vor Publikum ist der Saal wieder gut gefüllt, obwohl F zuvor von der katholischen Zeitung der Stadt wegen seiner freien Gesinnung angegriffen wurde. Der ehemalige Handels- und Arbeitsminister Charles Nagel führt den Redner beim Publikum ein. [Briefe81ff.]

27. Juni: Ft. Wayne. Besuch der Witwe von »*T. W.*« einer ehemaligen Dithmarscherin. [Briefe83]

2. Juli: Davenport. F ist Gast bei Bürgermeister Claussen, einem Enkel Hans Reimer Claussen, der das Deutsche Reich wegen seiner Beteiligung an der Revolution von **1848** verlassen musste. [Zeit63] — Eine längere Fahrt wird entlang des Mississippi und nach Illinois hinein unternommen. F sieht die inzwischen verfallene Brücke, über die im 19. Jh. tausende von Holsteinern und Mecklenburger nach Iowa zogen. Auch wird ihm die Stelle gezeigt, an der der Häuptling Black Hawk einmal vor einem Gefecht die Weißen beobachtet hatte. [Briefe84]

3. Juli: Davenport. F entdeckt in der Chicagoer ›Abendpost‹, einer deutschen Zeitung, den Abdruck seines ›*Pastor von Poggsee*‹. [Briefe86]

4. Juli: Davenport. [Briefe86]

vor 9. Juli: Gladbrook. F logiert bei ehemaligen Dithmarschern und spricht zunächst während des Gottesdienstes in der evangelischen Kirche und anschließend in der Methodistenkirche, um dann noch einige ehemalige Deutsche aufzusuchen. Weiter geht es mit einer kurzen Zwischenstation, wo F von den Kindern einer Kusine in ihre Stadt nach Keystone geholt wird. [Briefe88] — Immer wieder trifft er hier im Staat Iowa mit vorwiegend aus Norddeutschland ausgewanderten deutschstämmigen US-Bürgern zusammen, zum Teil schon der nachfolgenden Auswanderergeneration angehörend. »*Man wundert sich in Deutschland, und die Deutsch-Amerikaner beklagen sich, dass sie kulturell und politisch so wenig Bedeutung hätten. Es ist da nichts zu wundern und zu klagen. Es ist ganz natürlich.*

Wären diese Einwanderer aus einem freien demokratischen Deutschland gekommen, so wären sie heller gewesen. Nun aber brachten sie nichts mit als Fleiß und Verantwortlichkeit gegen die Scholle und gegen Mensch und Tier auf ihrer Hofstelle.« [Briefe91]

9. Juli: Mason City. [Briefe88]

nach 9. Juli: Mason City. Abreise mit dem Auto nach Norden. Immer wieder folgen sie den endlos geraden und schachbrettmusterartigen Straßenverlauf. Als sie einmal in einem größeren Ort halten und Dr. Keiler mit dem Fahrer draußen über der Motorhaube gebeugt die Karte studieren, sehen die umstehenden und vorbeigehenden Leute immer wieder zu F hin, der im Auto verblieben war. Er meint, dass die Leute ihm wohl ansehen, dass er etwas Besonderes wäre. Dr. Keiler, daraufhin angesprochen, erwidert nur trocken, dass die in ihm ganz den reich gewordenen Holzhändler erblicken. *»Da war es wieder vorbei mit dem Prahlen.«* [Briefe94] — Ankunft am Abend in Neu Ulm. F hat sich einen schweren Durchfall zugezogen. Gastgeber Dr. Fritsche spricht gar von Ruhr. Trotzallem wird schon bald die Fahrt fortgesetzt. Stunden später ist das Ziel, Minneapolis-St. Paul, die Hauptstadt des Bundesstaates Minnesota, erreicht. F logiert wieder bei ausgewanderten Holsteinern. [Briefe94]

15. Juli: St. Paul. F brüskiert einen US-Amerikaner mit seinem direkten Wesen: »*›Prostitution haben wir hier nicht.‹ Ich sagte: ›Doch, doch, mein Lieber!‹ Da wurde er betroffen und schwieg, als wenn ich eine Taktlosigkeit begangen hätte. Wahrhaftigkeit gilt in der angelsächsischen Welt zuweilen als Taktlosigkeit.«* [Briefe99]

16. Juli: St. Paul. [Briefe95ff.]

22. Juli: St. Paul. Abreise mit der Eisenbahn, der Northern Pacific, in Richtung Westen. Geht es zunächst über endlos erscheinendes Farmland in Minnesota, folgt bald die öde Gras- und Hügellandschaft Nord Dakotas bis es am Abend mit Erreichen des Staates Montana wieder grüner wird. [Briefe101]

23. Juli: Im Zug der Northern Pacific. Am Morgen wird das Felsengebirge durchquert. *»Der Zug ist recht bequem, hat auch Barbier, Bad, Schreibtisch und mehrere kleine Stuben;*

und der letzte Wagen hat eine Plattform, auf der man im Freien sitzen und die Landschaft genießen kann. [...] Ich möchte so gern frohen Mut haben, aber ich kann nicht. Es ist nicht allein Deutschland hinter mir, auch nicht allein dies schuldlos so schlecht behandelte, heimatlose, ältere Geschlecht der Deutschamerikaner; es ist dies ganze gewaltige amerikanische Volk und die ganze Menschheit, an der ich immerfort rätsele, und kann es nicht raten. Dort in der Heimat ist alles Denken gut verankert im Heimatboden; hier ist es haltlos, allen Winden ausgesetzt, und schwankt unruhig hin und her«. [Briefe102] — Endstation der Reise ist Spokane. F und Dr. Keiler steigen in einem Hotel ab. Am Nachmittag wird ein Bummel durch die Stadt unternommen. Bei einem griechischen Schuhputzer lassen sie ihre Stiefel wieder neuen Glanz geben. [Briefe102ff.] — »*Das ganze Volk ist jung, will auch jung sein. Die Älteren sorgen durch Massage, heiße Tücher und dergleichen für blühende Gesichtsfarbe. Das Aussehen des ältern gebildeten Amerikaners ist bartloses, glattes, für den Europäer etwas zu weiches Gesicht mit klugem, freundlichem Lächeln ... immer noch der boy, der Junge. Inwendig ist aber sicher oft genug Kälte und Menschenverachtung; und hinter manchen lächelnden Augen wohnt Müdigkeit, Bitterkeit oder Bosheit. Aber die Rolle des dear old fellow wird gespielt bis ans Ende.*« [Briefe115]

24. Juli: Spokane. In der Hotelhalle sitzend, verbringt F rund eine Stunde ungestört mit Beobachten und Zeitunglesen. Ein Minenbesitzer aus Mecklenburger fährt mit F durch die Landschaft. Beide sehen bei der Weizenernte zu und erblicken Berieselungsanlagen, die auf trockenem Boden kräftige Feldfrüchte gedeihen lassen. Am Abend steht wieder eine Rede an. Danach kommen wie immer einige Zuhörer zu F; so heute ein Büsumer, der in Dithmarschen Schafe gehütet hatte, nun hier in den USA selbst als Rancher lebt: »*Es war ein Abend wie in einer Gesellschaft von Cooper.*« [Briefe116 u. 123f.]

25. Juli: Spokane. F, während einer Versammlung von einem Professor darauf angesprochen, doch einmal das deutsche Geschehen zu erklären, legt er vor rund 20 Zuhörern seine Sicht der Dinge nahe. Danach bezieht er sich zunächst auf die Theorie des »Volk ohne Raum«. Kolonien waren nicht mehr zu bekommen, danach wäre es durchaus legitim gewesen, sich mithilfe eines Angriffkrieges das notwendige Land zu verschaffen. »*Kein Volk der Erde, ausgenommen allein das österreichische, wusste genau, wie das deutsche Volk zu ihm stand. Deutschland war, ohne irgendeine böse aggressive Absicht, aber unsicher und ziellos geführt – gleich einem Wagen mit jungen Pferden und lässigem Fahrer – eine Beunruhigung der Nachbarvölker und dadurch ein Anreiz, eine Versuchung, es mithilfe einer Koalition anzugreifen. Und das ist die Mitschuld Deutschland – es ist eine passive – an dem Ausbruch des großen Krieges.*« Spricht's, nicht ohne zuletzt auf Wilsons Wortbruch zu verweisen, auf dessen 14 Punkte die Deutschen vertrauend letztlich zur Kapitulation bereit waren. So wie einzig und allein der Sieg den Amerikanern gehört, so ist – Fs Meinung nach – das daraufhin folgende Elend Deutschlands auch unzweideutig den Amerikanern zuschreiben. [Briefe117ff.]

26. Juli: Spokane. Kurz, nachdem die Stadt mit der Bahn ostwärts verlassen wurde, wird F einer Windhose ansichtig, die alles Lose mit sich in die Luft reißt. Die Landschaft, die folgt, scheint ihm eine Wüstenei zu sein. Seit **April** fiel kein Regen mehr, die Ernte ist verdorrt. Es ist fast dunkel, als Seattle, die Hauptstadt des Staates Washington, erreicht wird. Logiert wird in einem Hotel. »*Abends ein Lichtgewirr, Autos, nicht in Scharen, nicht in Haufen, nein in Massen, an jeder Stelle hundert. Sie sausen die schrägen Straßen hinauf und hinunter. Alle Menschen wohlgekleidet und guten Muts. Hunger? Kälte? Das kennen sie nicht. Das kennt Deutschland. Aber was geht sie Deutschland an?*« [Briefe124f.]

27. Juli: Seattle. Ein Arzt fährt F in seinem Auto in die Wildnis zum Zimmermann Maack, der vor 25 Jahren Fs Nachbar in Hemme war. Als Ortskundiger wird ein Postbote mitgenommen. Der Weg führt sie durch zahlreiche Wälder, bzw. das, was davon noch übrig geblieben war. Das Holz war geschlagen und die nicht genutzten Zweige einfach verbrannt worden. Die Farmhütte des neuen Besitzers stand schon. Schließlich geht es mit dem Auto nicht mehr weiter. Zu Fuß gehen sie durch den Wald und gelangen an eine vielfach geflickte Holzhütte, wo Maack als Farmer und Holzfäller mit seiner Familie sein

Leben fristet. Insgesamt werden bei diesem Ausflug 160 Meilen zurückgelegt. [Briefe125f.]

29. Juni: Seattle. Abends Besuch der Vorstellung des ›Wayfarers‹ im offenen Theater vor rund fünfzehntausend Zuschauern. [Briefe132]

30. Juni: Seattle. Angesichts eines ehemaligen deutschen Schiffes, einer Kriegsbeute, das auf der Reede liegt, kommt F wieder ins Grübeln: »*Wir sahen nicht in die Welt und irrten uns in unserem Urteil über jedes fremde Volk. Wenn wir aber einmal an die Möglichkeit eines großen Überfalls dachten, so sagten wir hochmütig: viel Feind, viel Ehr. [...] Wir unterließen es, große Bündnisse zu schaffen; wir unterließen es, durch Demokratie das ganze Volk zu wecken und zum Gefühl der Verantwortlichkeit zu führen; wir unterließen es, die Arbeiter mit dem übrigen Volk zu versöhnen [...] Es wird die Zeit kommen, da werden die Führer der Völker seine edelsten und vornehmsten Menschen sein; aber jetzt ist noch die Zeit, da sie wie wilde Tiere untereinander sind, [...] Wir müssen wünschen, und die Frommen müssen darum beten, so sauer es ihnen wird, dass Gott uns einen großen, großen Bösen schenkt.*« [Briefe130f.]

31. Juli: Seattle. Bewohner der Stadt, darunter Helene Gerdsen, geb. Testorf, geben F zu Ehren ein Frühstücksbankett. F darf wieder einmal eine Rede halten. Es folgt der Besuch bei einem bayrischen Großschlachter, woran sich eine Zusammenkunft im Klubhaus der Universität anschließt. Ungezwungen am Kamin sitzend plaudert F vor acht Professoren, die immerhin etwas Interesse an Deutschland haben. [Briefe134]

August: Derweil beginnt im fernen Deutschland der rapide Verfall der Währung. Um den hohen Reparationsforderungen der Alliierten nachzukommen, lief seit Monaten die Notenpresse auf Hochtouren, ohne dass ausreichend Goldreserven die umlaufende Geldmenge gedeckt hätte.

vor 7. August: Seattle. Am letzten Tag vor der Abreise wird noch ein Buddhatempel besucht. F unterhält sich mit dem Priester auf Englisch. [Briefe134]

7. August: Tacoma.

10. August: Tacoma. Fahrt mit dem Auto nach Chehalis. Von dort geht es mit einem Bekannten aus Portland weiter in Richtung Süden. Nach einigen Stunden ist der Columbia River erreicht, der mithilfe einer Fähre überquert wird. Die Fahrt verläuft nun entlang des Flusses, bis man am Abend in der Stadt Portland ankommt. In einem gut besuchten Saal hält F wieder einen Vortrag. [Briefe139]

11. August: Tacoma. Ausflug in Richtung Osten. Die Gebirgsstraße führt entlang von Schluchten, Canyons meist entlang des Columbia Rivers. Als die Reisegruppe einiger Indianer ansichtig wird, lässt Dr. Keiler halten. Er und F wechseln ein paar Worte mit den Ureinwohnern. *»Da ist ein ganzes Volk vom Erdboden weggefegt, wie vom Wild gejagt, vernichtet. Aber das liegt mir wohl nur so im Sinn, weil es noch frisch im Gedächtnis ist, weil die Großväter die Totschläger waren. Unter deutschem Volk liegen auch die Erschlagenen eines früheren Volks, auch im Namen Gottes erschlagen; aber sie liegen tiefer.«* [Briefe140]

12. August: Eisenbahnfahrt im Southern Pacific. *»Ich bin kein begeisterter und vor Begeisterung blinder Anhänger der Demokratie, aber ich glaube, dass diese Staatsform ein Fortschritt der Menschheit ist und dass alle Völker durch sie hindurch müssen.«* [Briefe143]

13. August: San Francisco. Ankunft am Morgen. [Briefe150f.]

15. August: Francisco. Nach einer zweistündigen Fahrt in Richtung Süden wird ein Weingut besucht. Rund drei Stunden dauert der Aufenthalt. Am Abend folgt ein Beisammensein mit 70 Personen im Atelier eines Bildhauers unter ihnen Theodor Dreiser, George Sterling und Svanni Prakashananda, ein Hindupriester. Nach einem längeren Toast auf den Gast revanchiert sich F mit einer kurzen Rede auf Englisch. [Briefe152f.]

16.–21. August: San Francisco. Fast täglich hält F mal hier, mal dort einen Vortrag und steht den Reportern ein ums andere Mal Rede und Antwort. *»Die Reporter sind immer entzückt, wenn ich ihnen in meiner lebhaften und oft boshaften Art Rede stehe, aber nachher bringen sie doch nie, was ich gesagt habe, sondern ihre eignen Fantasien [...]«.* [Briefe154f.]

22. August: San Francisco. Abreise am Morgen mit der Eisenbahn nach Los Angeles. Die Fahrt führt entlang Palmen-Alleen, entlang von Pfirsich-, Apfel- und Pflaumenfarmen. Rinderherden werden auf Weideland von Cowboys zusammengetrieben, auf riesigen Weizenfeldern sieht F die Helfer beim Einbringen der Ernte. Eine verfallene spanische Missionsstation liegt an der Bahnstrecke. Am Abend ist Los Angeles erreicht.

23. August: Los Angeles. »*So ein kleines kalifornisches Haus (Bungalow) mit sehr niedrigem Dach und schöner Tür unter zwei Säulchen, und zwei Palmen davor, und dann ein unschuldig, leichtes Herz ... das muss ein schönes Leben sein.*« [Briefe156]

24. August: Los Angeles. »Ein glänzender Empfang wurde ihm von seinen deutschsprachigen Stammesbrüdern, deren viele Tausende in der Metropole Südkaliforniens wohnen, bereitet. Groß war der Eindruck der Rede, die er im schönsten Saal der Stadt hielt. Diese Rede war nicht politisch, dafür aber im edelsten Sinn von patriotischem und doch auch wieder echt weltbürgerlichem Geist erfüllt und von gleicher Zuversicht für die Zukunft Deutschlands beseelt, wie sie sich im ›Pastor von Poggsee‹ kundtut. Nach dem Schluss der offiziellen Veranstaltung, die übrigens auch einen schönen Erfolg ihres Zweckes bedeutete, konnte man in ungezwungener Weise mit Frenssen plaudern, der sich in so uneigennütziger Weise in den Dienst armer Kinder stellt.« (›Neues Wiener Journal‹) [Fackel Nr.601-607/20]

27. August: Los Angeles. Der ursprünglich für diesen Tag angekündigte Vortrag Fs wurde zuvor auf den kommenden Tag verschoben. Somit bleibt Zeit, um mit dem Auto einen sechsstündigen Ausflug an der Küste entlang nach San Diego zu unternehmen. An einer Stelle stehen Händler an der Straße und bieten die Früchte des Landes an: Aprikosen, Pflaumen, Pfirsiche. Es wird angehalten. Einer der Landleute erkennt den deutschen Schriftsteller und gibt sich als gebürtiger Deutscher, aus der Lüneburger Heide gebürtig, zu erkennen. Er schenkt F zwei Pfirsiche. Als am Abend San Diego erreicht wird, dauert der Aufenthalt zunächst nur eine geringe Zeit. Es geht erst einmal zu einem kurzen Abstecher weiter über die Grenze nach Mexiko in den nächstgelegenen Ort Tia Juana/Tijuana. Der Eindruck ist für F. ernüchternd: »*Es war ein elendes Spieler-,*

Trinker- und Verbrechernest, und ich fürchtete mich, als ich hinten im Halbdunkel an einer schmutzigen Bar stand, einige Postkarten zu schreiben.«[Briefe158 u. 160]

28. August: San Diego. In der ›Liberty Hall‹ hält F seinen letzten Vortrag in diesem Marathon zur Einsammlung von Spendengeldern für deutsche Kinder. *»Ich habe mich bis zur völligen seelischen Ermüdung meiner Aufgabe gewidmet. Es widerstrebte mir zuletzt, mich so oft zu wiederholen, nicht allein in den Vorträgen, sondern noch mehr in den Unterhaltungen. Immer dieselben Fragen, immer dieselben Ausführungen [...] Ich bin kein Volksredner, aber was schlichte, eindringliche Beredsamkeit vermochte, habe ich getan.«* [Briefe160 u. 162] — »Dr. Frenssen said he was a firm believer in a divinity that compensated and punished. Past history, he said, showed that when any nation reached a point where they got a swelled head they degenerated and God sent a calamity to punish them. Then out of their weakness came careful living industry and strength again.« (›The Theosophical Path‹. Bd.23, S.513)

29. August: San Diego. Am Nachmittag ist F zu Gast in Point Loma bei Mrs. Tingley, der Leiterin der ›Universal Brotherhood and Theosophical Society‹ sowie der ›Râja-Yoga-School‹. Zu Ehren des Gastes tragen die Schüler mehrere Gesänge und Deklamationen vor. F revanchiert sich und erzählt von seiner Heimat in Barlt. [Briefe161]

31. August: Santa Monica. Vor der großen Hitze in Los Angeles sind F und Dr. Keiler hierher übergesiedelt, wo die Luft frischer ist. F hält sich meist am Strand auf, beobachtet die Menschen und arbeitet an seinem Abschlussbericht für das Central Committee, unter deren Schirmherrschaft er die Spendengelder eingesammelt hat. [Briefe163]

2. September: Santa Monica. Zurück in Los Angeles erfolgt noch am Morgen die Rückreise nach dem Osten mit der ›Santa Fe Railroad‹. Wegen Streiks und Unruhen stehen überall bewaffnete Wachen. [Briefe171f.]

8. September: Chicago. Nach einer sechstägigen Fahrt ist die Großstadt erreicht. [Briefe171]

14. September: New York. Ankunft von Chicago aus. [Briefe172]

15. September: New York. F fährt noch einmal auf dem offenen Verdeck eines doppelstöckigen Busses die 5th Avenue entlang, schaut noch einmal von einer Aussichtsplattform eines Wolkenkratzers auf die Stadt herunter und besucht mit Georg Horst das Kunstmuseum. Auch verbringt er eine Stunde im gemütlichen Beisammensein mit Frank Harris, Levisohn sowie G. S. Viereck. [Briefe172] — »*Hier ist noch alles ›all right‹ [...] Ach, hätten wir doch von diesem ›all right‹ etwas in Deutschland. Die deutsche Regierung sagt: Ich kann dem Wucher nicht steuern. Das deutsche Land sagt: Ich kann keine Bauern ansiedeln. Die deutschen Städte sagen: Ich kann keine Häuser bauen. Und das hauptsächlichste Wort des deutschen Geheimrats war von jeher: ›Das geht nicht!‹ Ich behaupte, die Amerikaner hätten mit ihrem ›all right‹ manchem deutschen Übel abgeholfen!*« [Briefe174] — Das große Ziel der Reise ist nur teilweise erreicht. Zwar hat er statt der erhofften 50 000 Dollar nur rund 20 000 Dollar an Spenden einsammeln können, doch der andere Auftrag, ein positives Bild von Deutschland zu geben und eine Lanze für die junge Republik zu brechen, scheint nicht umsonst gewesen zu sein. Und noch etwas versüßt den bitteren Beigeschmack: Zum einen gelingt es F, für einige seiner Werke Verträge für eine Veröffentlichung abzuschließen, andererseits bringt die Reise auch etwas Honorar ein. Harte Dollars in Zeiten galoppierender Inflation sind nicht zu verachten. [Zeit64f.] — Das Geld wird wenig später sicher angelegt; F kauft in Barlt den kleinen, 12 ha großen Bauernhof an der Norderbrücke. [Lebensbericht235]

16. September: New York. Abreise mit der ›SS Präsident Harding‹, einem Doppelschraubendampfer der ›United State Line‹, der die Strecke New York, Plymouth, Cherbourg, Bremen befährt. Das Schiff wurde **1919** gebaut, kann 644 Passagiere befördern und maximal 18 Knoten fahren.

23. September: An Bord der ›SS Präsident Harding‹. Die felsige Küste Irlands taucht auf. Nachts liegt das Schiff auf der Reede vor Plymouth. [Briefe181]

24. September: An Bord der ›SS Präsident Harding‹. Auf der Reede von Cherbourg. Die amerikanischen Beamten gehen von Bord. F nimmt am Gottesdienst teil, den der Schiffsarzt leitet. [Briefe181]

25. September: An Bord der ›SS Präsident Harding‹. Die Reise führt entlang Texel, Terschelling, Borkum, Norderney. Gegen Mittag tauchen die Türme von Bremerhaven auf. »*[...] ich will einen Eid schwören, dass es solch alten, patzigen Turm, wie er da am Deich steht, sonst in der ganzen Welt nicht gibt.*« Als das Schiff die Mole erreicht, stehen einige hundert Menschen am Pier, darunter – F erkennt sie durch sein Fernglas – seine Frau und seine Tochter. Doch Passagiere wie auch die Willkommensgäste müssen sich noch gedulden. Das Schiff liegt im Schlick fest und muss auf die auflaufende Flut warten. [Briefe182]

Anfang Oktober: Barlt. »*Ich bin zuerst drei Tage umhergegangen, habe bald vor meinem Bücherbord, bald vor meinem Schreibtisch und bald vorm Herd gestanden. Dann bin ich durchs Dorf gegangen und über die Felder ums Dorf und über Strand und Heide; und einmal bin ich in den Wald gefahren. So habe ich von allem wieder Besitz genommen, das mein ist, weil ich darin geboren und aufgewachsen bin.*« – Zu Ehren des Heimgekommenen wird ein Laternenumzug der Dorfjugend organisiert. Und da er immer wieder von den Dorfbewohnern auf seine Reiseerlebnisse angesprochen wird, auch Landrat Pauly ihn extra deswegen besucht, beschließt F einen öffentlichen Vortrag zu halten. Die Ankündigung erfolgt durch Anschlag an Bäumen und Telegrafenpfählen. [Briefe182] — Unmittelbar nach der Reise erhält der Kieler Theologieprofessor Otto Baumgart von Fs Honorar 500 Dollar zur freien Verfügung. Der verwendet es für in Not geratene Studenten. [GF353]

8. od. 15. Oktober: Barlt. Nachdem am Nachmittag zunächst Berta Maaßen, Präsidentin des Frauenvereins des Roten Kreuzes, ein paar einleitende Worte gesprochen hat, erzählt F vor zahlreichen Zuhörern von seinen Erlebnissen und dem erstaunlichen Land, das er bereist hatte. [Briefe183]

31. Oktober: Barlt. Als Dank für den Laternenumzug lädt F die Dorfjugend, rund 200 Personen, zu Kuchen und Kakao mit anschließender Musik und Tanz in den Dorfkrug. Der Lehrer spielt die Geige. [Briefe183]

November: Die Zeitung ›Die Zeit‹ veröffentlicht einen Bericht über Fs USA-Reise, darin dem Schriftsteller vorgeworfen wird, seine Vorträge hätten überall Missfallen gefunden, ja, Deutschland geradezu verächtlich gemacht. Als Gewährsmann dient ein Deutsch-Amerikaner, mit dem F während seiner Reise auf einer Veranstaltung des Vereins ›Schlaraffia‹ zusammengetroffen war. Dass der zitierte Herr zufällig der Präsident des Vereins war und F ihm nach dem Treffen in seiner direkten Art mitgeteilt hatte, dass ihm das seltsame Gebaren der Vereinigung anödete, dies steht nicht in der Zeitung. [Lebensbericht 288f.]

Dezember: Wie in all den Jahren zuvor hatte sich ›Das Literarische Echo‹ für die Beantwortung der Frage interessiert, welche Autoren im abgelaufenen Jahre (vom **Herbst 1921** bis **Herbst 1922**) am meisten gelesen wurden. Die Auswertung der Antwortschreiben von Lesezirkeln, Lesehallen, Volksbibliotheken ergab:

1. Rudolf Herzog
2. Ludwig Ganghofer
3. Hermann Löns
4. Gustav Frenssen

12. Dezember: Barlt. Schreiben an Theodor Bohner. [DLM]

1923

in 1923: Das **1915** zurückgezogene Epos ›*Bismarck*‹, sein – nach Fs Auffassung – eigentliches Werk, erscheint in überarbeiteter Fassung mit 1000 Exemplaren, die selbst **1928** noch nicht ausverkauft sein werden. [Bibliographie 26]

Januar: Der Stand des Dollars zur Mark beträgt 1 zu 18000. — F sitzt mitten an der Arbeit zu ›*Briefe aus Amerika*‹, eine Arbeit, die ihm diesmal ungewohnt ist. »*Das Lügen (will sagen freies Erzählen) ist viel erfreulicher. Noch zwei Monate, dann fange ich mit der großen Icherzählung [›Otto Babendiek‹] an.*« (an Theodor Bohner, o. D.) [Freundschaft 86]

11. Januar: Wegen ausbleibender Reparationszahlungen besetzen französische und belgische Truppen das Ruhrgebiet. Der »Ruhrkampf« beginnt. — Angeregt durch die Ereignisse im Gefolge der Ruhrbesetzung entstehen erste Skizzen einer Arbeit, die schließlich **Anfang 1924** soweit gereift sein werden, dass einer Niederschrift der Erzählung ›Lütte Witt‹ nichts mehr im Wege steht, in der er anhand zweier Kinder die durch Generalstreik und französischen Gegenmaßnahmen eskalierenden Zustände in der besetzten Provinz aufzeigen möchte. [Lebensbericht235]

23. Januar: Um nicht in ein Parteiengezänk zwischen ›Demokraten‹ und ›Deutsch-Nationalen‹ hineinzugeraten, rät Verleger Müller-Grote von einer großen Vorankündigung der ›*Briefe aus Amerika*‹ ab, wie es F eigentlich wünscht. [GF352]

10. März: Gustav Müller-Grote informiert seinen Autor, dass die ›Chicagoer Abendpost‹ die ›*Briefe aus Amerika*‹ abdrukken wird. [Bibliographie29]

25. März: Barlt. Dorfpastor Wilhelm Rücker konfirmiert die angenommene Tochter Wiebke. [Zeit77]

Juni: Die ›*Briefe aus Amerika*‹ erscheinen in der ›Grote'schen Verlagsbuchhandlung‹ in 12 000 Exemplaren. [Bibliographie29] — »*Zum letzten Mal, hoffe ich, ein politisches Wort von mir.*« (an Theodor Bohner, o.D.) [Freundschaft86]

13. Juni: Reichspräsident Friedrich Ebert dankt für das zugesandte Werk, über deren »anschauliche Schilderungen« und »trefflichen Beobachtungen« er sich aufrichtig gefreut habe. [SHLB]

1. Juli: Spersdieck. Das Ehepaar F besucht Hans Beeck. Als F im Gespräch auf seine Bücher angesprochen wird, wechselt er sofort das Thema. »Frenssens sprudelte über im Erzählen. Und wie reizvoll und dabei doch so bescheiden konnte er erzählen. Den einfachsten Begebenheiten vermochte er einen besonderen Reiz abzugewinnen. [...] Gern versuchte er, die einzelnen Charaktereigenschaften von Männern oder Frauen herauszuschälen. Gerade die Einzelschicksale der Menschen, ob Frau oder Mann, schienen es ihm besonders angetan zu haben.« (Hans Beeck) [Begegnungen33f.]

2. Juli: Barlt. Schreiben an den Friedrich-Rückert-Forscher Herman Kreyenborg. [ULBM]

7. Juli: Barlt. »*Die Hauptsache, woran Ehen scheitern, scheint mir, dass einer der Partner (meist wohl der Mann) zu viel erwartet. [...] Man soll und muss naturgemäß, zufrieden, ja glücklich sein, wenn man einen guten ordentlichen Menschen* *gefunden hat und neben ihm durchs Leben geht. Und das ist alles!«* (an Fritz Hanssen) [Zeit79]

14. September: Nathan Söderblom, schwedischer Erzbischof aus Uppsala und späterer Friedensnobelpreisträger, bedankt sich für das zugesandte Werk – wohl die ›*Briefe aus Amerika*‹. Er bescheinigt F »Gradheit der Gesinnung und des Urteils« und gibt sich als langjähriger Leser zu erkennen. [Zeit68]

8. Oktober: Der von Verleger Müller-Grote auf die Erzählung ›*Otto Babendiek*‹ angewiesene Vorschuss in Höhen von undenkbaren 2 Milliarden Mark werden auf dem Postwege nahezu wertlos. [GF305] — Bei dem Dichter Klabund hat sich das angewiesene Honorar, das vor der Inflation bei 2040 verkauften Exemplaren seiner Werke 1428 Reichsmark betragen hätte – ein durchschnittlicher Halbjahresverdienst eines einfachen Angestellten –, nunmehr in eine 12-stellige Zahl verwandelt. Es reicht jedoch nur noch zum Kauf von 400 Gramm Rindfleisch.

17. Oktober: Reichspräsident Friedrich Ebert gratuliert dem Jubilar zu dessen 60. Geburtstag: »Die herrlichen, tiefempfundenen Werke, die Sie der Kulturwelt geschenkt haben, sichern Ihnen den unvergänglichsten Dank«. [SHLB]

22. Oktober: Die Inflation erreicht ihren vorläufigen Höhepunkt. Der Stand des Dollars zur Mark beträgt 1 zu 40 Milliarden.

24. Oktober: Barlt. Ein erster Brief geht an den Chemiker und Pharmakologen E. Rost in Berlin. Der Kontakt hält bis **1934**. Während der Zeit übermittelt F u.a. Familiennachrichten sowie Mitteilung über seinen Freund Georg Horst. [Autographenhandel]

27. Oktober: Ein neuerlicher Vorschuss für ›*Otto Babendiek*‹ beträgt nunmehr 260 Milliarden Mark. [GF305]

November: In den USA erscheint eine Besprechung über den ›*Pastor von Poggsee*‹, der aber erst **1931** in amerikanischer Übersetzung erscheint. [Almanach86]

8. u. 9. November: Adolf Hitler erklärt in München die bayrische Regierung für abgesetzt. Der Zug der Putschisten wird im Kugelhagel der Maschinengewehre durch die Polizei vor der Feldherrnhalle gestoppt und auseinandergetrieben.

15. November: Die Inflation endet mit Einführung der Rentenmark im Verhältnis 1 zu einer Billion Papiermark.

Spätherbst: Barlt. Der Umbau des Hauses und der Neubau des Verbindungs-»Saals« zwischen den Häusern hat kräftig am Vermögen gezehrt, das schließlich durch Inflation und sinkende Buchverkäufe vollends dahinschmolz. *»Ich bekam Angst und fing an, meine große Manuskriptkiste zu durchsuchen und fand als Erstes einen ziemlich ausgeführten Plan von einem kleinen Ruhrjungen, und schrieb sie aus. [...] Aber das schlug noch nicht an! Ich hatte als älterer Mensch, der an Vorkriegszeiten gewöhnt war und ja nie ein Rechner war, sehr falsch gerechnet. Ich wieder über die Kiste. Da sind noch sechshundert Seiten der großen Icherzählung, an der ich in meiner wohl abgründlichen, langsamen, niedersächsischen Weise schon seit fünf Jahren arbeite. Ich glaube, es war gut, dass die Wechselangst kam. Ich über die Arbeit her! Zehn Tage ins Stenogramm diktiert! Ergebnis: ein gutes Manuskript!«*
[Freundschaft63]

Mitte Dezember: Barlt. Bei beginnender Dämmerung fährt F mit einer Pferdedroschke über Land. *»Und während ich so dahinfuhr, die Zügel lose in der Hand, bald an einsamen Höfen vorbei, bald durch kleine Dörfer [...] kam allmählich die Dunkelheit. Und plötzlich, wie die Dunkelheit da war, fiel mir auf, dass da keine Lichter in den Häusern erschienen. Ich wunderte mich und begriff es erst nicht. Ich fuhr weiter und kam durch ein kleines Dorf, und seht, da war in dem ganzen Dorf, in keinem der Häuser, ein Licht. Da merkte ich, dass das Volk, das in diesem Teil Deutschlands wohnte, abends im Dunkeln saß. Es hatte kein Geld übrig für ein wenig Licht.«* [GrübeleienII.345]

24. Dezember: Im ›Hamburger Fremdenblatt‹ erscheint Fs Aufmunterung ›*Und das Licht scheint in der Finsternis*‹.
[SHLB]

1924

in 1924: Das erstmals vorgelegte Mitgliederverzeichnis der ›Schleswig-Holsteinischen Universitätsgesellschaft‹ innerhalb des Jahrbuchs weist F als Mitglied aus. — Die erste Dissertation über F erscheint an der Universität Marburg, V. H. Günther: Frenssens Werden, Wesen und Wollen. Versuch einer Einführung in das innere Verständnis des Dichters und seiner Werke.

13. Januar: Barlt. »*Hier im Dorf ist es noch immer ein großes Elend mit den Abtreibungen. Ich mag nichts dagegen unternehmen; doch schimpfe ich hier und da und weise den dummen und rohen Menschen die Wege der Klugheit und – wie ich meine – der höheren Kultur.*« (an Fritz Hanssen) [Zeit82]

20. Februar: Barlt. Schreiben an Theodor Bohner. [SHLB]

10. März: Barlt. F arbeitet parallel an zwei Erzählungen, dem ›Otto Babendiek‹ und an ›Lütte Witt‹. »*Ich bin sehr fleißig, fleißiger als je, vormittags große Icherzählung, [...] nachmittags eine kleine, die mir neulich einfiel, fast eine für Knaben, beide mit Absicht, Mut zu machen, [...] nachmittags, bevor ich wieder anfange, gehe ich durchs Dorf.*« (an Fritz Hanssen) [Zeit71]

Sommer: Barlt. Lene Schwarz, zeitweilig Sekretärin Fs, fertigt die Reinschriften beider Erzählungen auf der Schreibmaschine. Sonst ist es seine Frau, die die Druckvorlagen erstellt. [Zeit80]

August: Die Tochter Wiebke wechselt an die Meldorfer Gelehrtenschule, an der sie bis **April 1927** bleibt. [Zeit77]

November: L. M. Hollander veröffentlicht mit ›Gustav Frenssen and the Mind of Germany‹ im ›American Review‹ eine weitgreifende Auseinandersetzung mit Fs Weltanschauung, dessen religiöser Ethik dem Zufall geschuldete Völker- und Menschenkonflikte als Prinzip gegenübergestellt werden. [Almanach86] — Die zur Zeit des Ruhrkampfs spielende und trotz einiger Spitzen gegen die Franzosen doch auf Ausgleich mit den Siegern des Krieges bemühte Erzählung ›Lütte Witt‹ erscheint in der ›Groteschen Verlagsbuchhandlung‹ in 38000 Exemplaren. [Bibliographie29]

Frauen tragen Kinder und Betten. Selbst Kinder sind beladen, schleppen mit sich was sie können; viele haben ihre Schulranzen, die voll von Heften und Büchern sind, auf dem Rücken. Ei-

nige klagen und weinen unter ihren Lasten. Zwei kleine Dreijährige entdecken plötzlich, dass sie von den Ihren getrennt sind, werden von Entsetzen befallen und schreien wild auf. Kurz vor dem Bahnhof kommt eine Reihe Soldaten, die Bajonette quer, und jagen die Menschenschar, die dem Haupteingang zustrebt, vor sich her auf den breiten Toreingang zu, der für das Vieh bestimmt ist. Frauen weinen auf, Kinder schreien; zwei alte Frauen keuchen unter der Last ihrer Enkel, die sie auf dem Arm tragen, und sind in alle ihrem Elend noch untereinander in Streit geraten. Der Lehrer und Lütte Witt werden zur Seite gedrängt und stehn eine Weile unter einem Laternenpfahl. Da steht schon ein kleiner steiler Mann, der wie ein Landmann aussieht; er wirft einen Blick auf den Lehrer und sagt: »Zweihundert Eisenbahner mit ihren Familien ausgetrieben! Sehn Sie, wie die beiden Jungen da das Bajonett anstarren? Die vergessen im Leben nicht diese Stunde! Die wissen nun, was Deutschland und Vaterland, und Niederlage und Schande ist!«
[...]
»Sag' mal,« sagte Lütte Witt, »haben die Franzosen einen Reichstag?«

»Ja ... den haben sie.«

»So ... weißt du, Bruder Gerdt, dann müsste der französische Reichstag eine Botschaft nach Berlin schicken und sagen: Unser Volk hat seit Jahrhunderten großes Unrecht am deutschen Volk getan. Wir bitten euch, vergebt es uns. Wir wollen von nun an in Frieden miteinander leben. Und dann, wenn die wieder nach Paris zurückgekommen sind,« sagte Lütte Witt, »müsste der Berliner Reichstag eine Botschaft nach Paris schicken und müsste genau dasselbe sagen ... Ja, dann würde wirklich Friede sein.«

»Ja,« sagte Bruder Gerdt, der nun erwacht war und zugehört hatte, »dann würde wirklich Friede sein.« ›Aber das‹ ... dachte er bei sich selbst ... ›ist ja der Gedanke eines Kindes!‹ (›Lütte Witt‹. 1.–38. Tsd., S.179f. u. 339)

vor 5. November (?): Salzburg. F ist zu Gast bei dem Weltreisenden, Hotelier, Schriftsteller und Faust-Forscher Alois Grasmayr auf dem Mönchsberg. [Strasser130] — Die Reise nach Österreich, das er nach eigenem Bekunden als »*verlorenes Deutsches Land*« ansieht, und mit dem sich seine Fantasie seit Jugend an beschäftigt habe, dient auch Werbezwecken. Er trägt aus seine Werken vor, vor allem aus dem Epos ›Bismarck‹.

5. November: Villach u. Klagenfurt. [Zeit65]

6. od. 7. November: Bruck a.d. Muhr.

8. November: Graz. F logiert bei Landesregierungsrat Fritz Oberndorfer, der selbst literarisch tätig ist und **1907** Anna F auf der Italienreise begleitet hatte. Für eine Stunde besuchen beide gemeinsam die Witwe Peter Roseggers und lernen dort auch deren Tochter und Sohn kennen. [Zeit65] [Lebensbericht298]

10.–11. November: Wien. [Zeit65]

12. November: Wien. Abreise. »*Zuletzt geriet ich in den Bahnstreik und wäre um ein Haar von einem Lastauto, das eine Böschung hinab fuhr, mitgerissen worden.*« (an Theodor Bohner, o.D.) [Zeit65]

vor Weihnachten: Barlt. Die Anschaffung eines ›Odeon‹-Grammophon erfolgt. »*Eben [...] spielt es in köstlicher Weise die Schubertsche Träumerei.*« (an Theodor Bohner, o.D.) [Freundschaft62]

22. Dezember: Barlt. Schreiben an Theodor Bohner. [DLM]

24. Dezember: ›Lütte Witt‹ verkauft sich zurzeit von allen Werken im Grote-Verlag und auch von den Werken Fs am besten. Die erste Auflage ist innerhalb eines Jahres vergriffen. »In den Tageszeitungen der Provinz-Presse las ich auch verschiedene sehr günstige und freundliche Besprechungen. Die großen Berliner demokratischen Blätter sind natürlich allzu sehr mit dem neuesten Hauptmann, Wassermann, Thomas Mann und allen möglichen Literaten des Auslandes beschäftigt, um sich mit deutschen Büchern aufhalten zu können.« (Gustav Müller-Grote an F) [GF366]

1925

in 1925: Die Bildhauerin Elma Hansen, spätere zweite Frau des Heider Malers Hans Groß, weilt in Barlt, um eine Porträtbüste des Autors anzufertigen. »Ich saß ihm gegenüber an einem für meine plastische Arbeit bereitgestellten Tisch vor seinem Schreibtisch. Es war mir sehr willkommen, dass er selbst arbeitete, dadurch entstand kein müder erstarrter Eindruck. Hin und wieder blickte er auf. Diesen Eindruck suchte ich festzuhalten. Wir sprachen kaum miteinander.« (Elma Groß-Hansen, o.D.) [Zeit75] — Der Maler und Graphiker A. Paul Weber fertigt erstmals einen Umschlag sowie eine Einbandvorlage für die Neuauflage von ›*Peter Moors Fahrt nach Südwest*‹. [Weber90] — Nachdem die seit den 20er Jahren Angestellte »Trinchen« unter Fs Vermittlung einen örtlichen Bauernsohn geheiratet hatte, wird Martha Schulze aus Albersdorf neu als Haushälterin eingestellt. [Zeit79] — In den USA erscheint an der Universität Chicago die vergleichende Untersuchung von E. L. Pratt: Comparative Study of the Literary Technique of Theodor Storm and Gustav Frenssen.

Anfang Januar: Die Zeitungsverlage der ›Münchener Neuesten Nachrichten‹ und des ›Hamburger Fremdenblattes‹ veröffentlichen ein Preisausschreiben in den Inseratenteilen großer deutscher Tagesblätter. Beide Verlage loben für den »besten deutschen Zeitungsroman« zusammen 100 000 M aus. Im Preisrichtergremium sitzt auch F. Weitere bekannte Mitglieder der Kommission sind neben den Verlegern u.a. Ricarda Huch, Hans Friedrich Blunck und Fedor v. Zobeltitz.

25. Januar: Verleger Müller-Grote informiert seinen Autor, dass der ›*Otto Babendiek*‹ in der deutschsprachigen Zeitung ›Milwaukee Herold‹ als Vorabdruck erscheinen wird. Weitere Vorabdrucke in den ›Münchener Neuesten Nachrichten‹ und im ›Hamburger Fremdenblatt‹ beginnen noch im selben Monat. [Bibliographie30] [GF369]

9. u. 22. Februar: Barlt. Schreiben an den Sachbuchautoren Ludwig Jacobskötter. [SHLB]

24. Juli: Barlt. »*Es warten wenigstens 100 000 auf Ausreiseerlaubnis nach Amerika und bekommen sie nicht oder nur sehr langsam. Ich schicke alle 3 Monate irgendjemanden durch allerlei Betteleien in Amerika oder am Konsulat oder hier, nach Amerika. Hinaus aus Deutschland, das zu eng und arm ist, das ist der Wahlspruch. Wohl dem, der im Ausland ist.*« (an Fritz Hanssen) [Zeit68] — »*Jetzt in diesem Jahr 1925,* ist auch noch *Krieg, in und gegen Deutschland, und ein Hauptmann muss auftreten. Ein Hauptmann der Reichswehr oder des Parlaments, ein Cromwell oder Bismarck. Ein erster Konsul und der einzige. Ein Volksbeauftragter, mit alleiniger Macht. In Italien ist er erschienen.*« (›Vorland‹. 1.–5. Tsd., S. 90)

August: In der Zeitung des ›Landbundes‹, der Interessenorganisation der von den ostelbischen Großagrariern dominierten Bauernvereinigung, erfolgen Angriffe gegen Fs Erzählung ›*Lütte Witt*‹. Ihm wird vorgehalten, indem er angeblich an einer Stelle eine Figur ein paar Sätze gegen Landarbeiter sprechen lässt, verunglimpfe er dadurch den gesamten Bauernstand. [Lebensbericht290]

11. August: Barlt. »*Ich bilde mir ein, dass alle meine Bücher deutsches Leben [...] darstellen und dass sie alle geeignet sind, deutschem Aus- und Aufbau zu dienen; denn dazu habe ich sie geschrieben.*« (an Unbekannt) [Autographenhandel]

4. September: Das Auswärtige Amt bescheinigt dem Barlter Autor in einem Schreiben, dass seine **1922** unternommene Reise durch die USA nach Auskunft der Botschaft in Washington, des Generalkonsulats in Chicago und des Konsulats in St. Louis sowie nach vorliegenden Berichten mehrerer deutschamerikanischer Zeitungen sehr förderlich gewesen sei. Er habe nachhaltigen Eindruck gemacht. [Lebensbericht289f.]

7. September: Verleger Müller-Grote informiert seinen Autor über eine geplante Verfilmung von ›*Hilligenlei*‹. Es bleibt jedoch nur bei dem Plan. [GF202]

September / Oktober: Der nur gelegentlich von einigen Tendenzen durchzogene autobiografische Roman ›*Otto Babendiek*‹ – selbst der sonst oft vorherrschende christliche Predigerton tritt in den Hintergrund –, erscheint in der ›Grote'schen Verlagsbuchhandlung‹ in 14 000 Exemplaren. [Bibliographie29] — Die Londoner ›Times‹ urteilt später bei Erscheinen der englischen Übersetzung: »Wenn es vor zwanzig Jahren erschienen wäre, wäre es ein sehr berühmtes Buch geworden.« [Lebensbericht239]

Da ich manches von dem, was sie [die Großmutter] sagte, nicht verstand, sah ich mich in der kleinen Stube um, die ärmlich und ziemlich leer war, und bemerkte bei diesem Umsehn, dass Onkel Peter sich lautlos über den kleinen Brotschrank der alten Frau hermachte und ihm mehrere Stücke Schwarzbrot und auch Butter entnahm und das Genommene in eins meiner Pakete steckte. Dabei erzählte er, wie ich ihn in meiner Verlassenheit gedauert hätte, und dass er beschlossen hätte, mich aufzunehmen und mir Vater zu sein. [...] Als wir draußen im Dunkeln waren, hörte ich ein kurzes Auflachen, während er mich zugleich ganz gedankenlos, als wäre ich ein Handwagen oder höchstens eine Ziege, vorwärtsstieß. Wir gingen wohl noch eine Viertelstunde zwischen spärlichen Häusern, dann kamen wir in die Stadt; und erreichten ein kleines, schiefes, gedrücktes Haus, und traten in eine niedrige Diele; und ich merkte sofort an dem Geruch von Pech und Leder, dass wir unser Ziel erreicht hatten.

Er führte mich, oder vielmehr stieß mich linker Hand in eine kleine Stube, die mit Möbeln vollgestopft war, unter denen ein großes Bett und eine sogenannte Schatulle mir besonders auffielen, und die ich wegen ihres muffigen Geruchs als die Sonntagsstube erkannte, und durch sie hindurch in ein ödes Zimmerchen, in dem ein ungeheuer großer Lehnstuhl, sogenannter Ohrenstuhl, und ein Tisch standen.

»So,« sagte er, »dies ist nun deine Stube.«

Ich war todmüde, wenigstens was die Beine anging, und habe mich wohl nach dem Bett umgesehn. Als ich es nicht sah, fragte ich, wo ich schlafen sollte.

»Hier,« sagte er, »wo sonst?« und zeigte auf den großen Stuhl. »Zu deinen Kameraden sagst du, dass du da nebenan in dem großen Bett schläfst; aber ich habe keine Zeit und Lust, es immer für dich zurechtzumachen. Du bist ja noch klein; und der Stuhl ist sehr groß«. (›Otto Babendiek‹. 1. Neuaufl. 1996, Bd.1. S.88f.)

14. Dezember: Theodor Bohner, Abgeordneter und Freund Fs, nimmt im preußischen Landtag den Schriftsteller gegen ihn erhobene Angriffe u.a. in der Zeitung des Landbundes in Schutz. Als Anstifter der Vorwürfe vermutet er rechtsnationale Parteien. [Zeit69]

25. Dezember: In der französischen Zeitschrift ›Journal des débats‹ erscheint eine Kritik über das ›*Bismarck*‹-Epos. Die Intention des Autors zwar missverstehend, erzielt das Werk doch höchste Anerkennung. [GrübeleienIII.103]

1926

in 1926: Reise nach München. [Zeit80]

15. Januar: Verleger Müller-Grote begründet gegenüber F dessen zunehmende Erfolglosigkeit damit, dass die maßgebenden Literatenkreise ihn totschweigen. Die Zeiten hätten sich geändert. »Ein Ausländer muss es für die Deutschen auf alle Fälle sein, und erst dann wird der Idealzustand da sein, wenn der Deutsche nur noch Ausländer oder Juden und Judengenossen liest.« [GF401]

Februar: Barlt. F schafft sich ein Automobil an, Model A.G.A. (Aktiengesellschaft für Automobilbau) Typ C 6/20, 20 PS, 4 Zylinder, 1418 ccm Hubraum, Höchstgeschwindigkeit 75 Stundenkilometer. Fortan werden die längeren Ausflüge in die Umgebung statt mit Pferd und Wagen mit der Benzindroschke unternommen. Am Steuer sitzt Haushälterin Marta Schulze. [Zeit80] [Lebensbericht337]

19. März: In Berlin wird per Ministerialerlass der ›Preußischen Akademie der Künste‹ eine ›Sektion für Dichtkunst‹ angegliedert. Die offizielle Gründung erfolgt zum **26. Oktober**. Zu den Dichtern der ersten Stunde gehört F nicht.

20. April: Barlt. Den schleppenden Absatz seines ›*Otto Babendiek*‹ begründet der Autor mit der zunehmenden Verarmung des deutschen Bürgertums, das insgesamt nur noch rund ein Drittel der früheren Buchkäufe tätigt. [Zeit71]

22. April: Zur Begutachtung sendet Verleger Müller-Grote seinem ehemaligen Starautor das Manuskript Ernst Wiecherts ›Der Knecht Gottes Andreas Nyland‹. Beide Autoren treten in der folgenden Zeit in brieflichen Verkehr. F bestärkt Wiechert in seiner Autorentätigkeit. [Zeit74]

11. September: Auf Vorhaltungen Fs, seine Bücher seien zu teuer, weist Verleger Müller-Grote seinem Autor nach, dass sie vielmehr günstiger als zeitgenössische Romane seien. So koste Thomas Manns ›Zauberberg‹ 16 M geheftet und 21 M gebunden oder Hans Grimms ›Volk ohne Raum‹ 11 M bzw. 17 M. Deneben liegen die Kosten für den voluminösen ›*Otto Babendiek*‹ mit 12 M bzw. 15 M am unteren Ende. [GF397]

16. September: Der von F zur Erschließung neuer Einnahmequellen vorgeschlagene Weg, unter Umgehung des regulären Buchhandels, seine Werke verstärkt über billigere Ausgaben bei den Buchgesellschaften zu vertreiben, wird von Verleger Müller-Grote vehement zurückgewiesen. Doch F lässt nicht locker. Er rechnet auf diesem Wege allein mit 200 000 neuen Lesern des ›*Jörn Uhl*‹ und 60 000 für den ›*Otto Babendiek*‹. [GF397f.]

2. Oktober: Barlt. Schreiben an Arthur Hübscher. [BSM]

16. Oktober: Barlt. Schreiben an Theodor Bohner. [DLM]

vor 25. Oktober: Barlt. Die ›Altonaer Nachrichten‹ haben F zu einem Vortrag gewinnen können. Zwei Redakteure werden ausgesandt, um im Vorfeld über den Autor zu berichten. »Der Dichter von ›Hilligenlei‹ zerschneidet den Braten. Er macht es nicht übermäßig geschickt, aber mit draufgängerischer Selbstverständlichkeit und gutem Gelingen. Das Gesicht von Frau Anna Frenssen ist klar und sehr gütig. Frenssen selbst ist von hoher, schlanker Gestalt, gerade und rüstig, die Farbe seines Gesichtes ist jugendlich frisch, rosig beinahe, und seine Stirn ist hoch gewölbt und glatt. Es wird wenig gesprochen [...]. Vor dem Nachmittagskaffee sitzen wir noch eine Weile auf der weißen Bank vorm Hause und sehen, wie die Dorfhexe, hager und knochig und schief, vorüberstapft. ›[...] Jetzt will die Alte immer in das Alte-Leute-Haus, das ich dort drüben hingestellt habe. Aber sie ist zu schmutzig, zu aufsässig, zu unstet. Man muss sie abweisen.‹ Dann spricht er vom Land, und wie es entstanden ist, von der Marsch und von der Geest, von der engen Stadt Meldorf, deren alten Dom man in der Ferne sehen kann, von Husum, der Stadt Theodor Storms und von Heide, der Stadt Klaus Groths, vom Meer, das eine Stunde hinterm Haus liegt, und davon, dass er es nicht so sehr liebe wie das Land, weil es unheilvoll und böse sei gegenüber der fruchtbaren Marsch [...]. Und von der einsamen Insel Trieschen spricht er, die wir als Flackelholm aus den ›Drei Getreuen‹ kennen. [...] Zuweilen fährt der Dichter mit Anna Frenssen hinüber. [...] Und nach dem Kaffee erleben wir eine Überraschung. Frenssens haben ein Auto [...]. Gustav Frenssen wie auch seine Frau Anna steuern ihren Wagen persönlich mit erstaunlicher Geschicklichkeit. Zuweilen, im Sommer, fahren sie nach Ost-Holstein und nach Norden. Nächstens wollen sie mit dem Wagen nach Hamburg und studieren zu diesem Zweck mit Eifer die Hamburger Verkehrsordnung. Theoretisch beherrschen sie bereits eine große Anzahl der gymnastischen Übungen der Verkehrsposten und die Texte der gangbaren Verkehrstafeln.« (Edgar Wakemann: Gustav Frenssen. Zur Erinnerung an seinen Vortragsabend. Sonderdruck der ›Altonaer Nachrichten‹)

25. Oktober: Altona. Im ›Großen Saal‹ des Hotels ›Kaiserhof‹ hält F einen Vortrag über »Deutsche Schicksale in Amerika«, der über seine Erfahrungen und Eindrücke der Amerikareise von **1922** sowie über einzelne dortige Deutsche Auskunft gibt. Die Eintrittspreise liegen zwischen 2 und 4 M. [SHLB]

26. Oktober: Mit einem feierlichen Festakt wird in Berlin die ›Sektion Dichtkunst‹ an der ›Preußischen Akademie der Künste‹ gegründet. Neben den Brüdern Mann gehörten u.a. Hermann Hesse, Hugo v. Hofmannsthal, Erwin Guido Kolbenheyer, Rainer Maria Rilke und Ricarda Huch zu dem erlauchten Kreis. Noch Jahre später echauffiert sich F lang und breit über diese Vertreter der Literatur und ihrem »*Hexenspuk interessanter Künstlichkeit*«. Aus den Ausführungen ist ganz unmittelbar die Enttäuschung verschmähter Liebe herauszuhören. Wohl hatte er sich – wie schon **1900** oder **1912**, als es zum Nobelpreis nicht reichte –, diesmal als immer noch weltbekannter Autor immerhin einen Platz unter »den« deutschen Dichtern und Schriftstellern ausgerechnet. [Lebensbericht250ff. u. 278] — So verwundert es nicht, dass der nicht nur bildlich auch tatsächlich abseits der modernen Strömungen residierende F zunehmend auf Distanz zu den herrschenden Parteien und da vor allem zu der Sozialdemokratie geht. Seinen eigenen zunehmenden schriftstellerischen Abstieg setzt er gleich mit dem Misserfolg der Parteien, etwas zur Erneuerung der Verkrustung in Deutschland getan zu haben, das Schulwesen oder das

Rechtswesen fast unverändert aus der Zeit des Kaiserreiches übernommen oder doch nur wenig verbessert zu haben. [Lebensbericht240ff.] — »*Die jetzige deutsche Literatur, wie sie z.B. in der ›Akademie der Dichtung‹ mit Namen ausgezeichnet ist, ist zu drei Viertel nicht deutsche Wirklichkeit, [...] sondern Eigenbrut kränklicher Hirne, die der Krieg verwirrt hat, die nach allen Richtungen nach Neuem greifen, weil sie nicht auf tiefem Grund einer deutschen Weltanschauung stehn.*« [GrübeleienIII.142]

27.–31. Oktober: Bremen. Nicht zuletzt auf Rat seines Verlegers, der zu mehr öffentlicher Präsenz aufgefordert hatte, um über diese Maßnahmen auch den Buchabsatz anzukurbeln, startet F in der Weserstadt seine Vortragsreise durch Nord- und Mitteldeutschland. Wie zwei Tage zuvor in Altona, wird er über seine USA-Erfahrungen berichten. Er trifft im Ratskeller den Schriftsteller August Hinrichs. [GF398] [Zeit66] [Texte201]

29. Oktober: Der Schweizer Schriftsteller Heinrich Feder fühlt sich durch die Lektüre des ›Otto Babendiek‹ angeregt, F seinen Dank zu bekunden: »Noch nie, obwohl ich kein Zollbreit von Mittel- und Norddeutschland kenne, ist mir auch nur eine Ihrer vielen köstlichen, echten Gestalten fremd vorgekommen.« [Heimat79.Jg-1/18]

2. November: Bielefeld. USA-Vortrag. [Zeit66]

4. November: Minden. USA-Vortrag. [Zeit66]

6. November: Wernigerode. USA-Vortrag. [Zeit66]

7. November: Goslar. USA-Vortrag. [Zeit66]

8. November: Bernburg. USA-Vortrag. [Zeit66]

9.–10. November: Naumburg. F logiert im Hotel ›Preußischer Adler‹. Nachdem ihn die Vortragsreise zunehmend anstrengt, nimmt er sich fortan etwas mehr Zeit zwischen den einzelnen Stationen. Die Sehenswürdigkeiten der Stadt werden aufgesucht. [Zeit66]

13. November: Jena. USA-Vortrag. [Zeit66]

16. November: Leipzig. USA-Vortrag. [Zeit66]

19. November: Magdeburg. USA-Vortrag. [Zeit66]

24. November: Kiel. In den Räumen der Buchhandlung ›Lipsius & Tischer‹ beschließt F seine Vortragsreise über die Erlebnisse in den USA. [Zeit66]

7. Dezember: Barlt. Postkarte an den Schriftsteller Wilhelm Lobsien. [SUBH]

1927

in 1927: Dem vom ›Niedersächsischen Heimatbund‹ initiierten »Aufruf zur Erhaltung des Wilhelm-Busch-Hauses in Wiedensahl« schließt sich auch F mit seiner Unterschrift an. [Arnold53]

28. Januar: Auf einer Sitzung der ›Preußischen Akademie der Künste, Sektion Dichtkunst‹, erfolgt die Zuwahl weiterer Mitglieder. Auf der Liste findet sich diesmal auch der Name Fs wieder. Doch der hatte seine Nominierung, souffliert von seinem Verleger, zuvor abgelehnt. »An Ihrer Stelle würde ich zu stolz sein, so mit der letzten Nachlese in die Akademie einzutreten. Sie gehören unbedingt zu den ersten, die der Minister hätte einberufen sollen.« Leonhard Frank, Theodor Däubler, Alfred Mombert, Alfred Döblin und Fritz v. Unruh nehmen daran jedoch keinen Anstand und lassen sich berufen. [Sektion81] [GF430]

6. Februar: Barlt. F lädt den Maler und Grafiker Friedrich (»Fidde«) Wilhelm Biehl zu sich ein. »*Ob Sie wohl primitiv, atavistisch malen? Wenn Sie Ehrfurcht vor Allem haben, was die Natur wirklich gemacht hat, wie sie sich dem Menschenauge zeigt und sie nicht vergewaltigen und erniedrigen, die Heiligen, dann könnten Sie ja einige Tage zu uns kommen, im April oder im Mai [...]*«. [Bibliographie248]

28. Februar: Ministerialrat Arthur Ostermann, Führer des ›Bundes für Volksaufartung und Erbkunde e.V.‹ sendet aus Berlin eine Broschüre über die Ziele des Bundes, in denen der Staat aufgefordert wird »die Vererbung der schlimmsten sozialen und antisozialen Individuen dadurch [zu] verhindern, dass er wenigstens ihre freiwillige Unfruchtbarmachung erlaubt und begünstigt«. [Zeit72]

1. März: Verleger Müller-Grote informiert F, dass der von seinem Autor gewünschte zusätzliche Bücherabsatz über Buch-Gemeinschaften nicht zustande kommt. Das Interesse sei zu gering. Statt den ihm gegenüber vorgebrachten 200 000 Lesern des ›Jörn Uhl‹ habe die ›Deutsche Buch-Gemeinschaft‹ nur für eine Auflage über 40 000 Exemplare Interesse gezeigt; für den ›Babendiek‹ überhaupt keines. Überhaupt brauche er dessen erfolgreiche Werke selber. [GF398]

2. März: Barlt. Das Ehepaar F reist auf Einladung der Schwedisch-Deutschen Vereinigung sowie von Sven Hedin nach Schweden ab. [Zeit66]

nach 4. März: Lund und Stockholm. Da Sven Hedin sich auf Reisen befindet, führt ihn seine Schwester Alma, eine Bekannte von Anna F, durchs Haus. In der schwedischen Hauptstadt wird im ›Grand Hotel‹ logiert. Ausflüge in die Stadt u.a. mit Besuch des Nationalmuseums folgen. Auf Einladung der Schwedisch-Deutschen Vereinigung spricht F vor den Mitgliedern. Während einer weiteren Gesellschaft im Hause Sven Palmes lernt er den Lyriker Karlfeld kennen. Auch eine Begegnung mit dem zum Bekanntenkreis zählenden Diplomat und Autor Graf Birger v. Mörner und dessen Tochter Marianne gehört zum Aufenthalt in Schweden. [Lebensbericht298ff.] [Zeit66]

15. März: Knut Hamsun entschuldigt sich bei dem deutschen Botschaftsangestellten in Oslo, Dr. Jordan, dass er wegen einer Erkrankung nicht zu dem anstehenden Treffen mit F kommen könne. Er lässt aber seine Grüße ausrichten. [Zeit391f.]

16. März: Stockholm. In der deutschen Botschaft findet zu Ehren des bekannten Dithmarscher Schriftstellers ein Empfang statt. [Zeit66]

18. März: Stockholm. Hans F. K. Günther, Rasseideologe, besucht F. Er ist beeindruckt vom Autor und zählt die Begegnung zu seinen wertvollen Momenten. [Zeit66]

1. April: Die erste positive Rezension über das ›Bismarck‹-Epos erscheint. »Die Zeit war dieser eigenartigen Dichtung nicht günstig. Viele waren damals zu empfindlich für das Erkennen menschlicher Leidenschaften im Idealbild eines Großen ihrer Nation. Viele haben zulernen müssen seit jenen Kriegsjahren. Wer heute Frenssens meisterhaftes, von verstehender Ehrfurcht erfülltes Dichterwerk zur Hand nimmt, begeht eine würdige Feier zum Gedenken des großen Kämpfers und Schöpfers.« (›Deutsche Allgemeine Zeitung‹)

17. April: Eine Rezension zum ›Otto Babendiek‹ erscheint, dem »epischen Meisterwerk, das Wahrheit und Dichtung zu schöner Harmonie vermählt«. (›Breslauer Zeitung‹)

20. März: Övralid b. Nykirka. F hält sich bei dem Dichter Verner v. Heidenstamm am Vätternsee auf. [Zeit67]

21. März: Oslo. Eintreffen in der norwegischen Hauptstadt. Das Empfangskommittee am Bahnhof bilden der Pastor der deutschen Gemeinde, Günther, und Legationsrat Jordan, bei dem das Ehepaar F logiert. [Zeit67]

nach 21. März: Oslo. Bei einem Abendbankett in der deutschen Botschaft zu Ehren Fs, hält der Geehrte eine Rede vor den geladenen Gästen. Der eingeladene Knut Hamsun hatte zuvor krankheitsbedingt abgesagt. [Lebensbericht300]

Ende März: Kopenhagen. Auf der Rückreise von Norwegen besucht F den deutschen Botschafter Ulrich v. Hassell und seine Frau, die Schwester des Großadmirals Alfred v. Tirpitz. Auch mit dessen Frau Elisabeth v. Tirpitz besteht eine schon längere Zeit während Bekanntschaft. [Zeit67] [Lebensbericht301]

18. April: Eine Karte trifft in Barlt ein: »Knut bittet mich Ihnen für den liebenswürdigen Brief herzlich zu danken und Ihnen zu grüßen, dass er Sie liebt und bewundert. Dasselbe tue auch ich [...].« (Marie Hamsun an F) [Zeit392]

April / Mai: Barlt. Der Künstler Friedrich (»Fidde«) Wilhelm Biehl ist für mehrere Wochen zu Gast. Zahlreiche Porträtskizzen und Zeichnungen des Schriftstellerdomizils entstehen. [Bibliographie248]

22. Juni: Barlt. Gedenkt noch gerne an Ferdinand Tönnies lieber Mutter, in deren Husumer Haus er während seiner Schulzeit zuweilen eingekehrt sei. (an Ferdinand Tönnies) [SHLB]

13. Juli: Barlt. Nimmt das Anerbieten Tönnies an und bittet um Zusendung dessen letzten Werkes. Er wird ihm dann schreiben »*was und wie*« er es verstanden habe. [SHLB]

5. August: Verleger Müller-Grote berichtet erneut über eine mögliche Verfilmung von ›Hilligenlei‹. Dagegen konnten die Filmrechte für ›*Die Sandgräfin*‹ schon vergeben werden. [GF397] — Noch im selben Jahr beginnt die Orplid-Film GmbH und der mit ihr kooperierende Messter-Film-Verleih unter der Regie von Hans Steinhoff mit den Filmaufnahmen. Die Außenaufnahmen erfolgen in Ostfriesland, für die Bühnenbilder ist Szenenbildner Fritz Maurischat und der Filmarchitekt Otto Erdmann verantwortlich. [Bibliographie9] [Bundesfilmarchiv]

31. August: In der ›Kölnischen Zeitung‹ erscheint Fs ›*Stimme zum Entwurf des Reichsschulgesetzes*‹. [Bibliographie94]

Herbst: Der zweite Band der ›Grübeleien‹, ›Möwen und Mäuse‹ erscheint in der ›Grote'schen Verlagsbuchhandlung‹ mit 9000 Exemplaren. [Bibliographie27ff.]

Wenn der Mann zum Weibe geht, will er in einen Garten gehen und nicht zu einem Bücherbord. (›Möwen und Mäuse‹. 10. Tsd., S.273)

Der Geist der schönen Jugend vom August und September vierzehn wird nicht tot sein; die neue deutsche Renaissance, die im Werden war, wird in unserer Jugend heimlich noch lebendig sein. [...] Aber doch wird durch die bittere, harte Erfahrung des Kriegs und der Niederlage und durch jene starken Bedränger eine gewisse mäßige Umformung des deutschen Wesens geschehen, eine Neugestaltung, die auch dauerhaft sein wird. Jene neue deutsche Renaissance wird zwar fortgesetzt werden; aber doch in einem veränderten Wesen. Diese Veränderung wird sowohl biologisch, wie religiös, wie ethisch sein. Das deutsche Volk wird nach etwa fünfzig, nach hundert Jahren ein anderes sein, als es noch vor zehn Jahren war. Sein Idealismus wird wieder erstehn. Aber er wird allerdings besser begründet sein, realer, herber, kälter, kläräugiger, vorsichtiger, beweglicher, europäischer, weltklüger. Und das wird kein Schade sein. (›Möwen und Mäuse‹. 10.Tsd., S.275)

30. September: Brief an Hermann Sudermann. [DLM]

1. November: Barlt. »*Ich danke Ihnen für die freundliche Sendung der Broschüre, die in Form und Inhalt gleich elegant ist. Was mich angeht, will ich denn hoffen, dass ich nach einer Reihe von Jahren als wohlbekannter und gängiger Autor in den Räumen Ihrer ehrenvollen Handlung figurire [...]*«. (an Unbekannt) [Autographenhandel]

6. November: Hamburg. F liest im Studio der ›Nordische

Rundfunk AG‹ (NORAG) aus seinen Werken. Die Sendung wird zwischen 18 und 19 Uhr ausgestrahlt und zeitgleich von der Berliner ›Deutschen Welle‹ übernommen. [DR]

13. November: Barlt. Ein signiertes Exemplar der ›*Möwen und Mäuse*‹ geht an den Rechtsanwalt, Politiker und Mitglied des Direktoriums der HAPAG, Siegfried Heckscher. [Autographenhandel]

5. Dezember: Der Verlag ›Vandenhoek & Ruprecht‹ sendet die Autorenexemplare der neuen Auflage der ›*Dorfpredigten*‹. Noch einmal wurden 10000 Exemplare gedruckt. [GF151]

15. Dezember: Die Zensurstelle stuft die verfilmte ›*Sandgräfin*‹ als »jugendfrei« ein. Einer Aufführung steht nichts mehr im Weg. [Bundesfilmarchiv]

23. Dezember: Der geradezu katastrophale Verkaufsstart von wenigen Tausend Exemplaren der ›*Möwen und Mäuse*‹ wird vom Verleger gegenüber F mit der vorherrschenden »Umformung infolge jüdischer, slawischer und amerikanischer Einflüsse« zu begründen versucht. [GF401]

25. Dezember: In der ›Deutschen Allgemeinen Zeitung‹ erscheint auf die Rundfrage über »die wichtigste Tatsache nach Kriegsende« Fs ›*Ich wage keinen Bescheid*‹. [Bibliographie94]

1928

in 1928: Beginn des Briefwechsels mit dem Literaturhistoriker, Stillehrer und Sprachreiniger Eduard Engel, der bis **1933** anhalten wird, und in dem Engel des Öfteren seine Kritik äußert. Gegen den Vorwurf, er gebrauche zu viele »und ... und ... und« verteidigt F sich mit dem Hinweis auf Wilhelm Wissers niederdeutsche Märchen. Eine gemeinsame Übereinstimmung finden die Briefpartner dagegen in der jeweils erlebten vorehelichen Sexualität, die von F als gut und rein biologisch bestimmt geschildert wird. [SHLB]

1. Quartal: Für die Vorbereitung zur bevorstehenden Hochzeit fährt die Tochter Wiebke für einige Zeit nach München. [Zeit77]
— F versucht vergeblich Mitstreiter für die Abfassung einer Ortschronik Barlts zu gewinnen, gilt es doch bald das 500-jäh-

rige Gründungsjubiläum zu feiern. Die Angesprochenen lehnen dankend ab. So macht sich F unterstütz durch Landrat Friedrich Pauly selbst an dieses Unterfangen. [Lebensbericht302f.]

23. Februar: Im Berliner ›Beba-Palast Atrium‹ findet die Uraufführung des von der ›Orplid-Film GmbH‹ verfilmten Romans ›*Die Sandgräfin*‹ statt. Der Schwarz-Weiß-Film hat eine Spiellänge von 101 Minuten und ist ein Finanz- und Publikumserfolg. Hauptdarstellerin sind Christa Tordy, Käthe v. Nagy, Jack Trevor, Rudolf Klein-Rogge, Albert Steinrück und Paul Otto. [Bibliographie9] [Bundesfilmarchiv]

20. Mai: Bei den Reichstagswahlen erreicht die NSDAP in Dithmarschen rund 17% und im Kreis Steinburg 10%. Im übrigen Schleswig-Holstein und auch reichsweit liegt die Partei noch um die 3%. — Die freien und vor der Inflation wohlhabenden Bauern der Westküste hatten sich im Zuge eines Industrialisierungsdrucks zur Anschaffung neuer Maschinen verschulden müssen. Die nach dem Krieg ab **1925** wieder zugelassenen Handelsbeziehungen mit dem Deutschen Reich führten vor allem zur Einfuhr billigerer Produkte aus höher industrialisierten Ländern darunter im hohen Maße auch landwirtschaftliche Produkte. Ein daraus resultierender Preisverfall bei gleichzeitigen eigenen Missernten folgte. Durch die zeitgleich immer mehr steigenden Steuern und Abgaben – verzweifeltes Mittel des Staates den hohen Reparationszahlungen an die Sieger zu entsprechen – gerieten immer mehr Bauernhöfe in Existenznot. Zwangsversteigerungen nahmen zu. Viele der seit Generationen auf ihren Höfen ansässigen Geschlechter und die in den ländlichen Regionen keine andere Arbeit findenden Landarbeiter fanden sich über Nacht »auf der Straße« wieder. Die ›Weimarer Republik‹ und die Demokratie hätte ihnen nur Nachteile gebracht, war der verbreitete Tenor. Unter Führung des Eiderstedter Wilhelm Hamkens und des Norderdithmarscher Claus Heim radikalisiert sich schließlich die »Landvolk«-Bewegung.

24. Mai: Die zuvor erhobene Bedingung, die ›*Chronik von Barlete*‹ wegen der geringen Absatzchancen nur mit einem Druckkostenzuschuss aus Fs Heimat zu veröffentlichen, wird von Verleger Müller-Grote fallen gelassen. Vielmehr fordert er nun seinen Autor auf, im Falle der Veröffentlichung auf das Honorar zu verzichten und die Passagen von der teilweisen Schuld Deutschlands am Krieg zu streichen. [GF389]

6. Juni: Müller-Grote erklärt sich schließlich doch bereit, die ›Chronik von Barlete‹ ohne Bedingungen zu verlegen. [GF389]

19. August: Barlt. F. lädt den Literaturwissenschaftler Harry Maync für den **23. August** zu Besuch ein. Während dieser Zeit sind Frau und Tochter für 14 Tage in St. Peter-Ording. [SHLB]

Herbst: ›Die Chronik von Barlete‹ erscheint mit 5000 Exemplaren. [Bibliographie30] — Spersdieck. Das Ehepaar F besucht Hans Beeck. F animiert ihn, etwas über das Leben und Wirken auf einem Geesthof aufzuschreiben und ihm zur Verfügung zu stellen. Über die Marschbauern wisse er ja Bescheid, doch sein nächstes Werk solle auf der Geest spielen. Beecks Erklärungen, die auf eigene Erfahrung und auf seine Lehrzeit auf der Landwirtschaftsschule zurückgehen, finden später Eingang im Werk ›Meino, der Prahler‹. [Begegnungen37ff.]

3. Oktober: Barlt. Hat Mörike und Fontane gelesen. Frau und Tochter seien schon nach München vorausgefahren. (an Harry Maync) [SHLB]

7. Oktober: Barlt. Das Dorf feiert die 500 Jahre des Kirchspiels mit einem Festgottesdienst und Festakt. Auf letzterem in der Meldorfer Gaststätte ›Eintracht‹ hält F die Festrede. »*[...] breiter Zug von dem Teiche bis zu d. großen Wirtshaus, die ganze Straße mit Tannen [...] geschmückt; im Wirtshaus Ansprachen.*« (an Harry Maync, 23.10.1928) [SHLB]

vor 10. Oktober: Barlt. Abreise nach München zur bevorstehenden Hochzeitsfeier der Tochter.

10. Oktober: Das Dorf ehrt den abwesenden großen Sohn zu seinem bevorstehenden 65. Geburtstag mit einem Festakt. [Zeit83]

19. Oktober: München. Das Ehepaar feiert die Heirat der Tochter Wiebke mit dem Kunsthistoriker Walter Bernt im engsten Kreis – »*sechs Menschen um die Festtafel*«. (an Harry Maync, 3.10.1928) [SHLB] — Die Unterschiede zwischen den beiden Generationen sind groß. Obwohl F und seine Frau immer mehr dem Völkischen zugewandt, das Ehepaar Bernt in späteren Jahren unter der Herrschaft des Nationalsozialismus den Niedergang aller Wissenschaft und freien Kultur beklagend, kommt es dennoch nicht zum Streit zwischen beiden Parteien. Gegenüber seiner Tochter versteht es F, sich entschieden zurückzunehmen und nicht zu missionieren. [Zeit114]

19. November: Rund 200 mit Stöcken bewaffnete Bauern versammeln sich bei einer versuchten Pfändung zweier Ochsen in Beidenfleth, Kreis Steinburg. Die Ochsen werden mit Feuer wild gemacht und die zur Vollstreckung angerückten Gemeindediener in die Flucht geschlagen. In den darauf folgenden Tagen werden 55 Bauern verhaftet.

23. November: Barlt. Glückwunschkarte an den Literaturwissenschaftler Harry Maync zu dessen Berufung an die Universität Marburg. [SHLB]

Dezember: Der Literaturwissenschaftler Eduard Engel sendet sein Werk ›Was bleibt?‹. (an Harry Maync) [SHLB]

22. Dezember: In der ›Märkisch-Posener Zeitung‹ erscheint ›*Ein unbekannter Brief Gustav Frenssens über den Osten. Das schlafende Heer. Erinnerung und Mahnung*‹. [SHLB]

1929

in 1929: Für die neue Erzählung ›*Dummhans*‹ entstehen mehrere kurze Zusammenfassungen von je 40–60 Seiten Umfang. Danach erfolgt die eigentliche Niederschrift, die auch zweimal abgefasst wird. Die folgende Reinschrift, durch Anna F auf der Schreibmaschine getippt, wird sorgfältig korrigiert wie auch der Fahnenabzug aus der Druckerei. [GrübeleienIII.183]

2. Januar: Barlt. Hat Harry Mayncs ›Liliencron‹ gelesen. [SHLB]

Frühjahr: Anna F verbringt einige Wochen bei der Tochter Wiebke in München. Der Schriftsteller lässt sich von dem Dienstmädchen Martha Schulze den Haushalt führen. [Zeit79]

März: Der in Berlin ansässige jüdische Kulturverein ›PEREZ‹ bittet F um Übersendung von signierten Exemplaren seiner Werke als Spende. Der Verkaufserlös ist gedacht »für wirkliche Kulturarbeit innerhalb der jüdischen werktätigen Bevölkerung Berlins«. Unterzeichner des Aufrufs sind Käthe Kollwitz, Albert Einstein und Ernst Toller. [GF408]

4. März: 1200 Bauern versammeln sich in Itzehoe, verbrennen ihre Steuerbescheide, erklären sich nach Artikel 1 der Weimarer Verfassung zum Volk und bezeichnen die ohne ihre Einwilligung erlassenen Bescheide für rechtswidrig.

5. März: Versuchter Anschlag mit einer Kofferbombe auf das Neumünsteraner Finanzamt.

6. April: Ein Anschlag auf Gegner der Landvolkbewegung missglückt in der Dithmarscher Kleinstadt Wesselburen.

1. Mai: In zahlreichen Städten des Reiches kommt es zu Unruhen. Allein in Berlin sind bei Straßenschlachten zwischen Demonstranten und 30000 Polizeibeamten 63 Schwerverletzte und 9 Tote zu beklagen.

9. Mai: Barlt. F teilt seinem ehemaligen Pflegesohn Fritz Hanssen mit, dass er zu den wenigen glücklichen Schriftstellern gehöre, die von ihrem Beruf leben können. [Zeit72]

25. Mai: Bombenanschlag auf das Landratsamt Itzehoe.

3. Juni: Bombenanschlag auf das Landesfinanzamt Oldenburg in Holstein. Auch dieser Täter gehört zum Umfeld der Landvolkbewegung.

Sommer: Barlt. Wiebke F kommt mit ihrer Familie aus München und verbringt ein paar Wochen in ihrem Elternhaus. Mit fast regelmäßiger Gewissheit wiederholt sich dieses Spiel: Im Frühjahr fährt die Mutter nach München, im Sommer folgt die Tochter mit Kindern in den Norden. [Zeit77]

12. Juli: Brief an den völkischen Verlag F. Bruckmann AG. [SHLB]

17. Juli: Barlt. »*Ich sitze hier vor 5 h morgens schon an meinem Tisch, um vorm Morgenbrot Briefe zu erledigen, damit ich nachher sofort mit der Arbeit beginnen kann. Ich habe eine Erzählung an Velhagen & Klasing, Monatshefte, verkauft, die dann bei Grote als Buch erscheint.*« (an Fritz Hanssen) Es handelt sich um die Erzählung ›Dummhans‹. [Zeit72] [GF381]

1. August: Schwerer Zusammenstoß zwischen 3000 Angehörigen der Landvolkbewegung und bewaffneter Polizei in Neumünster. Daraufhin wird der Boykott über die von der Landwirtschaft abhängige Stadt ausgerufen, der erst am **21. Oktober 1930** für beendet erklärt wird.

1. September: Bombenanschlag auf das Berliner Reichstagsgebäude. Auch hier gilt der Führer der schleswig-holsteinischen Landvolkbewegung Claus Heim als Drahtzieher.

September / Oktober: Der nahezu unpolitische erscheinende Roman ›Dummhans‹, frei das Märchen von Hans Dumm variierend, erscheint mit einem Einbandentwurf von A. Paul Weber mit 11000 Exemplaren. Ein Vorabdruck erfolgte zuvor in den ›Monatsheften‹ von ›Velhagen & Klasing‹. [Bibliographie31] — Die Handlung spielt im früher schon eingeführten »*Poggsee*« und bekannt Namen wie der des Küsters »*Holgersen*« tauchen unter anderem auf.

Die Bauern in den Niederungen hatten in diesem Sommer berechtigte Hoffnung auf eine gute Ernte; das Getreide stand Mitte Juli noch gut. Aber dann setzte wieder Regen ein und der Weidegang litt unter der Sonnenlosigkeit, und die Getreidekörner, ohne Sonne gereift, blieben dünn und leicht. Die Ernte zog sich lang und mühselig hin, eine schwermütige Arbeit. Vor genau hundert Jahren hatte die Landschaft einmal sechs, sieben nasse Jahre gehabt; es schien, dass sie sich wiederholten. Im Gebiet des Kirchspiels wurden zwei Höfe von den Banken beschlagnahmt. Die Besitzer zogen als Tagelöhner ab, der eine nach Ballum, der andre nach Hamburg. Von zwei andern wurde erzählt, dass sie nicht besser ständen, als jene, dass die Banken aber noch zögerten, zuzugreifen, weil sie einen allgemeinen Preissturz des Ackers und damit Verlust eines Teils ihres Geldes fürchteten. Die Leute vom Moorhof erfuhren dies und noch mehr von den Nachbarn oder im Kaufmannsladen, oder sonntags von den Kirchgängern. [...] Einige Male kamen andere und wollten ihn bereden, einer politischen Partei beizutreten, welche nicht allein die Regierung, sondern auch die Verfassung stürzen wollte; wenn es nötig wäre, mit Gewalt. Die einen sagten: »Du bist ein Bauernsohn aus guter Familie und musst zu uns halten;« die andern: »Du bist nichts, hast nichts und bekommst nichts; also musst du zu uns halten.« Es war eine große Erregung in der Landschaft, die beiden Parteien stießen aufeinander; es gab Tote. Große Autos mit Schupos, die Gewehre in der Hand, befuhren die Straßen. Er lehnt es ab, mitzumachen, es sei hier oder da. »Ich weiß noch nicht, wie eine Kuh gebaut ist,« sagte er, *»und wie ein Kalb am klügsten aufgezogen wird, wie kann ich wissen, was im Staat klug oder unklug, recht oder unrecht ist? Und mir scheint auch, dass nach so großen Erschütterungen vorläufig das Erste sein muss, dass wir Ordnung und Frieden haben und an nichts anderes denken als an Arbeit.«* (›Dummhans‹. 1.–11. Tsd., S.136, 282)

F versuchte einmal mehr aus der Aktualität zu schöpfen, was einige Rezensenten auch durchaus wohlwollend registrieren: »Da war ja der deutsche Bauer, der in Not und Schuld gerät und der dann sich herausbuddelt mit Schweiß und Mühen, mit Stolz und Demut. Und da war ja wieder der Mensch aus Dithmarschen, ein Dummhans für die Welt, aber schlau und langsam mit schleppenden Gedanken sich aus der dumpfen Erde und den schleichenden Nebeln empormühend. Und da war das Märchen vom Dummhans ganz lebendig, und da war das Märchen des deutschen Volkes.« (Johann Heinz Beckmann: Begegnung mit Gustav Frenssen. In: ›Die Hilfe‹, 39. Jg. 1933, Nr. 20) — Die Verkaufszahlen sind schlecht. Alfred Döblins ›Berlin Alexanderplatz‹ macht in diesem Jahr mit einer Startauflage von 30000 Exemplaren das Rennen. Überhaupt: Döblin und die Brüder Mann geben seit einigen Jahren den Ton im Büchergeschäft wie in den Feuilletons an. Die ehemaligen »Schlüpfrigkeiten«, die früher hochgelobten heimatzentrierten und naturgetreuen Abbildungen des gewesenen Pastors, der es verstand, dem Volk aufs Maul zu schauen, seine zu Kontroversen herausfordernden liberalen christlichen Gedanken, dies alles scheint niemanden mehr groß zu Widerspruch zu reizen. Und in dem neuen Roman ist davon selbst auch nicht so recht etwas zu finden. F, in der Abgeschiedenheit der großen geistigen Strömungen am Rande der Republik lebend und fast kaum mit den Verkehrsmitteln zu erreichen, scheint auch in seiner literarischen Bedeutung zunehmend ins Abseits gedrängt zu werden. Der Zenit ist nicht nur in der Motivgestaltung sondern vor allem hinsichtlich des sprachlichen Duktus eindeutig überschritten. Die Schreibintention, dem Volk das zu geben, was es bedarf, nämlich gute Unterhaltung gepaart mit etwas pastoral unterlegter Lebensweisheit, auch diese Umsetzung gelingt so recht nicht mehr. Jetzt erblickt er in den erfolgreichen Kulturschaffenden wie Döblin, den Gebrüdern Mann oder Max Liebermann zunehmend Gegner. Hatte er noch in seiner Blankeneser Zeit gerade die Aufgeschlossenheit der kennengelernten Juden und ihre Bildung und Kunstverstand positiv dem, wie er meint, vom Merkantilen abgestumpften Hamburger Bürger gegenübergestellt, fühlt er sich jetzt mehr und mehr durch eben diese »*jüdisch-romanische Fraktion*« zurückgedrängt. Ein mit der Zeit zunehmender Antisemitismus bildet erste Wurzeln auf dem Humus, der seine späteren Gedankengänge befruchten wird. Ein Sündenbock muss für die eigene zunehmende Erfolglosigkeit – herrührend auch aus abnehmender schöpferischer Kraft –, herhalten.

25. Oktober: ›Schwarzer Freitag‹ an der New Yorker Börse. — Durch den verlorenen Weltkrieg muss Deutschland zwar hohe Reparationskosten leisten – die letzte Rate wird im **Oktober 2010** bezahlt werden –, hatte aber zum Aufbau der Wirtschaft viele Kredite aus den USA erhalten. Infolge des Börsenzusammenbruchs fordern die amerikanischen Banken allerdings ihre Gelder kurzfristig zurück und treiben auch hier die Banken und Betriebe mangels Eigenkapitals in Konkurs. Viele Arbeiter werden ihre Arbeit verlieren.

November: Die Vergabe des Nobelpreises der Literatur an Thomas Mann empfindet F als Demütigung, wie er seinem Verleger mitteilt. [GF401] — Barlt. Der Journalist und Schriftsteller Paul Weiglin ist zu Besuch. F schwärmt ihm von seiner Heimat und vom einfachen Leben auf dem Lande vor: »Von dem, was man gemeinhin Bildung nennt, hält Frenssen nicht viel. Er empfindet es als ein Glück, dass ihm das Gymnasium in Meldorf seine ›ländliche, bunte, herrliche Jugend‹ nicht verderben konnte, und schätzt, was er auf der Lateinschule und auf der Universität gelernt hat, fast völlig wertlos. Seine Bildung steht auf heimatlicher, niedersächsischer, vorväterlicher, dörflicher Kultur, die ihm freilich so vornehm, so erlesen erscheint wie irgendeine andere. Er hat sie ausgebaut durch Studien nach eigener Wahl und meint: ›Es muss sich aus einer niedersächsischen Kate am Ende ebenso gut ein breiter und schöner Wohnsitz machen lassen wie aus einer griechischen oder römischen

Schilfhütte‹.« (Paul Weiglin: ›Besuch bei Gustav Frenssen‹. Velhagen & Klasings Monatshefte, 44. Jg. 1929, Heft 1)

26. November: Barlt. Schreiben an Harald Braun. [LA-SR]

30. November: Wieder gibt der Verleger dem zarten antisemitischen Pflänzchen seines Autors Dünger. Seine eigene von Anfang an in seinen Briefen an F immer wieder geäußerte antijüdische Sichtweise war bei dem immer erfolgloser werdenden Schriftsteller nicht ohne Widerhall geblieben: »[...] ich begrüße es, wenn Sie das Treiben der Juden im neuen Deutschland etwas kritischer zu betrachten beginnen.« (Gustav Müller-Grote an F) [GF402]

1930

in 1930: Barlt. Das A.G.A. Automobil wird gegen eine Mercedes-Limousine getauscht. »[...] *der ewige Wind hat uns den offenen Wagen verleidet.*« (an Theodor Bohner, o.D.) [Freundschaft80]

Februar/März: Aus Anlass des 125. Geburtstages Hans Christian Andersens wird auch F zu einem Urteil über den Dichter befragt. »*Meine Jugendzeit war so dörflich und bücherarm und von Wirklichkeiten so umdrängt, dass für Märchen wenig Platz war. Als ich Andersens Werk kennenlernte, erzählte ich selbst schon Märchen. Aber meine Weise war ganz anders als seine, und ich verstand seine Art wohl nicht, wie sie verstanden werden sollte.*« (›Berlingske Tidende‹, 29. u. 30.3. 1930)

Frühjahr: Die Weltwirtschaftskrise im Gefolge des ›Schwarzen Freitags‹ vom **25. Oktober** des Vorjahres greift auf Deutschland über. Lohnkürzung, Kurzarbeit folgen; im selben Jahr noch steigen die Arbeitslosenzahlen von 1,9 Millionen auf 3,1 Millionen Menschen an.

27. März: Die Regierung Müller tritt zurück.

28. März: Reichspräsident Paul v. Hindenburg beauftragt Heinrich Brüning mit der Bildung einer neuen Regierung.

12. April: Barlt. »*Es ist eine schlechte Zeit. Die Landleute kämpfen hier um ihren Besitz; die Steuern müssen ihnen* nachgelassen werden. *Die Nationalsozialisten, die Partei der wütendsten Nationalisten, haben über 100 Stimmen bekommen.*« (an Fritz Hanssen) [Zeit69] — Auch F sympathisiert jetzt mit der Bewegung: »*[...] da die Sorge und Not rund um mich stieg, fing auch ich an, zu glauben. Ich musste; denn es zeigte sich sonst keine Hilfe.*« [Lebensbericht315]

14. April: Der Direktor der Schleswig-Holsteinischen Landesbibliothek in Kiel, Volquart Pauls, lässt in dem ersten erhaltenen Brief an F die Möglichkeit durchschimmern, dass es, wie angefragt, für die Provinz Schleswig-Holstein durchaus die Möglichkeit gäbe, sämtliche Manuskripte Fs anzukaufen, auch die, die der Schriftsteller schon im literaturwissenschaftlichen Seminar der Kieler Universität deponiert hatte. [Zeit462]

Juni: Nachdem zuvor mehrere Zeitungen wegen des sexuellen Gehaltes einen Abdruck der Erzählung ›*Die Hörner von Gallehus*‹ abgelehnt hatten, verhandelt F nunmehr mit dem Verlag Philipp Reclam. [GF384]

17. Juni: Die Landesbibliothek stellt für 18 einstmals im literaturwissenschaftlichen Seminar der Kieler Universität aufbewahrte Manuskripte Fs eine Empfangsquittung aus. Im Laufe der folgenden vier Jahre gelangen weitere Manuskriptsendungen von Barlt nach Kiel. Auch hierbei handelt es sich zunächst nur um ein Depositum zu Lebzeiten. In Absprache mit Pauls soll der komplette Nachlass erst mit dem Ableben Fs in die Landesbibliothek überführt werden. [Zeit462]

18. Juli: Reichspräsident Paul v. Hindenburg löst den Reichstag auf und ordnet Neuwahlen für den **September** an.

August: Barlt. Von einem Aufenthalt auf der Nordseeinsel Sylt zurückkehrend, hält sich der Expressionist Erich Büttner, Angehöriger der ›Berliner Sezession‹, für drei Tage im Hause Fs auf. Er wird vom Ehepaar F im Mercedes vom Meldorfer Bahnhof abgeholt. Als ersten Eindruck, den das geübte Malerauge gewinnt, wirkt der Autor »etwas unwirklich, schattenhaft«. Der Wunsch, ein Porträt während der täglichen Arbeit am Schreibtisch anzufertigen, wird abgelehnt. Er befinde sich gerade an einer ersten Niederschrift eines Werkes. Ja, wenn es die Arbeit an der späteren Korrekturfassung wäre. So aber nicht. So darf Büttner erst am folgenden Nachmittag ab 15 Uhr mit seinem Werk beginnen.»Das Modell ist schwierig – das ahnte ich schon. Darum wollte ich ihn bei seiner Arbeit das Gesicht stehlen. Eine richtige ›Pose‹ kann dieser Dichter nicht gut fertigbringen. Zwischen Ofen und Schrank steht ein Stuhl, da sitzt er öfter auch sonst ... nahe hängt ein ganz tüchtiges Ölbild seines Vaters, der war ein Tischer und betrieb sein Handwerk vordem in diesem Hause ... also hier könnte mein Bild schon werden und so male ich drauflos. Nach zwei Stunden merke ich, dass ich nicht so recht meinen freundlichen Gastgeber gemalt habe, sondern die etwas merkwürdige Gestalt, die ich in der ersten Sekunde auf dem Bahnhof so seltsam sah. Ich bemühe mich sehr, dem abzuhelfen, aber es nützt nicht viel, die Malerei geht immer wieder ihren Weg [...] und begreife immerhin, dass das nicht Zufall ist, sondern, dass dieses zweite Gesicht doch in diesem Menschen stecken muss ... es ist etwas Urgründiges, das hinter den so ruhigen Sätzen seiner Schriften ja manchmal auftaucht.« (Erich Büttner: Als ich Gustav Frenssen malte. ›Kreuz-Zeitung‹ Beilage, 19.10.1933)

3.–5. September: Barlt. Während Fs Frau abwesend ist, besucht das Ehepaar Maync den Schriftsteller. F. bedrängt den Literaturwissenschaftler unter dem Hinweis, »*ich würde eine solche Frau in 4 Stücke zerhacken, und zwar langsam*«, sich von seiner Frau scheiden zu lassen. [SHLB]

4. September: Carl Zuckmayers ›Aufruf an die Partei der Nichtwähler‹ erscheint, in dem er sich gegen politische Enthaltsamkeit und für die deutsche Republik einsetzt. »Die Partei der Nichtwähler hat dadurch verhindert, dass die verantwortungsbewussten Parteien verstärkt und zu neuen, wirklichen Machtfaktoren wurden. Die Folge ist, dass unserer gesamten Politik das Rückgrat mangelt. Ein Reichstag, dem so gewichtige Stimmen fehlen, wird nicht als der deutsche Willensausdruck gewertet.« Auch Fs Name findet sich auf der Liste der Unterzeichner u.a. neben Graf v. Arco, Leonard Frank, Rudolf Herzog, Ricarda Huch, Max Liebermann, den Gebrüdern Mann, Max Slevogt, Prof. Sauerbruch oder Karl Voßeler. (›Reclams Universum‹)

14. September: Gegenüber der Reichstagswahl vom **Mai 1928** werden vier Millionen Stimmzettel mehr abgegeben. Die

NSDAP erreicht 18 % der Stimmen und steigert die Anzahl ihrer Mandate von 12 auf 107. Wegen der politischen Unsicherheit fließen in den folgenden Wochen über 300 Millionen Reichsmark ausländischer Einlagen bei deutschen Banken ab. Ferner heben verunsicherte inländische Anleger Guthaben von 600 Millionen Reichsmark von ihren Bankkonten ab, allesamt Kapital, das für das Funktionieren der privaten Wirtschaft und für die Zahlungsfähigkeit des Staates unverzichtbar ist. Die Wirtschaftslage verschlimmert sich dadurch um ein Beträchtliches.

8. November: In der ›Vossischen Zeitung‹ erscheint eine von den Vorsitzenden der Dithmarscher Bauernverbände und F unterzeichnete Solidaritätsbekundung an Frau Heim. Auch wenn sie fern davon sind »*die Unternehmungen Ihres Mannes zu billigen*«, so gilt doch eines: »*Ein hartes Gesetz hat Ihren Mann zu einer Sühne verurteilt, die ihn ehrlos machen soll. [...] Wir sind dabei der Meinung, dass diese unsere Stellung und Erklärung wohl von der gesamten Bauernschaft Dithmarschens, einerlei welcher politischen Partei, geteilt wird.*« [SHLB] — Ihr Mann, der ›Bauerngeneral‹ Claus Heim, gehörte der Landvolkbewegung an und stand vom **26. August** bis **22. Oktober** in Altona im »großen Bombenlegerprozess« vor Gericht. Die Verurteilung lautete auf eine siebenjährige Zuchthausstrafe.

17. November: Marie Hamsun, die Frau von Knut Hamsun, bedankt sich für Fs übersandte Werke, die sie alle gelesen hat. [Zeit390]

Weihnachten: Barlt. »*Es ist eine schlechte Zeit für Bücherschreiber. Noch fahren wir unseren Wagen. Ob wir es im nächsten Winter noch können werden, ist fraglich. Einige Tage vor Weihnachten habe ich ihn nach meiner Gewohnheit wieder mit jungen Weibern beladen und sie nach Heide gefahren, und habe sie satt mit Kaffee und Kuchen und Musik gemacht. Ich habe es nicht unterlassen, ihnen zu sagen, dass ich nicht wüsste, ob wir es noch einmal so machen könnten. [...] Die Landleute meiden jede Ausgabe. Um Hafer, Hufeisen und Wirtschaftsgeld zu sparen, bleiben sie zu Hause.*« (an Theodor Bohner, o.D.) [Freundschaft87]

1931

in 1931: Barlt. Das Lesen des Buches von Georg Fuchs ›Wir Zuchthäusler‹ fordert zu einer neuerlichen Auseinandersetzung mit der Thematik und führt letztlich zu nunmehr endgültig gefestigten Anschauungen: »*Diejenigen von den Irren und Blöden, und von jenen andern Erbkranken, die man ›Verbrecher‹ nennt, welche sich selber und dem Volksganzen gefährlich sind und bleiben, soll man auslöschen. Es sind die ganz und gar Wertlosen, die ganz und gar mit Unwert belasteten. [...] Auch alle übrigen Erbkranken, die, welche man leben lässt, soll man auch nicht als zu Richtende und zu Bestrafende behandeln, sondern als Kranke. Viele von ihnen, nämlich die, welche dauernd krank sein werden, wozu auch die ganz Unwirtschaftlichen, Verantwortungslosen, Faulen gehören [...], soll man das Geschlecht nehmen*«. [GrübeleienIII.178] — »Frenssen war ein liberaler Theologe von schöner Unabhängigkeit, ein Volkserzieher von den reinsten Absichten und der schlechte Verwalter eines bedeutenden epischen Talents [...]; zu der Unternehmungslust seines Selbstvertrauens, das leicht in Wurf und Schwung geriet, fehlte ihm die andere Gabe des Misstrauens, die der Künstler nicht minder haben muss. So hat er sich mit allen Erfolgen aus der Literatur herausgedichtet.« (Arthur Eloesser: Die Deutsche Literatur von der Romantik bis zur Gegenwart. Berlin 1931, S.505) — Für die Neuaulage von ›Lütte Witt‹ fertigt der Maler und Graphiker A. Paul Weber Umschlag und Einbandvorlage. [Weber114]

Jahresanfang 1931: Ein Aufsatz Wilhelm Schäfers über Ursprung und Bedeutung des Weihnachtsbaumes bildet die Anregung zur Erzählung ›*Der brennende Baum*‹. [Lebensbericht310]

3. Januar: Mit dem Essay ›*Die große deutsche Tat*‹ erscheint Fs Vision zum Abbau des Millionenheeres der Arbeitslosen: Ostelbien müsse kolonisiert werden. Die heruntergewirtschafteten und in Insolvenz gegangenen Güter müssen aufgesiedelt werden. Rund fünf Millionen Menschen könnten das Land besiedeln, neue Ortschaften würden entstehen und – ein Nebenaspekt – gleichsam als Schutzwall zur Verteidigung gegen Osten dienen. (›Altonaer Nachrichten‹)

14. Januar: Der Verleger hat schlechte Neuigkeiten für seinen Autor: »Leider ist der Absatz Ihrer Bücher so stark zurückgegangen, dass die monatlichen 1000 Mark-Zahlungen gar nicht mehr davon getragen werden können.« Fortan muss sich F mit 600 Mark begnügen. [GF398]

19. Januar: Barlt. Dem Ehepaar Maync wird alles Gute zum neuen Jahr gewünscht, wenn es auch »*etwas poltrig*« beginne. [SHLB]

7. Februar: Barlt. Gegenüber der Freundin Elisabeth Hablik-Lindemann räumt F ein, dass das Verdienenmüssen um des reinen Lebenserhaltungstriebs ihm zunehmend schwerer falle. [Zeit74]

März: Ein Vorabdruck der Erzählung ›*Der brennende Baum*‹ erscheint in den ›Monatsheften‹ von ›Velhagen & Klasing‹. [Bibliographie32]

19. März: Gegen ein Honorar von 8000 Mark erwirbt der Verlag Philipp Reclam das Abdruckrecht über ›*Die Hörner von Gallehus*‹. [GF384]

23. März: Hamburg. Die NORAG (Nordische Rundfunk AG) sendet als zweite Folge ihrer Reihe ›Gespräche mit Dichtern‹ ein Gespräch von Prof. Dr. Benno Diederichs mit F. Die Sendung wird zwischen 19 Uhr 45 und 20 Uhr 15 ausgestrahlt. [DR]

4. April: Aus Salzburg sendet der Lektor des Insel-Verlags Hanns Arens, der auch mehrmals als Gast im Hause Fs weilte, eine Karte und Stefan Zweig nutzt die gute Gelegenheit ein paar Zeilen darunter zu setzen, um den »verehrten« Autor »aufrichtig respektvoll« zu grüßen. [SHLB]

30. April: München. F, sonst kein Liebhaber von Alkohol, ist im Kreise der Familie seiner Tochter einmal »sehr bierselig«. Das Schreiben von Karten geht unter in »Maibockstimmung«. (Anna F an Elisabeth Hablik-Lindemann) [Zeit81]

20. Mai: Wohl in der Hoffnung auf eine gleiche Gesinnung sendet der nationalbolschewistische Herausgeber der Zeitschrift ›Der Widerstand‹, Ernst Niekisch, Veröffentlichungen aus seinem Verlag nach Barlt. [Zeit68] — Ein näherer Kontakt kommt nicht zustande, zu konträr sind die Meinungen. Nur ein Jahr später, als F noch eine abwartende Haltung gegenüber dem Nationalsozialismus einnehmen wird, hat Niekisch dagegen seine Bilanz schon gezogen: »Der Nationalsozialismus ist der Strohhalm, an den sich der Kleinbürger klammert, um nicht im antibürgerlichen Sozialismus zu ertrinken; er ist kein Ausbruch aus der bürgerlichen Gesellschaft, sondern eine äußerste Anstrengung, in ihr zu verharren.« (Ernst Niekisch: Hitler – Ein deutsches Verhängnis. Berlin 1932, S.19)

23. Mai: Im ›Hamburger Fremdenblatt‹ erscheint Fs Ausführungen ›*Wie soll das deutsche Volk 1932 Goethes Todestag begehen?*‹ [Bibliographie95]

9. Juni: Das Kabinett Brüning erklärt eine weitere Belastung Deutschlands durch Reparationsleistungen als wirtschaftlich untragbar. Die Wirkung im Ausland ist verheerend. Zahlreiche Gläubiger befürchten einen Staatsbankrott und versuchen noch ihre Mittel aus Deutschland abzuziehen. Die Reichsbank verliert in den ersten Tagen über 400 Millionen Reichsmark an Devisen.

Sommer: Barlt. Die Journalistin Ilse Reicke und der bekannte Fotograf Alfred Eisenstaedt besuchen den Schriftsteller. Es entstehen zahlreiche Milieu-Ablichtungen des Autors. Einige werden im **Oktober** genutzt, während innerhalb des Abdrucks der ›Hörner von Gallehus‹ ein von Reicke verfasster Artikel über den Besuch erscheint. Andere finden **1940** teilweise Verwendung im ›*Lebensbericht*‹. [GF383] [›Reclams Universum‹. Bd. 4, S.190f.] – Tochter Wiebke ist für acht Wochen, fast bis zum Herbst, mit ihrem sechs Monate alten Kind zu Besuch. F unternimmt mit seiner Frau zahlreiche Ausfahrten. Er sitzt selbst am Steuer. U.a. geht es einmal nach Lübeck. (an Harry Maync, 28.10.1931) [SHLB]

13. Juli: Die DANAT-Bank schließt mangels Liquidität.

14. Juli: Wegen des am Tag zuvor erfolgten »Bankkrachs« bleiben in Deutschland sämtlicher Banken, Sparkassen sowie die Börse geschlossen.

August – Dezember: Mit mehreren Notverordnungen versucht die Regierung eine Sicherung von Wirtschaft und Finanzwesen. Lohn- und Gehaltskürzungen werden durchgesetzt.

September / Oktober: Die während des 30-jährigen Krieges spielende Erzählung ›*Der brennende Baum*‹ – frei von Nazismen und in der freien Variation des Motivs vom Verlorenen Sohnes ein klares Bekenntnis für Christentum und gegen Heidentum liefernd –, erscheint in 10000 Exemplaren in der ›Grote'schen Verlagsbuchhandlung‹. A. Paul Weber fertigte dafür 42 Federzeichnungen an. [Bibliographie32] — Der Graphiker hatte den Autor zuvor hin und wieder in Barlt aufgesucht.

Es kamen uns immer mehr Flüchtlinge entgegen. Sie berichteten mit entsetzten Augen und gesträubtem Haar von der grauenvollen Begebenheit. Es lagen auch immer mehr Entkräftete, Blutige und Tote an den Wegen. Die Geflohenen, die in den verfallenen Höfen hausten, schrien vor Entsetzen, wenn wir zu ihnen hineinsahen. In einer Dorfstraße wurden Kinder in einem Wagen zum Kauf angeboten. Da niemand Geld oder Geldeswert hatte, hob der Fuhrmann sie vom Wagen und legte sie auf einen Rasen und fuhr weiter.

Am vierten Tag, da wir immer mehr Schreienden, Blutigen, Irrsinnigen begegneten und Tote an dem Weg lagen und wir in weiter Ferne die ungeheure schwarzgraue Wolke sahen, die immer noch bis zum Himmel stand, da sank ihr doch der Mut.

Es war da auch am Weg eine alte Tater, die warnte uns, dass wir so, wie wir gingen, weiterzögen. Da kauften wir von ihr schmutzige, weite Hosen und alte verlumpte Röcke und kleideten uns damit. Und da sie es uns so riet, bestrich sie unsere Gesichter, dass sie gar gelblich und blass wurden, so dass wir aussahen, als hätten wir die rote Ruhr gehabt, was wir denn auch jedermann sagen sollten. Am andern Morgen gaben wir uns im Gebet in Gottes Hände und wanderten weiter, indem wir schwächlich dahinwankten und es an Ächzen und Stöhnen nicht fehlen ließen.

Es war aber am selben Nachmittag, dass wir die Vorstadt erreichten. (›Der brennende Baum‹. 1.–10. Tsd., S.74f.)

Herbst: Berlin. Der Schriftsteller Hans Grimm beruft das »Nationale Schrifttum« zu einer Sitzung ein. Unter zwölf geladenen Gästen befinden sich Arnold Bronnen, Wilhelm Schäfer, Ernst Jünger und auch F. »Die Mehrzahl der Anwesenden waren interessante, liebenswerte Leute mit einem bemerkenswerten schriftstellerischen Können; und doch gab es kaum zwischen dem einen oder anderen eine nähere, eine menschliche Beziehung.« [Bronnen254]

Oktober: Um liquide bleiben zu können, verkauft F einen kleinen Bauernhof, den er einst nach der USA-Reise **1922** als Geldanlage angeschafft hatte. [GF398]

1. Oktober: In ›Reclams Universum‹ beginnt der Abdruck der Erzählung ›*Die Hörner von Gallehus*‹. [Bibliographie32] — Eine Buchveröffentlichung der Geschichte über einen unbedarften Jüngling vom Lande, einem Spätentwickler, der zum Mann heranreift, lehnt Verleger Müller-Grote wegen ihres angeblich erotomanischen Gehabes schlichtweg ab. [GF384] — Die Handlung spielt wie schon zuvor der ›*Pastor von Poggsee*‹ und der ›*Dummhans*‹ im geschätzten »*Poggsee*«, und bekannte Namen wie die des Küsters »*Holgersen*« oder des Händlers »*Thorstraten*« tauchen unter anderem auf.

Als ich das Dorf erreicht hatte und am Pastorat entlang ging, sah ich Ingepaster bei Licht und offener Tür Wäsche legen. Früher wäre ich scheu vorübergegangen; aber nun war ich durch das Dorfleben schon viel sicherer und freier geworden, dass ich in die Tür trat und ein wenig plauderte.

[...]

Es war mir ein wenig peinlich, dass sie indes ein Stück Frauenwäsche nach dem andern vornahm, reckte und legte. Aber sie selbst störte das nicht. Als sie an das zweite oder dritte Stück kam und es glättete, sagte sie verwundert und versonnen, so wie sie wohl mit ihrer Wäschehelferin zu plaudern pflegte: »Merkwürdig ... was ist denn das? Da ist am Rand ein Dreieck herausgeschnitten gewesen und ist dann wieder geflickt. Und wie kommt Klara dazu, das selbst zu tun, die rührt doch sonst keinen Finger bei der Wäsche? Und wie sorgfältig sie es gemacht hat! Merkwürdig! ... Übrigens ...« – sie sah mich an, als ob sie es wissen könnte, sodass ich lächeln musste – »wo habe ich doch neulich bei einer Unterwäsche, die irgendwo im Garten hing, auch so'n Dreieck gesehen?« Sie schüttelte den hübschen dunklen Kopf und sah mich immer noch an.

Ich sagte lächelnd: »Es gibt also auch da Rätsel.«

»Das scheint so«, sagte sie.

[...]

Ich merkte auch, dass sie, während sie sonst froh und frei war, gleich einem spielenden Kind, jetzt etwas Unruhiges hatte. Ihre Augen waren trübe. Ich beobachtete das ganz genau. Ich beobachtete es? O ja, ich beobachtete es! Oh, ich sah auch ihren schmucken, vollen Hals und den Ansatz ihrer Brüste; sie hatte ihr Kleid ein wenig geöffnet. Das alles sah ich, und mein Herz klopfte.

Als ich es fühlte, verabschiedete ich mich und ging weiter. Ich war ziemlich erregt. (›Die Hörner von Gallehus‹. ›Reclams Universum‹. Leipzig 1931, S.225f.)

18. Oktober: In der New Yorker ›Herald Tribune‹ erscheint Fs ins Englische übertragen Essay ›The Writer and his Daily Bread‹. [SHLB]

16. Dezember: Barlt. *»5 Millionen Arbeitslose. Und die Masse des Volkes in 3 Teile gespalten: Nationale, Hitler, Bürgerliche, Brüning, noch an der Regierung und Kommunisten 4% der Wähler. Wir bekommen also nicht Kommunismus; es ist aber möglich, dass Hitler zur Regierung kommt. Aber das wäre jetzt wohl kein Unglück mehr, da er und die Seinen, seit sie sich der Macht nahe sehen sehr viel anständiger geworden sind.«* (an Fritz Hanssen) [Zeit70]

Ende Dezember: Die Statistik weist 5,66 Millionen Arbeitslose auf.

31. Dezember: Im ›Holsteinischen Courier‹ erscheint Fs Ermunterung ›*Arbeiten und nicht verzweifeln? Viele haben keine Arbeit. – So bleibt nichts als Glaube, Liebe, Hoffnung – ... uralte menschliche Weisheit!*‹ [Bibliographie95]

1932

in 1932: Neben Hans Friedrich Blunck, Hermann Burte, Hanns Johst, Erwin Guido Kolbenheyer, Wilhelm Schäfer gehört auch F dem Beirat des ›Verein Raabe-Stiftung‹ in München an. [Britting] — F erwirbt Willy Grabas Gemälde ›Dünen am Meer bei St. Peter‹; einige Zeit später folgt noch ›Am Strand bei Nidden‹. [Zeit76] — Die Autobiografie ›*Lebensbericht*‹ ist zu einem großen Teil fertiggestellt. [GF419] — In den USA erscheint an der Universität in Seattle die erste Dissertation auf amerikanischem Gebiet, ›F Madsack: Die Weltanschauung Gustav Frenssens.‹ — Für die Neuaulagen des ›*Pastor von Poggsee*‹, ›*Hilligenlei*‹ und ›*Die drei Getreuen*‹ fertigt der Maler und Graphiker A. Paul Weber Umschläge und Einbandvorlagen. [Weber116,118]

Jahresanfang: Das sogenannte ›Komitee Claus Heim‹, das sich für die Freilassung des ehemaligen Führers der Landvolkbewegung einsetzt, gründet sich. Unter anderem gehören ihm die Brüder Ernst und Bruno v. Salomon sowie die ›Schwarze Front‹ um Otto Strasser an.

4. Januar: Vom Verlag ›Vandenhoek & Ruprecht‹ ergeht ein abschlägiger Bescheid. Eine neue, überarbeitete Auflage der ›*Dorfpredigten*‹ soll nicht mehr erscheinen. Der Bedarf beim Publikum sei gedeckt. F schlägt daraufhin eine billige Volksausgabe vor. [GF151]

Februar: Mehr als sechs Millionen Arbeitslose verzeichnet die Statistik. Deutschland hat mit einer Arbeitslosenquote von 44% der erwerbsfähigen Bevölkerung im internationalen Vergleich den weltweit höchsten Prozentsatz an Arbeitslosen. Die Ausfuhren sind inzwischen drastisch zurückgegangen, und auch die Industrieproduktion rutschte auf fast die Hälfte gegenüber **1928** ab. Das Lohnniveau sank derweil um rund 40%. Der Durchschnittsverdienst eines Arbeiters und Angestellten pendelte sich von rund 120 RM bei unter 80 RM ein. Dabei sind die Preise auf gleichem Niveau geblieben, da sie per Verordnung festgeschrieben waren. Die Durchschnittsmieten z.B. liegen bei rund 50 RM. In den großen Städten gehören spontan eingerichtete Notunterkünfte und Suppenküchen zum alltäglichen Bild. Auch die Bauern sind nicht verschont geblieben. Viele hatten in den Jahren vor der Wirtschaftskrise kostspielige Maschinen angeschafft, die Höfe sind überschuldet, Kredite können nicht zurückgezahlt werden. Wie in der Industrie so häufen sich auch hier die Konkurse.

9. Februar: Barlt. »*Selbst hier im Dorf haben die Tagelöhner* *nichts zu arbeiten, weil die Bauern kein Geld haben, Tagelohn zu geben.«* (an Fritz Hanssen) [Zeit82]

23. Februar: In einer vom ›Neuen Wiener Journal‹ abgedruckten Umfrage äußert sich F dergestalt, dass es für ihn keine Verbrecher sondern nur Kranke gibt und diese, wie auch alle Geisteskranke, Blödsinnige, Irrsinnige wären »*auszulöschen*«. [Texte130]

Ende Februar: Der staatenlose Adolf Hitler erhält die deutsche Staatsangehörigkeit, um bei den anstehenden Präsidentenwahlen kandidieren zu können.

13. März: Im ersten Wahlgang zur Reichspräsidentenwahl erzielt keiner der beiden Hauptkandidaten, Hindenburg und Hitler, die absolute Mehrheit. Um einen Reichspräsidenten Hitler zu verhindern, fordern SPD und Zentrumspartei ihre Wähler auf, Hindenburg im zweiten Wahlgang zu unterstützen.

nach 13. März: Barlt. »*An der Dorfstraße stehen unsre besten Arbeiter am hellen Sommertag arbeitslos. Das hat es noch nicht gegeben, solange das Dorf steht […]. Darum an den Grafen Westarp geschrieben, dass ich seinen Wunsch für Hindenburg nicht erfüllen kann, sondern national-sozialistisch wähle. Ich lebe unter Bauern, und die glauben und wählen so. Also glaube und wähle ich hinter ihnen her und mit ihnen.*« [GrübeleienIII.180]

10. April: Im zweiten Wahldurchgang zur Wahl des Reichspräsidenten erzielt Paul v. Hindenburg mit 53% die absolute Mehrheit, Adolf Hitlers Stimmenanteil liegt bei 36,8%.

13. April: Die Wehrorganisationen der NSDAP, SA und SS, werden verboten, allerdings nach zwei Monaten wieder zugelassen.

20. April: Barlt. F. wendet sich an den ›Reichsminister der Justiz‹ und bittet um Milderung im Urteil gegen den ›Bauerngeneral‹ Claus Heim, »*auch wenn er von dem Juristischen der Sache*« nichts verstehe. [SHLB]

30. April: Die Antwort aus dem Justizministerium ist ernüchternd. Da das Urteil von einem preußischen Gericht gesprochen wurde, so stehe die Ausübung des Gnadenrechts »nicht dem Reich, sondern dem Preußischen Staatsministerium zu«. Auf eine Weiterleitung wurde bisher verzichtet. [SHLB]

13. Mai: Verleger Müller-Grote teilt seinem Autor mit, dass der Absatz von dessen Werken geradezu trostlos sei. [GF398]

26. Mai: Barlt. »*Ich habe aber für Hitler gestimmt, aus genau demselben Grund wie Sie: weil auch ich in ihm – ich habe ihn nicht gesehen – das Beste des deutschen Wesens ahne.*« (an Heinrich Eckmann) [Zeit85]

Anfang Juni: F meldet seinem Verleger, dass er über kein Vermögen mehr verfüge. [GF398]

17. Juni: Auch der Druck einer Volksausgabe der ›Dorfpredigten‹ wird, wie von F im **Januar** vorgeschlagen, vom Verlag abgelehnt. [GF152]

Sommer: Die Arbeitslosenzahlen sinken erstmals, wenn auch nur leicht. Rund 65 % aller öffentlichen Ausgaben werden inzwischen für Arbeitslosengeld und Sozialhilfe aufgewendet. Für Arbeitsbeschaffungsprogramme ist kein finanzieller Spielraum mehr. Die Menschen wenden sich in Scharen von den etablierten Parteien ab. Sie haben genug von dieser Art Demokratie, die ihnen, wie sie meinen, die Arbeitslosen, Obdachlosen, und Hungernden gebracht habe sowie das Gezänk der großen Parteien um den richtigen Weg, mit deren immer radikaleren Parolen und Attentaten, Straßen- und Saalschlachten.

24. Juni: Barlt. Die allgemeine Lage in Deutschland erscheint immer aussichtsloser. Noch hofft F, auf ein entschlossenes Handeln des Genfer Völkerbundes, doch, »*stark ist diese Hoffnung gerade nicht.*« (an Fritz Hanssen) [Zeit85]

17. Juli: Um die 10 000 Mitglieder der SA, SS und HJ vor allem aus dem südlichen Schleswig-Holstein marschieren unter Polizeischutz durch das als kommunistische Hochburg geltende Gängeviertel Altonas. »Aus den Haustüren stürmten die Roten mit Messern, Knüppeln, Eisenstangen und Stahlruten und schlugen auf uns ein. Die Frauen gossen aus den Fenstern der oberen Stockwerke kochendes Wasser und den Inhalt der Nachttöpfe auf SA und SS«. (Eckart Elbertzhagen, 15-jähriges HJ-Mitglied)

30. Juli: Auch Verleger Müller-Grote macht aus seinem Herzen keine Mördergrube, was er zukünftig erwartet: »Auch mein innigster Wunsch ist, dass die große Bewegung in der Politik zur Gesundung und zum Aufstieg führen möge.« [GF399]

31. Juli: Reichstagswahl. Die NSDAP wird mit 37,3 % Stimmen stärkste Fraktion. Linke und rechte Parteien blockieren sich gegenseitig, so dass keine Regierung gebildet werden kann.

September: Der ehemalige Anführer der Landvolkbewegung, Claus Heim, wird aufgrund eines Amnestiebegehrens des Preußischen Landtages, das mit einer Mehrheit der Stimmen von NSDAP, DNVP und KPD angenommen wurde, nach knapp drei Jahren Haft, auf freien Fuß gesetzt.

13. September: Der Direktor des ›Centralvereins deutscher Staatsbürger jüdischen Glaubens‹, Ludwig Holländer, wendet sich an den Barlter Autor. Er möge für die Vereinszeitung doch bitte eine Stellungnahme gegen die Drohungen und Verleumdungen der Juden abfassen. Eine Reaktion ist nicht bekannt. [Zeit86]

21. Oktober: Barlt. Die Weltwirtschaftskrise ist der »*Beginn einer völligen Umwälzung der Staaten und ihrer Formen.*« (an Fritz Hanssen) [Zeit86]

6. November: Bei den Reichstagswahlen verliert die NSDAP einige Wähler, ist mit 33,1 % der Stimmen aber immer noch größte Fraktion. Eine regierungsfähige Koalition kommt, wie schon im **Sommer**, nicht zustande.

1933

in 1933: Die geplante Veröffentlichung der Autobiografie ›*Lebensbericht*‹ wird zurückgestellt und erscheint erst **1940**. [GF419] — Dafür veröffentlicht Numme Numsen im Grote-Verlag mit ›Gustav Frenssen. Der Kämpfer für die deutsche Wiedergeburt‹ eine größer angelegte Biografie Fs.

30. Januar: Reichspräsident Paul v. Hindenburg ernennt Adolf Hitler zum Reichskanzler. — »*Wem haben die neuen Machthaber zu verdanken, dass sie mit unblutigen Händen zur Macht gekommen sind? Den Millionen Bürgern, die – wie auch ich – nach ihrer Natur keine politischen Erkenntnisse, keine entschiedenen Ansichten, ja nicht einmal das Vertrauen ihres Verstandes hatten, sondern nichts weiter als ein Vertrauen des Herzens.*« [GrübeleienIII.198]

5. März: Aus den Reichstagswahlen, den letzten mit mehr als einer Partei, geht die NSDAP mit 44% der Stimmen als Sieger hervor.

6. März: Die Enkeltochter Bille wird in München geboren. [Zeit106]

18. März: Der Vorsitzende der Abteilung Dichtkunst an der ›Preußischen Akademie der Künste‹, Alfred Döblin, kommt dem Ausschluss zuvor und legt sein Amt nieder, nachdem von ihm und seinen Kollegen eine Loyalitätserklärung an den nationalsozialistischen Staat verlangt wird. Thomas und Heinrich Mann sowie Ricarda Huch erklären gleichfalls ihren Austritt. Die Gleichschaltung der Akademie beginnt. [Sektion250ff.]

24. März: Das Ermächtigungsgesetz, nach dem allein die Regierung Verfahren und Gesetze auch gegen die Verfassung erlassen kann, wird im Reichstag beschlossen. Nur die SPD stimmt dagegen.

25. März: Im Berliner Safari-Verlag erscheint ›*Von Saat und Ernte*‹. Auszüge aus bereits veröffentlichten Werken werden mit einer neuen Originalerzählung ergänzt.

April: Der ›Schutzverband Deutscher Schriftsteller‹ wird per Verordnung in den ›Reichsverband Deutscher Schriftsteller‹ überführt und damit die rund 3000 Mitglieder der ›Reichsschrifttumskammer‹ unterstellt.

12. April: Verleger Müller-Grote teilt seinem Autor mit, dass seine Handlungsreisenden immer öfter von Vorbehalten gegen F berichten, vor allem wegen des ›*Pastors von Poggsee*‹ und den ›*Briefen aus Amerika*‹. Um den absatzschädigenden Vorgängen entgegenzuwirken, gedenke er, mit einem geplanten Almanache herauszustellen, dass es mit Fs demokratischer Einstellung sicherlich anders gemeint war. Auch habe er seine Vertreter angewiesen zu verbreiten, »Sie seien nie ein Demokrat im Sinne von Mosse und Ullstein gewesen, sondern Sie seien vielmehr geradezu einer der ersten Nationalsozialisten, kämen auch politisch von Naumann her, der doch auch so etwas gewesen wäre. Natürlich lässt sich so nicht viel erreichen, es wäre gut, wenn Sie selbst dazu, vielleicht im Rundfunk, das Wort einmal ergreifen wollten.« Vielleicht lässt sich so auch der Umsatz wieder steigern. [GF332]

26. April: Knut Hamsun verfasst auf Veranlassung des Verlegers Müller-Grote eine Grußadresse zu Fs 70. Geburtstag. »Ich habe Sie mit dem Herzen gelesen, ich kenne niemand der mir mehr als Sie während des Lesens gut getan hat.« [Almanach70]

5. Mai: Der Ausschluss von acht weiteren Mitgliedern aus der ›Preußischen Akademie der Künste‹ und die von Minister Rust genehmigte Zuwahl von Schriftstellern erfolgt. [Sektion258] —

7. Mai: In mehreren Zeitungen werden die neu zu berufenden Dichter und Schriftsteller aufgeführt. Unter anderem sollen Hans Grimm, Agnes Miegel, Börries v. Münchhausen, Hans Friedrich Blunck, Hanns Johst, Ernst Jünger und der **1930** im Streit mit Thomas Mann und Alfred Döblin ausgetretenen Erwin Guido Kolbenheyer neu berufen werden. Ernst Jünger, von der Nominierung in Kenntnis gesetzt, wird seine Berufung rundheraus ablehnen. [Sektion258 u. 279]

8. Mai: Selma Lagerlöf verfasst eine Grußadresse zu Fs anstehendem 70. Geburtstag. »Ihm öffnen sich die Türen, öffnen sich die Lippen, öffnen sich die Herzen, Kinder lachen, das Leben spielt sein ewiges Spiel, und die Poesie, die der Flachlanddichter, Gustav Frenssen, über die geliebte Heimat gebreitet sah, die sehe auch ich.« [Almanach70]

10. Mai: In zahlreichen Städten Deutschlands finden öffentliche Bücherverbrennungen sogenannter »undeutscher Schriften« statt.

Juni – Juli: Die bürgerlichen Parteien lösen sich unter Druck selbst auf oder werden wie im Fall der SPD verboten.

6. Juni: Anna F äußert in einem Brief gegenüber ihrer Freundin Elisabeth Hablik-Lindemann, dass die neue nationalsozialistische Regierung bisher keinen Vorteil für die eigene Lage mit sich brachte. [Zeit87]

7. u. 8. Juni: Auf der Tagung lässt sich Hanns Johst zum neuen Vorsitzenden der »Dichter« an der ›Preußischen Akademie der Künste‹ wählen. Eine Wahl auf Zeit lehnt er ab. »Glauben Sie, dass ich mir eine Macht, die ich einmal in Händen halte, je wieder entreißen lassen würde?!« (Ina Seidel, Tagebuchaufzeichnungen). Fortan wird es keinen Widerspruch aus den Reihen der Künstler geben. Das Gegenteil ist der Fall. Die Politik der nationalsozialistischen Partei wird zukünftig mit den Waffen der Schriftsteller und Dichter, dem Wort, auch nach außen unterstützt. [Sektion262] [Dichterkreis265]

10. Juni: Die Nominierung von neuen Mitgliedern in die ›Preußische Akademie der Künste‹, darunter auch F, erfolgt. Die Wahl selbst erfolgt **Anfang Oktober.** [Dichterkreis39]

Sommer: Barlt. F beginnt mit den Arbeiten an der Erzählung ›*Die Nachtwache*‹, in der er seine Anschauung zur Sexualität und zum freieren, unbürgerlichen Umgang damit zum Ausdruck bringen möchte. Basis ist das Manuskript ›*Uwe und Antje*‹, deren Abdruck Müller-Grote abgelehnt hatte. Die Umarbeitung erfolgt innerhalb eines halben Jahres. [Zeit89] [Bibliographie107] — Parallel dazu beginnt er an der Arbeit des Schauspiels ›*Geert Brügge*‹, ein Handlungsstrang, der aus der Erzählung ›*Die Hörner von Gallehus*‹ entstammte. »*Als einige Jahre nach dem Krieg der Bauer Heinrich Claußen vom alten Weg aus sibirischer Gefangenschaft heimkehrend, Türen und Fenster seines Hauses vernagelt, seine Äcker verunkrautet, seine Frau Tod, seine Kinder zerstreut fand, war gewiss, dass ich es erzählen würde.*« (Werner Kunze: Erläuterungen zu Bühnenwerken, Themar o.J.) [Texte192f.]

2. Juli: In der Reihe ›Dichtung des Volkes‹ erfolgt ein Rundfunkauftritt Fs, der im selben Jahr noch einmal auf diese Weise vor die Zuhörer tritt. [Zeit88]

4. Juli: Barlt. »*Was mich angeht, so ist der Verkauf der alten Bücher in den letzten zwei Jahren so heruntergegangen, dass ich, 70 Jahre alt, fleißig sein muss, um unser schlichtes Leben hier in Barlt durchzuführen. Der einzige Luxus [...] unser Auto haben wir noch*«. (an Theodor Bohner) [Freundschaft92]

18. Juli: Auch der schwedische Dichter Verner v. Heidenstam beteiligt sich an der von Müller-Grote unter den nordischen Schriftstellern initiierten Umfrage und sendet seine Grüße zu Fs anstehendem 70. Geburtstag. [Almanch70f.]

vor 20. Juli – 29. Juli: Die Hetze gegen Juden macht sich auch bei F bemerkbar. Bemüht, nicht mit Juden in Verbindung gebracht zu werden, gehen mehrere Briefe an seinen Berliner Verleger, ob dieser über die Abstammung eines Filmredakteurs Felke Genaueres wisse, der sich wegen der Verfilmung eines Manuskriptes an ihn gewandt habe. [GF426]

August: Mit ›*Meino der Prahler*‹ erscheint der letzte Roman Fs in der ›Groteschen Verlagsbuchhandlung‹. Die Auflage beträgt 10000 Exemplare. Bis Jahresende werden weitere 11000 Exemplare gedruckt. [Bibliographie32]

Es ist ein klatteriger Tag, Tauschnee und Nebel. Meino, der Thüringer und Fischer Ingert hacken seitwärts der Scheune mit der Maschine aufgehäuften Busch; Fährmann Teut sitzt in der offenen Stalltür und bastelt an einem Pferdegeschirr. Sie haben es nicht eilig; die Arbeit drängt nicht; es ist ja auch Weihnachtsabend. Sie sprechen vom Hegemeister mit seinem Fuhrwerk, von der Trauung in der Kirche, von Italien. Als das zu Ende ist, singt der Thüringer einige heimatliche Lieder und merkt nicht, dass ihm die Tränen über die Backen laufen. Kinder aus dem Dorf und aus der Stadt kommen mit Körben vorüber, treten vor die Küchentür, singen ein Lied und bekommen Weißbrot, Äpfel und Nüsse. Der Nachmittag kommt. (›Meino der Prahler‹. 24. Tsd., S.100)

15. August: Die politische Lage hat sich gewandelt. Nunmehr ist es der Verlag ›Vandenhoek & Ruprecht‹ der an den Autor herantritt und, wie von F **1932** gewünscht, zu einer billigen Ausgabe der ›*Dorfpredigten*‹ rät, um den bekenntnisgebundenen Gläubigen gegen den Sog der nationalsozialistisch geprägten »Deutschen Christen« im beginnenden Kirchenkampf etwas in die Hand zu geben. — F akzeptiert ein geringeres Honorar. Der Auflage wird jedoch kein Erfolg mehr beschieden sein. [GF152]

Herbst: Die Bücherverkäufe Fs betragen nur noch rund 1/10 früherer Zeiten. [Zeit87]

Anfang Oktober: Im Almanach des Grote-Verlags, der diesmal zum 70. Geburtstag am **19. Oktober** ganz dem Barlter Schriftsteller gewidmet ist, nutzt F die von Verleger Gustav Müller-Grote gebotene Plattform, um sich ein für alle Mal den neuen politischen Herren anzudienen und letzte Zweifel an seiner Gesinnung ad absurdum zu führen. Der vonseiten der Rechten erhobene Vorwurf, er sei ein Demokrat, wird entschieden zurückgewiesen und entsprechend gekontert: »*Ich bin ein* *älterer Nationalsozialist als Ihr alle.«* Doch der Schluss der Replik wird wieder versöhnlicher und lässt, für den Fall der Fälle – die politische Richtung kann sich ja doch schnell wieder einmal ändern –, wieder eine Hintertür offen. *»Ich war ein Mensch, der Natur näher als die meisten – es war die Gefahr und die Not des Lebens – und, da ich mich dazu bekannte, ein Ausplauderer ihrer Geheimnisse und damit ein Untersucher vieler Werte. Und war dabei ein Dithmarscher, ein Landsmann von Groth und Hebbel, zwar nicht wunderlich, aber wohl zuweilen überstolz, niemandem und keinem untertan als allein dem Gewissen. Ein solcher gefällt nicht den Gewalten, welche es auch seien. Der ersten, der kaiserlichen, war ich zu sehr der Mann des mühsamen Volkes; der anderen zu deutsch und national; einem dritten mag nicht gefallen, dass ich nur eben kein Mann einer bestimmten graden Richtung bin. Ein deutscher Mensch!«* Und der Hinweis, dass er der neuen Bewegung gegenüber *»nicht sogleich Vertrauen«* entgegenbrachte, auch dies bleibt entgegen der Empfehlung vonseiten des Verlegers stehen. [Almanach81] — Neben Adolf Hitler und Joseph Goebbels erhält auch der Sekretär der Nobelpreisstiftung ein Exemplar des Almanachs, dessen Adresse ihm sein Verleger besorgt hat. [GF411] — Nahezu parallel entsteht mit ›*Für das Propagandaministerium*‹ ein weiterer Text, in dem F sich zwar als unpolitischer Mensch bezeichnet, der jedoch Augen und Ohren offen hält und so den *»Fuhrmann des deutschen Volkes«* klar, als die beste Wahl erkannt haben will. [Zeit240] — Innerhalb weniger Monate wandelt sich F fortan, der zwar immer schon das eine und andere gedankliche faschistische Samenkorn in sich trug, weder im Kaiserreich noch in der Weimarer Republik sich einer klaren politischen Richtung zuordnen ließ, vom Sympathisanten des Nationalsozialismus ab **1932** zum Verehrer Adolf Hitlers. Hatte er als Pastor seinen Gott einst verloren, so wurde der freigewordene Platz durch den fanatischen Österreicher neu besetzt. Was das für das literarische Schaffen bedeuten kann, ist dem Verleger wohl durchaus bewusst, und so legt Müller-Grote seinem Autor nahe, jetzt, im siebzigsten Lebensjahr, die Schreibfeder aus der Hand zu legen und sich auf seinen Ruhestand vorzubereiten. [GF420] —

Die Mitglieder der ›Preußische Akademie der Künste‹, ›Sektion für Dichtkunst‹ wählen neben Johannes Schlaf, Isolde Kurz, Hermann Claudius unteranderem auch F als neues Mitglied in die Akademie. Ernst Jünger, ebenfalls gewählt, lehnt unter dem frischen Eindruck einer kurz zuvor erfolgten Haussuchung bei ihm ab. [Dichterkreis39] [Sektion275 u. 278f.]

7. Oktober: Im ›Völkischen Beobachter‹ erscheint eine auch von F unterzeichnete Erklärung, der ›Sektion für Dichtkunst‹, der inzwischen von der preußischen zur ›Deutschen Akademie der Künste‹ gewandelten Vereinigung. Darin wird u.a. der Austritt aus dem ›Völkerbund‹ begrüßt.» Wir begrüßen, dass der Aufruf ins Deutsche Volk gegangen ist, seine Einigkeit in dieser Ehrenfrage vor der Welt zu bekunden. Wir erwarten, dass jeder Deutsche am **12. November** durch sein Ja die gerade Politik des Volkskanzlers Adolf Hitler stärken wird.« [Sektion278f. u. 275] [Dichterkreis266]

9. Oktober: Barlt. Schreiben an die Zeitschrift ›Uhu‹. [DLM]

15. Oktober: Innerhalb der Reihe ›Köpfe‹ erscheint im ›Simplicissimus‹ Olaf Gulbranssons Porträt »Gustav Frenssen, der Siebziger«. [Simpl/Jg38-H2.338]

18. Oktober: Fs Bekenntnis ›*Frenssen über die politischen Strömungen in seinem Leben*‹ erscheint in der ›Schleswig-Holsteinischen Landeszeitung‹, darin er sein erstes Wirken für die Nationalsozialisten auf **Anfang 1932** datiert. [Texte144ff.]

19. Oktober: Itzehoe. Am Abend feiert F im Hause des Malers und Radierers Wenzel Hablik seinen 70. Geburtstag. »*Wie war dieser Mann mir lange fremd, in seinem Wesen wie in seinem Werk! Aber eines Tages, beim Besehen von Bildern, die neu entstanden waren, fanden wir uns, da ein Wort das andere gab, einig in dem Grunde aller Kunst: dass wir beide uns, gleicherweise, hart abmühten, das in sichtbare Form zu bringen, er in Bildern, ich in Worten, was als Abbild der Schöpfung in uns lebte [...]. Sei jenem Gespräch nannten wir uns lächelnd Blutsbruder und waren gute Freunde.*« [Zeit77] — Tausende von Glückwunschschreiben gehen in diesen Tagen nach Barlt, so u.a. aus Rom vom dortigen deutschen Botschafter Ulrich v. Hassell und aus Doorn, dem Umfeld von Kaiser Wilhelm II. [Zeit89] — Der ›Verein zur Pflege der Natur- und Landeskunde in Nordelbingen‹ ernennt den Jubilar zu seinem Ehrenmitglied und der ›Reichsverband Deutscher Schriftsteller‹ ihn zu ihrem »Ehrensenator«. [Bibliographie235]

21. Oktober: Barlt. Schreiben an die Zeitschrift ›Uhu‹. [DLM]

22. Oktober: In der ›Deutschen Allgemeinen Zeitung‹ erscheint mit Fs ›*Mein Weg als Deutscher*‹ ein identischer nur anders betitelter Text, der zuvor am **18. Oktober** in der ›Schleswig Holsteinischen Landeszeitung‹ abgedruckt wurde. [Texte144ff.] — Über den ›Reichs-Rundfunk‹ wird eine Lesung Fs aus ›*Der brennende Baum*‹ übertragen. [GF431]

23.–28. Oktober: Der ›Deutschlandsender‹ strahlt zur besten Sendezeit um 15 Uhr 45 kleine, fünfzehnminütige Reportagen über Fs Werke aus. [GF431]

25. Oktober: Barlt. Schreiben an die Lyrikerin, Bildhauerin und Zeichnerin Ruth Schaumann, deren Werke ab **1935** als entartet gelten werden. [Monacensia]

26. Oktober: Joseph Goebbels, ›Reichsminister für Volksaufklärung und Propaganda‹, wendet sich mit einem Brief an F und bittet um einen Beitrag zur kommenden Volksabstimmung und darum, das er sich »zur Politik des Volkskanzlers« bekennen solle. F macht sich umgehend an die Arbeit. [GF431 u. 434]

28. Oktober: Die ›Kundgebung deutscher Schriftsteller‹ erscheint. »... unser aufrichtiger Wille, dem inneren und äußeren Frieden vorbehaltlos zu dienen, die tiefe Überzeugung von unseren Aufgaben zum Wiederaufbau des Reiches und unsere Entschlossenheit, nicht zu tun, was nicht mit unserer und des Vaterlandes Ehre vereinbar ist, veranlassen uns, in dieser ernsten Stunde, vor Ihnen, Herr Reichskanzler, das Gedächtnis treuester Gefolgschaft feierlich abzulegen." Unterzeichnet ist der Aufruf von F wie auch von Oskar Loerke, Max Halbe, Arnolt Bronnen, Walter v. Molo und zahlreichen weiteren Literaten der ›Deutschen Akademie der Dichtung‹. (›Frankfurter Zeitung‹)

30. Oktober: Barlt. Wie von Goebbels gewünscht, geht ein Beitrag an das Propagandaministerium, der jedoch wegen diverser Zwischentöne wohl durchaus nicht dem entsprochen haben mag, was Joseph Goebbels sich erhofft hatte. »*Ich bin kein politischer Kopf. [...] Es wird in manchen Häusern hin und* *her gesagt, dass die Regierung viel Gutes habe, ja wohl im Ganzen und Großen auf dem richtigen Wege sei ... aber! Und nun geht das Reden an; und allmählich, da sie so zusammensitzen, kommt eine Stimmung des Klagens und Nörgelns über die Menschen. [...] Ja, so sitzen sie beieinander und reden! Was soll man dazu sagen? [...] Seht, hier ist eine Regierung, endlich, die deutsch ist, von Männern mitten aus unserm redlichen mühsamen Volk, ernst, verantwortungsmutig, mit wuchtigem Fleiß schuftend, reinigend, ermunternd, den Wagen langsam auf die Straße bringend, und du sitzt da und hast Neigung, dich an dieser und jener Kleinigkeit zu ärgern, die nicht ganz nach deinem Sinn und Kopf ist.«* [Texte175f.]

November: Der Münchener ›Verein Raabe-Stiftung‹ verleiht F für den Roman ›*Meino der Prahler*‹ den von ihr initiierten ›Volkspreis der deutschen Gemeinden und Gemeindeverbände‹. Der Preis selbst ist nicht dotiert. Damit verbunden ist jedoch die Abnahme von 3000 Exemplaren des neuen Werkes ›Meino der Prahler‹ als Jahresgabe an die eigenen Mitglieder. [Leitgeb225] — Die versuchte Einflussnahme vom **Oktober**, mit der Zusendung des Jubiläum-Almanachs an den Sekretär der Nobelpreisstiftung gelingt nicht. Der Literaturnobelpreis geht an den sowjetischen Schriftsteller Iwan Bunin.

8. November: Trotz der enormen Publizität, die um das Datum des 70. Geburtstages herum in den Zeitschriften Land auf Land ab zu beobachten war, hat sich dies noch nicht für den Verkauf der Bücher ausgewirkt, wie Verleger Müller-Grote nach Barlt meldet. [GF436]

26. November: Im ›Berliner Lokalanzeiger‹ erscheint Fs Essay ›*Das schlichte Leben*‹. [Bibliographie96]

Dezember: Barlt. Hans Beeck mit Frau und Hans Thiessen besuchen den Schriftsteller. Als das Thema kinderlose Ehen berührt wird, und Frau F ihr eigenes schwieriges Suchen nach einem geeigneten Kind anspricht, unterbricht ihr Mann sie: »*Ach, Anna, wollen wir die alten Geschichten begraben sein lassen! Es ist schon so lange her.*« [Begegnungen44] — Auf Fürsprache Fs und der Schriftstellerin Ina Seidels wird Gertrud Bäumer in die ›Reichsschrifttumskammer‹ aufgenommen. [Parlamentarierinnen206]

2. Dezember: Im ›Würzburger General-Anzeiger‹ erscheint Fs Weihnachtsgeschichte aus der eigenen Jugendzeit ›*In Sorgen Tapfer*‹.
30. Dezember: Barlt. Schreiben an Ingwer Paulsen. [SHLB]

1934

in 1934: Die erste englischsprachige Dissertation erscheint an der Universität New York, E. Koch: Frenssens Use of Nature.
9. Februar: Barlt. Schreiben an Karl Wache. [SHLB]
24. März: Der Freund und Künstler Wenzel Hablik stirbt nach kurzer, schwerer Krankheit. F hält die Grabrede. Die gegenseitigen Besuche werden beibehalten: das Ehepaar F bei der Witwe Elisabeth Hablik-Lindemann in Itzehoe, diese bei ihren Freunden in Barlt. [Zeit109]
27. März: Im ›Börsenblatt‹ erscheint Fs ›*Auch das Buch gehört zum täglichen Brot*‹. [Bibliographie96]
April–Mai: Barlt. F verfasst für den Franz Eher Verlag eine Denkschrift über sich als Dramatiker. [SHLB]
17. April: Barlt. Nach 17 Uhr trifft ein Telegramm aus Berlin-Charlottenburg ein. Staatssekretär Lewald, Präsident des Organisationskomitees der Olympiade, sowie Frhr. v. Münchhausen als Preisrichter des Preisausschreibens, beglückwünschen F zum errungenen dritten Preis. [SHLB]
28. April: Aufgefordert, einen würdigen Träger des diesjährigen Goethe-Preises zu finden, unterbreitet der Frankfurter Gaukulturwart Friedrich Bethge der Findungskommission einige Vorschläge. Neben dem von ihm eindeutig favorisierten Knut Hamsun würden aber auch Ernst Barlach, Wilhelm Schäfer und Gustav Frenssen als würdige Preisträger in die engere Wahl kommen. Vor allem wären sie als Deutsche die bequemere Entscheidung. Später fällt die Wahl dann auf den nachträglich ins Spiel gebrachten Musiker Hans Pfitzner. [Leitgeb125f.]
Mai: Barlt. Der Zentralverlag der NSDAP, Verlag Franz Eher Nachf., übernimmt den Bühnenvertrieb der dramatischen Werke Fs. [GF195]
22. Juni: Der Reichsrundfunk sendet in der Reihe ›Stimmen

der Landschaft‹ den 5:20 minütigen Beitrag »*Über Dithmarschen*«. Sprecher ist F. [DR]

Sommer: Verleger Müller-Grote lässt die restlichen 1200 Exemplare des **1903** erschienenen Schauspiels ›*Das Heimatfest*‹ auf Anordnung seines Verfassers makulieren. [GF195]

2. August: Mit dem Tod des Reichspräsidenten Paul v. Hindenburg übernimmt Adolf Hitler auch diese Funktion und lässt sofort alle Soldaten auf den »Führer und Reichskanzler« vereidigen. Das Amt des Reichspräsidenten entfällt ferner.

9. August: In Bad Oeynhausen erfolgt die Aufführung des Schauspiels ›*Sönke Erichsen*‹ in überarbeiteter Fassung und zudem unter dem ursprünglichen Titel von **1903** ›*Das Heimatfest*‹. [Bibliografi185]

4. Oktober: Die Enkeltochter Frauke wird in München geboren. [Zeit149]

12. Oktober: Hatte sich der in Berlin um sein schriftstellerisches Überleben kämpfende Autor Hans Ostwald zuvor um Hilfe an F gewandt, so folgt kurz darauf ein aufmunterndes Schreiben aus Barlt: »*Mögen sie hier und da auch politisch geirrt haben, – das hat jeder Ältere, auch ich; [...] so haben sie doch, wie Bloem und ich und viele andere unserer Jahre, im Ganzen die Linie des nationalen und sozialen Deutschen innegehalten.*« [Großstadt-Dokumente21]

Oktober/November: Die Bühnenfassung des Schauspiels ›*Geert Brügge*‹ erscheint im ›Zentralverlag der NSDAP Franz Eher Nachf.‹ Geschickt eingesetzte Propaganda sorgt für einige Aufführungen. [GF439]

6. November: Frankfurt a.M. Im Reichssender am Heiligenstock liest F den Text ›*Land dem wir gehören*‹, der auf Wachsplatte mitgeschnitten wird. [DR] — Am Abend bei einer Veranstaltung des ›Freien Deutschen Hochstifts‹ hält er als Gastredner einen Vortrag über ›*Heimat und Herkunft*‹. (›Frankfurter Zeitung‹, 8.11.1934)

9. November: Das Schauspiel ›*Geert Brügge*‹ wird im Stadttheater Flensburg aufgeführt. Weitere Aufführungen erfolgen zum Teil zeitgleich oder Wochen später auf den Bühnen in Konstanz, Lübeck, Stendal, Zwickau, Allenstein, Frankfurt a.O., Bielefeld, Kiel und Eisenach. [Bibliografi36]

10./11. November: Frankfurt a.M. Feier des 75-jährigen Bestehens des ›Freien Deutschen Hochstifts‹ und des 175. Geburtstags Friedrich Schillers. Neben Ernst Wiechert trägt u.a. auch F aus eigenen Werken vor. (›Frankfurter Zeitung‹)

17. November: Vortrag vor Jungbauern. [Zeit90]

15. Dezember: Barlt. Schreiben an Alfred Haering. [DLM]

1935

in 1935: Das Schauspiel ›*Geert Brügge*‹ erscheint in der ›G. Grote'schen Verlagsbuchhandlung‹. [Bibliographie33] — Die **1928** erschienene ›*Chronik von Barlete*‹ wird von dem im Kultusministerium tätigen Dr. Kurt Krippendorf eingekürzt und mit einem Nachwort versehen, in dem Fs Wirken als klassisches Beispiel für lebendiges Heimatbewusstsein herausgestrichen wird. Fortan erscheint das Werk unter dem Titel ›*Eine Keimzelle des deutschen Volkes*‹. [GF389f.]

Januar: Verleger Müller-Grote lehnt eine Veröffentlichung der umgearbeiteten Erzählung ›*Die Nachtwache*‹ entschieden ab. [Bibliographie107]

2. Februar: Barlt. Entgegen dem beiderseitigen Übereinkommen, den Nachlass erst mit Ableben des Schriftstellers in die Schleswig-Holsteinische Landesbibliothek zu überführen, wendet sich F in einem Brief an Volquart Pauls und legt ihm die Gründe dar, warum er davon abweichen möchte. Ausschließlich aus materiellen Gründen sollte der Nachlass nun schon zu Lebzeiten gegen eine entsprechende Honorierung den Besitzer wechseln. Die finanzielle Lage hatte es nicht gut in diesen Jahren mit dem einst vom Erfolg verwöhnten Autor gemeint. Infolge von Inflation und stark gesunkenen Buchverkäufen durch den insgesamt schrumpfenden Buchmarkt in Verbindung mit dem freigebigen Wesen sieht sich F in eine Notlage gedrängt. So erscheint ihm Pauls als rettender Strohhalm, an den es sich zu klammern gilt. Und um auch allerletzte Zweifel krümelgleich vom Tisch zu wischen, betont er ausdrücklich, dass er immer ein deutscher Schriftsteller gewesen sei, »*durch fremde zeitliche Lockungen unverwirrt, und von*

Anfang meiner Schriftstellerei dem Nationalsozialismus nahe gestanden habe [...], dass ich ohne irgendeinen Vorbehalt zu der neuen Bewegung stehe, ist daher selbstverständlich.« – Volquart Pauls und der von ihm instruierte Schleswiger Regierungsdirektor Friedrich Pauly bemühen sich in den folgenden Wochen beim Provinzialverband um eine Regelung, den gesamten Nachlass Fs zu kaufen. [Zeit463]

März: Barlt. Das Manuskript »*Sonderbarer Besuch oder Ein Toter macht Besuch*« entsteht. Der Text gelangt nicht zur Veröffentlichung. [SHLB]

11. April: In einem Briefentwurf schlägt F dem Oberpräsidenten der Verwaltung des Provinzialverbandes vor, ihm gegen Überlassung des Nachlasses einen Ehrensold als Dank und Anerkennung zu gewähren. [Zeit463]

20. April: In der ›Schleswig-Holsteinischen Tageszeitung‹ erscheint Fs Gedicht ›*Adolf Hitler*‹. [Texte209]

23. Mai: Barlt. Um die genauen Modalitäten der Nachlassüberführung in die Landesbibliothek zu besprechen, besucht Volquart Pauls den Schriftsteller. [Zeit464]

31. Mai: Barlt. Schreiben an die Schleswig-Holsteinische Landesbibliothek. [SHLB]

12. Juli: Der Vertrag zwischen F und dem Provinzialverband, in Vertretung des Landeshauptmanns Otto Röer, wird unterzeichnet. Letzterer verpflichtet sich, alle Manuskripte, die sich schon als Depositum in der Landesbibliothek befinden, und auch die, welche neu entstehen, sowie sämtliche Briefe außer den Familienbriefen – diese erst nach dem Ableben – an die Landesbibliothek abzugeben. Im Gegenzug wird dem Schriftsteller mit Wirkung vom **1. Juli** eine lebenslang zu zahlende monatliche Rente in Höhe von 300 Reichsmark aus dem Haushalt der Bibliothek gewährt. Sollte F frühzeitig sterben, so würde diese Rentenzahlung an seine Frau in Anbetracht ihrer Leistung bei der Reinschrifterstellung fortgesetzt werden. [Zeit464]

11. August: Barlt. Nach dem sonntäglichen Kirchenbesuch versucht F, beim Verlassen der Kirche, den Kirchenältesten August Tiedemann in einem Gespräch über seinen neu entwickelten »niedersächsischen Glauben« zu verwickeln und zu beeinflussen. Der verbittet sich die Einmischung in kirchliche

Angelegenheiten und nur unter Androhung von Gewalt zieht F schließlich ab. — Im Verlauf weiterer Auseinandersetzungen auch zwischen Pastor Jens Nissen, weigert der sich schließlich weiterhin Kirchensteuern von dem Autor anzunehmen und der Kirchenvorstand versagt ihm gar ein künftiges kirchliches Begräbnis. [Zeit93]

28. August: Barlt. Der Dank für eine Einladung zu einem öffentlichen Auftritt geht an den Schriftsteller Walter v. Hollander, »*aber ich kann mich bei meinem Alter nicht noch entschließen, öffentlich zu sprechen.*« [Autographenhandel]

September / Oktober: Die frei von nationalsozialistischen, ja, überhaupt chauvinistischen oder rassistischen Spitzen, relativ disparat in der begonnenen Hinwendung zur politischen Tagesströmung dastehende Erzählung ›*Die Witwe von Husum*‹ erscheint in der ›Groteschen Verlagsbuchhandlung‹ in 10000 Exemplaren. Die 14 Illustrationen lieferte der neben Max Liebermann, Max Slevogt und Lovis Corinth bedeutendste deutsche Impressionist Hans Meid. [Bibliographie34] — Die Erzählung basiert auf der von Karl Victor Müllenhoff aufgezeichneten Sage ›Das brave Mütterchen‹.

Der Bürgermeister, ein blutarmer, spitznäsiger und nasskalter Gesell, lebte unbeweibt, ohne Freude an sich selbst und anderen Menschen, noch an irgendetwas zwischen Himmel und Erde. Er war auch seinerzeit nur darum Bürgermeister geworden, weil er, durch holländische Verwandtschaft und Erbschaft wohlhabend, dem Herzog von Gottorp, der Herr von Husum war, eine stattliche Summe Geldes geliehen. Dieser Bürgermeister nun also, überall schiefwinklig und noch dazu verknittert, der weiter keine Kraft in sich hatte, als mit spitzer Nase und noch spitzeren Augen in Gesetzbüchern, Verfügungen und Entscheidungen zu stochern, und der Witwe schon aus dem Grunde gram war, weil sie so schmal und steil, sicher und ruhig über das Ihre gebot, behauptete eines Tags, gefunden zu haben, dass ihr Haus auf dem Deich zwar das Recht hätte zu stehn, wo es stände, dass es aber zu einer Grundrente an die Stadt verhaftet wäre. So hatte die Witwe, denn also eines Tags diesen Prozess am Halse; und dazu noch, da sie aus ihrem sehr ruhigen, etwas herrischen Gewissen etwas Boshaftes gesagt, einige Tage später noch eine Klage wegen Beamtenbeleidigung. (›Die Witwe von Husum‹. 1.–10. Tsd., S.5ff.)

15. September: Mischehen werden zwischen Deutschen und Juden verboten. Für jede Anstellung in einem öffentlichen Amt ist ab sofort ein Nachweis arischer Abstammung erforderlich.

10. Oktober: F spürt ganz unmittelbar die Folgen der Zensur. Die ›Reichsschrifttumskammer‹ lehnt eine Veröffentlichung der Erzählung ›*Die Nachtwache*‹ ab. Wie es heißt, seien nach eingehender Prüfung sämtliche Beurteiler zu dem Ergebnis gelangt, dass das Werk in der vorliegenden Form »zu starkem Bedenken Anlass gibt und ohne Zweifel zu für Sie selbst und den Verlag unerfreulichen Beanstandungen führen würde«. [GF480] — Das Thema einer freizügiger zu handhabenden, unehelichen Sexualität, passt nicht ins offizielle Programm der Nationalsozialisten, die sich in ihrer Doppelmoral nach außen hin in die Zeit des Kaiserreiches zurückbegeben haben.

19. Oktober: Barlt. F bestätigt dem »Gebietsjungvolkführer der Nordmark-HJ«, dass er eine Gruppe Jungbannführer empfangen werde, die sich auf einem Lehrgang befinden. [GF476]

21. Oktober: Barlt. Besuch durch Hans Beeck. [Begegnungen47]

25. Oktober: Auch Gauleiter und Oberpräsident von Schleswig-Holstein, Heinrich Lohse, bestätigt per Brief, dass die Veröffentlichung der Erzählung ›*Die Nachtwache*‹ abzulehnen sei. »Alles hat hier seine Grenzen, und diese müssen im Interesse der Gesamtheit respektiert werden. Es kann sonst kein Staat und keine Gesellschaft bestehen. | Ich bin mir völlig darüber im Klaren, dass es viele, viele unglückliche Ehen gibt und immer geben wird. Wer will es ändern? Ich weiß, das es ›Not leidende‹ Mädchen in großer, großer Zahl gibt. Wer kann sie erlösen? – Ihr Buch und seine Tendenz sind nicht dazu in der Lage. [...] Zum anderen ist es eine Frage der Erziehung und der Aufklärung, nicht aber in den Schilderungen ihres Buches, sondern in der harten Schule einer neuen Weltanschauung, wie sie der Nationalsozialismus darstellt.« [Begegnungen53]

November: Noch einmal gibt sich F der trügerischen Hoffnung hin, doch den Literaturnobelpreis zuerkannt zu bekommen.

Hatte doch ein schwedischer Buchhändler an seinen Verleger glaubhaft versichert, er würde in die engere Wahl kommen. Doch in diesem Jahr wird die Vergabe des Preises ausgesetzt. Wieder ist es damit nichts geworden. Und als schließlich **1938** Hitler die Annahme der Auszeichnung für Reichsdeutsche verbieten wird, hat sich sein ganzes Sehnen und Hoffen auf diesen Preis seit **1910**, sein ewiger Traum um Anerkennung und Größe endgültig ausgeträumt. [Zeit92]

Ende November: Der Kieler Gauleiter Hinrich Lohse fragt bei Hans Beeck an, ob er als guter Bekannter auch Fs Manuskript ›*Die Nachtwache*‹ kenne, das er gerade zur Durchsicht vorliegen habe. Es handele sich um eine »äußerst prickelnde« Geschichte. Seine Sekretärin, der er es auch zum Lesen gegeben habe, nennt es ein »Pamphlet!«. (Hans Beeck) [Begegnungen50]

Anfang Dezember: Meldorf. Das Ehepaar F besucht Hans Beeck, der sich mit seiner Frau z.Z. in der Stadt aufhält. Darauf angesprochen, ob er ›*Die Nachtwache*‹ auch einmal lesen dürfe, bejaht F. Ihn wundere es schon, dass Lohse das Manuskript noch nicht zurückgesandt habe. Wahrscheinlich gehe es in Kiel von Hand zu Hand. Solle der es doch glatt in hunderttausend Exemplaren vervielfältigen lassen. Dagegen erhebt Anna F Einspruch, die von einer Veröffentlichung gar nichts wissen will. [Begegnungen50f.]

1936

in 1936: Die FORD-Motorenwerke bringen ihre Freude zum Ausdruck, den Autor bei der anstehenden Wanderausstellung in Meldorf begrüßen zu dürfen. Ihre Fahrzeuge stehen dem Autor zur eingehenden Besichtigung zur Verfügung. [SHLB] — Der Verlegersohn Hans-Dietrich Müller-Grote wird Teilhaber im Verlag der ›G. Grote'schen Verlagsbuchhandlung‹.

Januar: Ein Anwerbeversuch von Herbert Grabert, zu dem Zeitpunkt Herausgeber des Organs ›Deutscher Glaube‹, ob F nicht als Mitglied bei der ›Deutschen Glaubensbewegung‹ eintreten möchte, wird entschieden zurückgewiesen. [GF444]

17. Januar: Ein weiterer Versuch Fs, eine indirekte Einflussnahme auf das Nobelpreiskomitee zu unternehmen, wie schon **1933**, wird von Verleger Müller-Grote abgelehnt. [GF411]

nach 19. Januar: Barlt. F fordert das Manuskript der ›*Nachtwache*‹ von Gauleiter Hinrich Lohse zurück. »*Wenn aber die Gewaltigen die Veröffentlichung dieses Stückes menschlicher Wahrhaftigkeit nicht gutheißen, sollen sie es auch nicht unter der Hand lesen.*« (an Hans Beeck, 13.1.1936) [Begegnungen52]

4. März: März. »*Wir leben in der alten Weise, ich 73, Tante 65, beide noch recht rüstig, und jeden Vormittag fleißig; nachmittags gehen wir nach dem Kleve zu oder fahren bis zur Försterei Christianslust, wo wir denn eine Tasse Kaffee trinken.*« (an Fritz Hanssen) [Zeit109]

12. März: Noch einmal – wie schon **1933** – legt Verleger Müller-Grote seinem Autor nahe, in den wohlverdienten Ruhestand überzuwechseln. Doch die Antwort folgt prompt mit einem zornig, ausfallend gehaltenen Schreiben. [GF420]

24. März: Barlt. Hans Beeck liefert das im **Februar** übersandt Manuskript der ›*Nachtwache*‹ persönlich ab. Auch er ist gegen eine Veröffentlichung. [Begegnungen56]

Ende März: Das antichristliche Werk ›*Der Glaube der Nordmark*‹ erscheint bei Georg Truckenmüller im ›Gutbrod-Verlag‹. Das Buch markiert den endgültigen Bruch mit dem christlichen Welt- und Menschenbild. Stattdessen wird eine Art nordisches Neuheidentum propagiert. Bis **1939** erscheinen 25 Auflagen mit 100000 Exemplaren. Mit einer Gesamtauflage von 350000 Exemplaren bis **1945** wird es Fs dritterfolgreichstes Werk. [Bibliographie34] — Die hohe Auflage rührt nicht zuletzt daher, dass das Buch bei den Jugendweihen fortan als Gabe der Partei zur religiösen und weltanschaulichen Aufklärung die Bibel ersetzt. — Ursprünglich sollte der Titel ›*Glaubensbekenntnis*‹ lauten, doch Herbert Grabert, der der ›Deutschen Glaubensbewegung‹ angehört und das Werk zusammen mit Jakob Wilhelm Hauer an Truckenmüller vermittelt hatte, setzt sich gegen Autor und Verleger durch. Letzterer hatte zunächst den Vorschlag ›Mein Nordmarkglaube‹ favorisiert. [GF450] — Als einer der Auslöser zur Abfassung des Werkes gibt F an, dass er sich durch den zwischen **1932–1936** im Nachbarhaus residierenden Pastor Jens Nissen zu einem »*Glau-*

bensbekenntnis« genötigt fühle. Der habe sich als zur ›Bekennenden Kirche‹ gehörend bezeichnet, was von der Kirchenleitung ungerügt blieb. [Lebensbericht330]

Aber es ist so: Weil der Führer und seine Bewegung ihr Werk aus der tiefsten Tiefe der germanischen Seele holten, so erscheint, ohne ihr Zutun und ihr Wollen, hinter ihr, in ihrem Hintergrund, und deutlicher als jemals in der deutschen Geschichte, der uralte, urgermanische Glaube. Und diese Bewegung wird nicht wieder aufhören. (›*Der Glaube der Nordmark*‹. 1.-35. Tsd., S.133)

29. März: Auch die Exilpresse nimmt das neue Werk zur Kenntnis. Der auszugsweisen Wiedergabe des Werkes ›*Der Glaube der Nordmark*‹ im neuheidnischen ›Der Durchbruch‹ entnehme man durchaus eine »Annäherung des Dichters an die Ideenwelt Ludendorffs«. (›Pariser Tageblatt‹)

April: In mehreren Zeitungen wird darüber berichtet, dass F Mitglied der ›Deutschen Glaubensbewegung‹ sei. Gegen diese Behauptung protestiert er bei entsprechenden Repräsentanten der Vereinigung auf das Heftigste. [GF444] — Auch später noch wird immer wieder um eine Mitgliedschaft geworben, bzw. erhält F immer wieder Werbesendungen oder gar Zahlungsaufforderungen zur Mitgliedschaft. [GF448]

4. April: Spersdieck. Besuch bei Hans Beeck und Frau zum gemeinsamen Kaffee. Wie so oft bei den gemeinsamen Zusammenkünften bildet F den Unterhalter. »[...] erst richtig in Fahrt gekommen [schüttete er] seinen ganzen Spott in humorvoller Weise über diesen und jenen aus. Wenn er sich in seinen Feststellungen einmal selbst übertrumpfte und es zu arg trieb, rief Frau Anna ihm ein unsagbar gütig wirkendes ›Aber, Gustav!‹ zu. Dadurch fand er dann oft noch schärfere Formulierungen und wurde in seinen Behauptungen eher gestärkt als gemindert.« [Begegnungen57f.] — Der evangelische Bischof Otto Dibelius, ein Anhänger der »Bekennenden Kirche«, veröffentlicht in der Zeitschrift ›Junge Kirche‹ einen offenen Brief zum soeben erschienenen ›Nordmark‹-Buch. Geschickt versteht er es darzulegen, dass F im Grunde schon länger eine pantheistisch-

völkische Religiosität huldige und dieser nun einen romantisch-völkischen Idealismus überstülpe, der zudem noch auf Sozialismus, Marxismus und Bolschewismus zurückgeführt werden könne. Ferner liege der völlige Abkehr Fs vom biblischen Glauben in dessen »Hingabe an die Sinnenfreudigkeit«.
[Otto Dibelius: Zwei Bücher. Frenssens Abschied von Christentum. Junge Kirche, April 1936, 311ff.]

Frühjahr: Johann Heinrich Böhmcker, Regierungspräsident von Eutin, regt die Bildung einer literarischen Vereinigung an. Zahlreiche völkische Schriftsteller und Autoren der Heimatkunstbewegung wie Helene Voigt-Diederichs, Hermann Claudius, Hans Ehrke, Alma Rogge u.a. folgen der Einladung einer Mitgliedschaft und treten dem ›Eutiner Dichterkreis‹ bei, darunter auch F. [Zeit105] — Die »Bekennende Kirche« veröffentlicht mit ›Die Nordmark im Glaubenskampf. Eine Antwort der Kirche an Gustav Frenssen‹ eine offizielle Stellungnahme gegen ihren ehemaligen Amtsbruder. »Frenssens Bücher sind voll gelber Flecken von Zigarrettenfingern, klebrig und backig. Schleswig-Holstein, wasch dir die Hände von diesen Büchern und lass dir von einer scharfen Nordseebrise die Fantasie reinlüften von Frenssens, jedes edle Frauengemüt beleidigenden Geschichten. [...] Mit Frenssens Buch sind wir Nordmärker vor ganz Deutschland gefragt, wie das Volk Israel zu den Zeiten des Elias ›Haben sich bei euch in Schleswig-Holstein wirklich aller Knie mit dem von Christus abgefallenen Pastor vor dem Baal des deutschen Glaubens gebeugt und hat aller Mund ihn geküsst?‹« Besonders brisant für F sind darin die Ausführungen des Altonaer Pastors Prof. Johannes Tonnesen, der in seinem Aufsatz ›Die Wandelbarkeit Gustav Frenssens‹ mit umfangreichen Zitaten aus den Werken nicht ohne Ironie nachweist, wie F sich in seinen Werken immer wieder zur Weimarer Republik bekannt hatte und wie er noch **1933** anscheinend fest in der biblischen Kirche verwurzelt war. [Glaubenskampf11ff. u. 38]

11. Mai: Der in Barlt tätige Pastor Jens Nissen, unmittelbar neben F wohnend, sendet ein Einschreiben an seinen Nachbarn. Er teilt ihm mit, wegen Verächtlichmachung des Kirchenglaubens werde derzeit geprüft, ob F noch zur Zahlung der Kirchensteuer veranlagt werden dürfe. Bis eine klare Anweisung vonseiten der Landes- und Reichskirche vorliege, werde F auf die halbe Steuer taxiert. [GF472]

17. Mai: In der ›Deutschen Allgemeinen Zeitung‹ veröffentlicht der Verleger Dr. Wilhelm Ruprecht einen ›Offenen Brief‹, in dem er sich als Angehöriger der ›Bekennenden Kirche‹ von F distanziert. Der theologische Gehalt früherer Werke wird nicht in Frage gestellt, jedoch die mit dem neuen Werk ›*Der Glaube der Nordmark*‹ vollzogene radikale Abkehr vom biblischen Glauben scharf verurteilt. [GF465]

8. Juni: Der Leiter des Landeskirchenamtes in Kiel, Christian Kinder, legt F in einem Schreiben nahe, als immer noch Angehöriger des geistlichen Standes, auf seine Rechte als Pastor i.R. zu verzichten. [Zeit97] — Nach eigenen Angaben will Kinder persönlich nach Barlt gereist sein, um die Formalien des Verzichtes auf seine Rechte als Pastor in einem persönlichen Gespräch zu klären. [GF475]

10. Juni: Barlt. F setzt die gewünschte Verzichtserklärung auf. [Zeit97]

15. Juni: Die ›Deutsche Allgemeine Zeitung‹ meldet Fs Verzicht auf seine Rechte als Pfarrer a.D. [GF475]

27. August: Barlt. »*›Hilligenlei‹ ist [...] von der ›Prüfstelle zur Förderung des deutschen Schrifttums‹ als noch lesenswert anerkannt.*« (an Marta Trautwein) [Autographenhandel]

4.–6. September: Eutin. Das erste Jahrestreffen des ›Eutiner Dichterkreises‹ findet im Beisein Fs statt. Er logiert im ›Voß-Haus‹. War er zunächst noch etwas reserviert und wollte einfaches Mitglied bleiben, so lässt er sich dann doch neben Hans Friedrich Blunck, Helene Voigt-Diederichs, Hermann Claudius und Hans Ehrke in den Vorstand wählen. Neben Besichtigungen der Stadt und einem Ausflug in die Umgebung, einem Festakt zu Carl Maria v. Webers 150. Geburtstag, einer Ausstellung des Bildhauers Klaus Wrage bildet die literarische Morgenfeier im Rittersaal des Schlosses den Höhepunkt der Tage. [Dicherkreis71ff.]

22. September: Der ›Jungbann 1/31 Niederelbe‹ des ›Deutschen Junkvolks‹ fragt schriftlich wegen eines Besuchstermins in Barlt an. [GF476]

18. Oktober: Barlt. Schreiben an die Stadtbibliothek in Hannover. [SBH]

23. November: Der Führer des Jungbanns ›Lüneburger Heide‹ bittet F auf einer Schulung zum Thema »Glaube der Nordmark« zu sprechen. [GF476]

15. Dezember: Verleger Müller-Grote berichtet seinem Autor, dass der Jugendfunk ›Peter Moors Fahrt nach Südwest‹ fürs Radio verwenden möchte. [GF273]

1937

in 1937: In Österreich erscheint an der Wiener Universität eine Dissertation, E. Grimm: Zeitprobleme in den Romanen Frenssens. — Innerhalb der Veröffentlichungen der ›Gutachterstelle für deutsches Schul- und Studienwesen des Berliner Instituts für Lehrerfort- und -weiterbildung und Schulentwicklung‹ (BIL) erscheint Hans Ulrich Paul: Charakterliche und national-politische Auswertung der Lektüre von Frenssens ›Peter Moors Fahrt nach Südwest‹ in Tertia. [BBF] — In dem von Georg Grabenhorst und Moritz Jahn im Oldenburger ›Stalling‹-Verlag herausgegebenen ›Niederdeutschen Almanach. Aus Dichtung und Kunst der Gegenwart 1937‹ erscheint Fs Gedicht »*Mien Vader*«:

Mien Vader, de ree op'n Geelen,
un sung dabi so smuck.
Mien Moder, de duck sick ümmer,
as söch se Prückel un Puck.

Wo schall ick de Rich hernehmen,
dat Wannern lang Straat un Bahn?
Ick mutt quer över de Heiden
Un mutt alleene gahn.

22. Januar: Barlt. »*Die neue Bewegung und Regierung ist das schönste Glück meines Alters.*« (an Fritz Hanssen) [Zeit94]

6. Februar: Barlt. Mit ›*Vorland*‹ ist auch das Manuskript des dritten Teils der ›Grübeleien‹ fertiggestellt. »*Mehr werde ich nicht schreiben.*« (an Harry Maync) [SHLB] — Auch die Autobiografie ›Lebensbericht‹ liegt in diesem Monat in einer ersten Fassung abgeschlossen vor. [Zeit99]

12. März: Barlt. »*Über die Maßregelung bedeutender Poeten habe ich bisher Sicheres nicht erfahren können.*« Vielleicht werde er aber nächstens Genaueres in Erfahrung bringen. (an Harry Maync) [SHLB]

21. März: Eutin. Anlässlich der Übergabe der neueingerichteten Räume der Handschriftenabteilung in der Landesbibliothek Eutin veranstaltet der ›Eutiner Dichterkreis‹ eine literarische Feierstunde, an der auch F teilnimmt. [Dichterkreis153]

16. April: Verleger Müller-Grote rät F, sein Manuskript des dritten Grübeleien-Bandes ›Vorland‹ einzukürzen und vor allem aus Zensurgründen das darin enthaltene und der Euthanasie und Eugenik verpflichtete »*Tagebuch des Amtmann von Wittschild aus dem Jahre 2023*« zu entfernen. [GF488]

18. Mai: Barlt. Die ›Deutsche Arbeitsfront‹ meldet eine größere Besuchsgruppe über das ›Gauwanderamt Kiel‹ im Hause des Schriftstellers an. [GF476]

21. Mai: Per Anordnung der Schulverwaltung der Stadt Kiel werden jüdische Schülerinnen und Schüler mit sofortiger Wirkung von »Sammlungen, Abgaben, Ausflügen, Spielnachmittagen, vom Baden und Turnen befreit.«

Juni: Barlt. 40 Redakteure, nunmehr Schriftleiter genannt, von 40 überregionalen Tageszeitungen besuchen den Autor in seinem Haus und wandern mit ihm durch die nähere Umgebung. [Zeit244]

22. Juli: Für die Aufnahme von ›Dummhans‹ in die ›Deutsche Kulturbuchreihe‹ des NSDAP Zentralverlags übermittelt und erörtert Verleger Müller-Grote die vom Parteiverlag als Bedingung geltend gemachten Zensurvorschläge. Auch solle F in einem Vorwort zum Ausdruck bringen, dass dank der inzwischen erfolgten »neuen Zeit« die damals geschilderten schlechten Verhältnisse nicht mehr zuträfen. [GF382]

29. Juli: Die literarische Vereinigung ›Nordische Gesellschaft‹ sendet Autoren ihre Aufforderung zur Mitgliedschaft. F folgt der Einladung und tritt dem Verein bei, dem u.a. Alfred Rosenberg, Heinrich Himmler, Baldur v. Schirach und Hans Friedrich Blunck angehören. — Später nimmt er auch an einigen ihrer in Lübeck abgehaltenen Sitzungen teil. [Zeit105]

19. September: Barlt. ›*Vorland*‹ ist immer noch nicht erschienen. Er habe es auch fast vergessen, da er »*mit aller Macht*« an einer neuen Geschichte arbeite. Vor allem am Nachmittag schreibe er. (an Harry Maync) [SHLB]

1.–3. Oktober: Eutin. Im Beisein Fs, der am frühen Nachmittag eintrifft, findet die zweite Jahrestagung des ›Eutiner Dichterkreises‹ statt. Neben dem Festvortrag über Wikinger in Schleswig-Holstein, einem Mitternachtskonzert, der Einweihung des Kreismuseums sowie einem Festkonzert bildet die literarische Morgenfeier im Rittersaal des Schlosses den eigentlichen Höhepunkt der Veranstaltung. [Dichterkreis87ff.]

7. Oktober: Der ›Verlag Georg Truckenmüller‹, vormalig ›Gutbrod-Verlag‹, vermeldet die gute Werbung des ›Schwarzen Korps‹ für das ›*Nordmark*‹-Glaubensbuch. [GF471] — Auch dass es als Auszeichnung und Geschenk der Partei, vor allem bei Jugendweihen, eifrig genutzt wird, lässt die Auflagenzahlen weiter in die Höhe schnellen.

26. Oktober: Verleger Müller-Grote teilt mit, dass die amtliche Prüfungskommission keine Bedenken gegen den Band ›*Vorland*‹ geltend machen wird. Dem Druck stehe somit nichts mehr im Wege. [GF488]

vor 6. November: Barlt. Der stellvertretende Redakteur der Zeitschrift ›Die HJ – das Kampfblatt der Hitler-Jugend‹ besucht F. [GF476]

Mitte November: Es erscheint der ›*Grübeleien*‹ dritter Band, ›*Vorland*‹, in der ›Grote'schen Verlagsbuchhandlung‹ in 5000 Exemplaren. [Bibliographie35]

Ein junges Mädchen hat am Tage angefangen, jemanden lieb zu haben. In der Nacht träumt ihr, sie gehe durch einen Weinberg. Große Trauben und schöne üppige Blätter. Sie hat ein Ölkrüglein in der Hand. Es wird ihr immer wohler und süßer zu Sinn, das Ölkrüglein zittert in ihrer Hand und tropft über. Dann plötzlich gießt sie es aus, mit Willen, mit unendlichen Wonnen.
(›*Vorland*‹. 1.–5. Tsd., S.73)

[...] Wenn das deutsche Volk es mit seinem Nachwuchs so hielte, wie die göttliche Natur es will, welche durch Not und Tod am meisten das von der Fortpflanzung ausscheidet, was erbkrank ist, wenn gar dies deutsche Volk, sich beugend unter Gottes Willen und von der gottgeschenkten Vernunft Gebrauch machend, dieselbe Zuchtwahl, die sie in Ställen und auf den Feldern ausübt, auch für die Menschen ausübte, dann hätte das deutsche Volk sehr wenig Erbkranke. [...] (›Vorland‹. 1.–5. Tsd., S.176f.)

Spätherbst: Kiel. Um eine Mageninfektion auszukurieren, hält F sich für acht Wochen in der Fördestadt im ›Haus Quickborn‹ auf. Freunde werden informiert, dass der berühmte Autor auf Tod und Leben ringe. Seine Frau nimmt ein Hotelzimmer, um ihrem Mann nahe zu sein. Sie verkürzt die Stunden mit dem Vorlesen von Grimms Märchen. Auch die Besuche des Gauleiters Heinrich Lohse oder von Kollegen wie Wilhelm Lobsien oder Hermann Claudius, der zusammen mit Numme Numsen den Patienten besucht, tragen zur Abwechslung bei. [Zeit109] — »Frenssen lehnte in weißen Kissen halb aufrecht und schrieb etwas auf einem Papierbogen, den eine Unterlage schräg hielt. Er nahm keine Notiz von unserer Ankunft«. Erst als Claudius ihm den Bogen wegnimmt, erkennt er den Besuch. Claudius nimmt seine Hand. »So saßen wir lange. Keiner sprach eine Silbe. Ich spürte, wie sein Atem ruhiger ward, wie das Flackern aus seinem Blick schwand. [...] ›Anna‹, hörte ich ihn dann sprechen, ›ich bin ruhig. Wie ist das bloß möglich, Anna. Dieser unruhige Mensch! Seine Hände! Aus seinen Händen ist es über mich gekommen! Ich will nun schlafen.‹« [Claudius93f.]

9. Dezember: In dem Kampf- und Werbeblatt der SS ›Schwarzes Korps‹ erscheint ›*Die Konfirmanden*‹.

1938

in 1938: F spricht den Text ›*Jungs und Deerns*‹ auf Schallplatte. [Texte230] — Beginn der Korrespondenz mit dem Wilhelm-Raabe-Forscher Wilhelm Fehse. [SAB]

27. Februar: Auf Initiative von Gauleiter Hinrich Lohse beantragt Joseph Goebbels beim Führer die ›Goethe-Medaille für Kunst und Wissenschaft‹ für F. Diese Auszeichnung, ursprünglich von Reichspräsident Paul v. Hindenburg zum Gedenken an Goethes 100. Todestag **1932** gestiftet, wird seit **November 1934** von Adolf Hitler persönlich zu besonderen Anlässen vergeben. [Goebbels179]

März: Das Schauspiel ›*Prinz Wilhelm*‹ erscheint in der ›G. Grote'schen Verlagsbuchhandlung‹. Schauplatz ist das Gut Paretz in der Mark Brandenburg im Jahr **1810**. [Bibliografi36]

13. März: Nach dem gewaltsamen Einmarsch in Österreich erfolgt der Anschluss des Alpenstaats an das Deutsche Reich.

17. März: Barlt. Adolf Hitler verleiht F »in Anerkennung seiner Verdienste um das deutsche Schrifttum« die ›Goethe-Medaille‹. [GF355] — Gauleiter Lohse überreicht später persönlich die Auszeichnung. Endlich fühlt der so Geehrte – trotz aller Querelen und vergeblichen Bemühungen um das Erscheinen der ›*Nachtwache*‹ **1935** – sich von denjenigen anerkannt, denen er sich völlig zugewandt hat: »*Die Partei erkennt mich freundlich an, mit Recht [...]*« (an Fritz Hanssen, 21.3.1938) [Zeit97]

20. März: Eutin. Während der Tagung sendet der Vorstand des ›Eutiner Dichterkreis‹, darunter F, ein Telegramm an den Wiener Reichsstatthalter Arthur Seyss-Inquart und grüßt »in tiefer Bewegtheit die Brüder aus Deutsch-Österreich auf ihrem Weg zum einigen Reich.« [Dichterkreis164]

23. März: Barlt. Der schleswig-holsteinische Landesforstmeister überreicht F im Auftrag des Generalfeldmarschalls und Reichsforstmeisters Göring eine Urkunde, darin bestätigt wird, dass ihm zu Ehren der Forst ›Christianslust‹ bei St.-Michaelisdonn, den er oft nachmittags als Ausflugsziel aufsucht, auf den Namen ›Gustav-Frenssen-Wald‹ umgetauft wird. [Bibliographie236]

24. März: Barlt. Antwortschreiben an den als »undeutsch« geltenden, ehemaligen Präsidenten der ›Sektion für Dichtkunst‹ an der ›Preußischen Akademie der Künste‹ Walter Reichsritter v. Molo, der sich in der »inneren Emigration« befindet. Dessen meisten Werke gelten als unerwünscht. [AdK] — Der Kontakt bleibt bis mindestens **1940** bestehen.

30. März: Die Uraufführung des Schauspiels ›Prinz Wilhelm‹ findet im Stralsunder Theater statt. [Bibliographie36]

Frühjahr: Itzehoe. Arzt Erhardt wird konsultiert. Zwar hat sich F seit seiner langwierigen Magenerkrankung **1937** wieder erholt, doch er ist darüber ein Greis geworden. Die Behandlung in Itzehoe wird über einen längeren Zeitraum weiter fortgesetzt. [Zeit109]

April: In ›Eduschos Illustrierte Monatsschrift‹ erscheint Fs Essay »*Die Deutschen in Amerika*«. — Barlt. »*Nichts bildet den Menschen mehr, als Menschenschicksal sehr*«. (an SS-Hauptsturmführer Otto Hoschek, Wien) [Autographenhandel]

8. April: Vonseiten des ›Reichsministeriums für Volksaufklärung und Propaganda‹ ergeht eine klare Weisung an die Kirchenpresse, sich fortan nicht mehr mit Fs früherer christlicher Gesinnung zu befassen. [GF357]

17. April: Vom BDM ›Obergau Nordsee‹ erfolgt eine Einladung zu einer Morgenfeier: »Sie, der Sie gerade heute der Jugend so viel zu sagen haben«. [GF477]

23. April: Verleger Müller-Grote übermittelt einen Vorschlag des Parteiorgans ›Völkischer Beobachter‹ das Buch ›*Briefe aus Amerika*‹ von **1923** wegen der darin enthaltenen positiven Äußerungen über Friedrich Ebert und Walter Rathenau aus dem Verkehr zu ziehen, um allzu eifrigen Parteigenossen keine weitere Angriffsfläche zu bieten. Fortan wird das Werk nicht mehr beworben. Und die Restexemplare werden mit einem von der ›Reichsschrifttumskammer‹ genehmigtem Einlegeblatt versehen, in denen F darlegt, dass er sich seinerzeit bei der positiven Bewertung der beiden Männer geirrt habe. [GF354]

Mai: Seine Frau hält sich wieder bei ihrer Pflegetochter Wiebke und deren Familie in München auf. Martha Schulze führt den Haushalt in Barlt. Als Anna wieder nach Hause kommt, sitzen beide bei einem Nachmittagskaffee draußen im Sonnenschein

1938

zusammen und erzählen sich das jeweils Erlebte. — [Zeit110] Währenddessen schwelt innerhalb der NSDAP-Führungsriege ein Streit um den Schriftsteller. Hanns Kerrl, Reichsminister für kirchliche Angelegenheiten, hatte nachträglich gegen die Verleihung der ›Goethe-Medaille‹ an F protestiert, da er sich »ehemals sehr stark für die Novembergrößen eingesetzt habe.« [Goebbels321]

5. Mai: Barlt. Schreiben an die ›Münchener Stadtbibliothek‹.
[Monacensia]

21. Mai: Die Einladung zur Teilnahme an einem »Führerthing« der ›Nordmark-HJ‹ ergeht an den Schriftsteller. [GF477]

28. Mai: Da die von Adolf Hitler verliehene ›Goethe-Medaille‹ inzwischen dem Empfänger überreicht worden sei, könne der Fall nun nicht mehr aufgegriffen werden, vermerkt Joseph Goebbels in einer Notiz. [Goebbels321]

9. Juni: Verleger Müller-Grote meldet den Erhalt des Manuskripts ›*Der Weg unseres Volkes*‹. [GF485]

Sommer: Barlt. Wie in den Jahren zuvor beginnt mit den wärmeren Tagen wieder die Wahlfahrt zum »Alten achtern Diek«; Schulklassen, Hitler-Jugend, auch eine Gruppe von 40 Junglehrern treffen in Barlt zu einem Besuch ein. »*Während des Sommers werde ich von vielen aufgesucht, meist von Scharen junger Menschen*«. (an Fritz Hanssen, 31.3.1938) [Zeit90]

21. Juni: Eine Einladung zum Besuch eines Jugendlagers auf Sylt mit 1000 Jungen ergeht vom Rottenführer der ›HJ Steglitz Tempelhof‹ an den Schriftsteller. [GF477]

1. Juli: Müller-Grote fordert seinen Autor auf, Rücksicht auf die neue Freundschaft mit Italien zu nehmen und einige Passagen über »die Römer/Lateiner« in ›*Der Weg unseres Volkes*‹ abzumildern. [GF485]

2. Juli: Auch der Bannführer des ›Bann Eisleben‹ lädt F zu einem Besuch vor 500 Hitlerjungen in ihrem Lager in Arnis ein. [GF477]

21. Juli: Das Reichspropagandaamt ordnet an: »Es wird darauf hingewiesen, dass es nicht angeht, wenn in einzelnen Kirchenblättern an der politischen Vergangenheit und an den religiösen Ideen Gustav Frenssens unter unsachliche Hinweise auf diese politische Vergangenheit Kritik geübt wird. Sein Schaffen ist durch die Verleihung der Goethe-Medaille positiv gewürdigt worden und darf deshalb auch nicht durch gehässige Kritik herabgesetzt werden.« [GF357f.]

23. Juli: ›*Der Weg unseres Volkes*‹ findet noch immer nicht in allen Passagen die uneingeschränkte Zustimmung des Verlegers. Er fordert F auf, Ausdrücke, die »etwas zu zornig und temperamentvoll ausgefallen sind«, noch zu mildern. [GF485]

September / Oktober: Das Werk ›*Der Weg unseres Volkes*‹, ein Abriss von der Entstehung der Welt, über die germanischen Götter, bis hin zum Reich Adolf Hitlers, erscheint in der ›G. Grote'schen Verlagsbuchhandlung‹ in 40000 Exemplaren. [Bibliographie35] — Als Quellen dienten F Arbeiten des Dänen Vilhelm Grønbech, der Deutschen Alois Berndt, Bernhard Kummer sowie der mündliche und schriftliche Gedankenaustausch mit Friedrich Pauly und Numme Numsen.

Eine andere Idee, völlig undeutsch, ja widerdeutsch, gelangte mit den Juden in unser Volk [...] der jüdische Geist des reinen Intellekts, des Hohns über alles Völkische und des kalten Egoismus [...]. Eine vierte Idee, die tief ins deutsche Volk einbrach, war der Marxismus oder Kommunismus. Er lehrte, dass alles Geistige und Ideale Unsinn und machtlos sei, dass allein das Materielle Wert habe [...]. Wenn aber ein Volk, aus Verzweiflung an seinem eignen Wert und aus Leichtfertigkeit und unpolitischem Sinn, lauter fremde Ideen durch sich hindurch sich wälzen lässt, und damit sein eigenes Wesen immer mehr versäumt, ja vergisst, ja, missachtet, Tag und Nacht die Ohren voll von semitischem, römischem, französischem, amerikanischem, moskauischem Geschrei – und das Geschrei wuchs von Tag zu Tag –, wie lange kann eine Volksseele das noch ertragen, ohne ganz zu verderben und zu sterben? [...]

Doch da kam ein Wunder! Da kam ein Wunder!!

Da wuchs, nach dem heiligen Willen Gottes – gelobt sein Name – unserm Volk, aus den zerfetzten Schützengräben und aus den Gräbern der heiß beweinten Gefallenen des schrecklichen, verlorenen Krieges, statt Schmach und Schande: Einigkeit und Kraft und Stolz. (›*Der Weg unseres Volkes* ‹. 1.–40. Tsd., S.232ff.)

3. September: Schreiben an Hans Friedrich Blunck, seit **1936** Vorsitzender des ›Eutiner Dichterkreises‹ und **1933–1935** Präsident der Reichsschrifttumskammer. [SHLB]

11. September: In der Hoffnung auf Lebenshilfe wendet sich der Saarbrücker Friedrich Karl Bartels, wie zahlreiche Leser vor ihm, an den von ihm verehrten Schriftsteller. »In die Kirche kann ich nicht gehen, da wird mir keine Antwort. Sonst habe ich hier niemanden. Deshalb schreibe ich an Sie«. [SHLB]

Herbst: Barlt. F ist schwer erkrankt. [Zeit97]

23.–26. September: Eutin. Unter dem Leitspruch »Dreiklang der Künste« findet die dritte Jahrestagung des ›Eutiner Dichterkreises‹ statt. F hatte sein Kommen aus gesundheitlichen Gründen zuvor abgesagt. [Dichterkreis172]

1. Oktober: Deutsche Truppen rücken in das Sudetenland ein.

6. Oktober: Zwischen 16 Uhr 30 und 17 Uhr sendet der Reichssender Berlin das Porträt ›Gustav Frenssen. Bildnis eines Dichters‹. [DR]

19. Oktober: Zum 75. Geburtstag gratulieren wieder über tausend Menschen mit Briefen, Karten und Telegrammen. Darunter befinden sich diesmal auch, anders als vor fünf Jahren, Adolf Hitler, Josef Goebbels und andere NS-Größen, die nunmehr dem sich vom Schriftsteller zum Ideologen gewandelten Barlter und ehemals unsicheren Kantonisten endgültig anerkennen. Von der ›Landsmannschaft Dithmarschen‹ erhält er zu seinem Ehrentag zwei vergoldete Becher, von der Bauernschaft Schleswig-Holsteins eine Porzellanmöwe. [Zeit97] — Der ›Völkische Beobachter‹ nennt F einen »Kämpfer für die deutsche Wiedergeburt«.

22. Oktober: Ein verspäteter Geburtstagsgruß des Schriftstellers Walter Reichsritter v. Molo, ehemaliger Präsident der ›Sektion für Dichtkunst‹ an der ›Preußischen Akademie der Künste‹, geht nach Barlt. [SHLB]

26. Oktober: Barlt. Schreiben an einen Dr. med. Stuhr-Baetz. [SHLB]

28. Oktober: Barlt. F schreibt an seinen Verleger Gustav Müller-Grote. [SHLB] — In der Hamburger ›Neueste Zeitung‹ erscheint ›*Nun kam einer. Friedrich der Große reitet durch Deutschland.*‹ [SHLB]

29. Oktober: Barlt. Schreiben an den ehemaligen Präsidenten der ›Sektion für Dichtkunst‹ an der ›Preußischen Akademie der Künste‹ Walter v. Molo. [AdK]

3. November: Barlt. Das Ehepaar F tritt aus der evangelisch-lutherischen Kirche aus. [GF473]

4. November: Barlt. F sendet seinem Nachbarn Martin Vollstedt, Dorfpastor seit **1937**, einen Brief, in dem er seinen Kirchenaustritt anzeigt und den Wunsch äußert, dass beide auch »*weiterhin nachbarlich freundlich miteinander sind, als Leute, die des Andern Meinung und Glauben als eines ernsten und auch frommen Menschen achten.*« [Zeit97]

zw. 9./10. November: Reichspogromnacht. Die durch Joseph Goebbels organisierten Ausschreitungen gegen Juden lassen im gesamten Land fast alle Synagogen in Rauch aufgehen. Die meisten jüdischen Geschäfte und zahlreiche Wohnungen werden zum Teil schwer zerstört; mindestens 91 Menschen kommen ums Leben.

26. November u. 5. Dezember: Die Pädagogin und Politikerin Emmy Beckmann, mit dem Schriftsteller seit dessen Blankeneser Tagen gut bekannt, wendet sich mit einem Hilfegesuch an ihn. F möge doch der inzwischen in Armut lebenden gemeinsamen Bekannten Helene Höhnk helfen, damit diese einen Platz im Büsumer Altersheim erhalten kann. Zwar mag F die schlagfertige und selbstbewusste Höhnk im Grunde nicht recht leiden, doch er setzt sich wie gewünscht für die Frau ein. [Zeit145]

27. November: Auch die Exilpresse nimmt Notiz von der Neuerscheinung des ›*Weg unseres Volkes*‹. »Auch Gustav Frenssen hat sich im Dritten Reich gut eingerichtet und dem Blutmythos seine Reverenz erwiesen. Dafür wird er von den Nazis auch estimiert, […] Aber eins wird der ›ernste, grüblerische Dithmarsche‹ in dem Buche unterschlagen haben: die strammen Bekenntnisse zu Republik und Demokratie, die er einst ablegte.« (›Neuer Vorwärts‹, 1. Beilage)

Anfang Dezember: Barlt. F klagt über Schmerzen und Unwohlsein im Leib. »Ich stürzte hinauf, und da geht es ihm sehr schlecht und er redet, dass es nun zu Ende ginge. Ich entdecke, dass er, mit dem Kopf oben gegen das Bettbrett gepresst liegt, was er schon in jungen Jahren nicht vertragen konnte, und dann immer dieselben Zustände hätte.« (Anna Frenssen an Elisabeth Hablik-Lindemann) [Zeit110]

12. Dezember: Barlt. Inzwischen hat der Schriftsteller sich wieder erholt. [Zeit110]

21. Dezember: ›*Der Weg unseres Volkes*‹ behauptet sich im Weihnachtsgeschäft äußerst erfolgreich: »Das Buch scheint auch bei vielen leitenden Stellen und Parteigrößen Anklang zu finden«. (Gustav Müller-Grote an F) [GF485]

1939

in 1939: Barlt. Die Bildhauerin Dora Maaßen modelliert F in rotem Ton. [Bibliographie253] — Aufgrund des Erfolges des Buches ›*Der Weg unseres Volkes*‹ wird die geplante Veröffentlichung der Autobiografie für ein Jahr zurückgestellt. [GF485] — In den USA erscheinen zwei Dissertationen über F an der Universität An Arbor in Michigan, F X. Braun: Kulturelle Ziele im Werk Frenssens sowie an der Universität Washington, M. E. Lewis: Heimatkunst und Volkstum from Frenssen to Griese.

9. Januar: Aus Berlin sendet Verleger Müller-Grote eine Mitteilung, die Entwarnung gibt: Vonseiten der kirchlichen Presse wird es zukünftig keine unerwünschte Schnüffelei hinsichtlich Fs früherer Gesinnung während der Weimarer Republik geben. Wie ihm mitgeteilt wurde, hätte man den maßgebenden Stellen unmissverständlich zum Ausdruck gebracht, es sei unerwünscht »einen Mann, der vom Führer ausgezeichnet wurde, von einem Teil der deutschen Presse angegriffen zu sehen.« [GF357]

10. Januar: Trotz der Mitteilung vom Vortag will keine Ruhe einkehren. Müller-Grote muss seinem Autor mitteilen, dass soeben die parteiamtliche Prüfungskommission die ›*Briefe aus Amerika*‹ vom Verlag angefordert haben. Auch in den Jahren **1942** und **1943** wird dies erfolgen. [GF358]

März: Barlt. Der Altonaer Maler und Grafiker Alfred Jensen porträtiert den Schriftsteller. [Zeit106]

2. März: Kiel. Der Vorstand des ›Eutiner Dichterkreises‹ darunter auch F trifft sich zu einer Besprechung bei Gauleiter und Oberpräsident Hinrich Lohse. Der verspricht, die Schirmherrschaft über den Dichterkreis zu übernehmen. [Dichterkreis181]

13. April: Hatte F seinen Verleger zuvor mit Recherchen beauftragt, ob nicht eventuell Alfred Nobel jüdischer Herkunft gewesen sei, so gehen die Erkenntnisse der Recherchen alsbald nach Barlt: Müller-Grote berichtet, dass Nobels Mutter einer jüdischen Familie entstamme. [GF411]

20. April: Zu Hitlers 50. Geburtstag erscheint in einem limitierten Prachtband ein ›Glückwunsch und Bekenntnis‹ von 100 deutschen Dichtern und Schriftstellern, die meist mehr oder weniger dazu gepresst wurden. Fs Beitrag lässt völlig das den Literaten abgeforderte »klare Bekenntnis zum Führer« vermissen, dass ihm, ohne den Zusammenhang zu kennen, die Herkunft eigentlich nicht anzusehen ist. [Klassiker136]

18. Mai: Spersdieck. Besuch bei Hans Beeck. Obwohl seit der Krankheit im letzten Herbst sehr gealtert, scheint er geistig doch der Alte mit seinem neckischen Plaudern geblieben zu sein. Beim Abschied schreibt er in das Gästebuch: »*Gott fürchen unn deep plögen. Gustav Frenssen, nun alt.*« [Begegnungen60]

Ende Mai: Joseph Goebbels rechte Hand, Ministerialdirigenten Alfred Ingemar Berndt, Hardliner im Propagandaministerium und zu radikalen Zensurmaßnahmen neigend, fordert alle Werke Fs bei dessen Verleger Müller-Grote an, angeblich, um ihn noch besser fördern zu können. [GF355]

2. Juni: Umgehend informiert der Verleger seinen Autor, dass sich in der Hauptstadt etwas gegen ihn zusammenzubrauen scheint, was das mit viel Mühe aufgebaute Image unterlaufen könnte. [GF355]

28. Juni: Die »Mädelringführerin BDM Oberlausitz-West« lädt F zu einem Besuch in ihrem Sommerlager ein. [GF477]

22. Mai: Barlt. Das Ehepaar F fährt zum Hünengrab auf den Barlter ›Viert‹ bei Gudendorf. Der Schriftsteller hatte sich als Endpunkt seines neuen Germanenglaubens vor einiger Zeit schon diesen Platz als Grabstelle ausgesucht. Doch der Bestattungsort wurde nicht genehmigt. [Zeit110]

1. September: Mit dem Angriff deutscher Truppen auf Polen beginnt der Zweite Weltkrieg. »Seit heute früh 5 Uhr 45 wird zurückgeschossen« schnarrt es aus den ›Weltempfängern‹.

6. September: Wegen des Kriegsausbruchs wird die vierte Jahrestagung des ›Eutiner Dichterkreises‹ kurzfristig abgesagt. [Dichterkreis108]

November: Barlt. F denkt daran, für sich und seine Frau zwei Grabstellen auf dem ›Wodansberg‹ zu kaufen. [Begegnungen63]

1. Dezember: Barlt. F arbeitet an einigen Propaganda-Artikeln. »Brennend möchte er wissen, wie der Krieg weiter läuft und endet. Er ist tief überzeugt, dass wir gewinnen werden.« (Anna Frenssen an Elisabeth Hablik-Lindemann) [Zeit99]

ab 14. Dezember – 8. April 1940: Martin Bormann, Stabsleiter der Parteikanzlei, bittet Alfred Rosenberg, dem Beauftragen des Führers für Schule und Erziehung, schleunigst eine Liste lesenswertes nationalsozialistisches Schrifttum für die Soldaten zusammenzustellen. Dem Vertrieb christlicher Traktate sei unbedingt etwas entgegenzusetzen. Rosenberg verweist auf den Plan einer einschlägigen Schriftenreihe und sendet eine erste Titelliste. Auch F ist darauf vertreten. [NSDAP556]

1940

in 1940: In den USA erscheint an der Cleveland-Universität eine Dissertation, U. Albrecht: Der Humor bei Frenssen.

Januar: Meldorf. F muss sich einer Prostataoperation unterziehen. Die Diagnose lautet auf Krebs im fortgeschrittenen Stadium. [Zeit111]

Anfang April: Barlt. Etwas erholt sitzt der greise Schriftsteller öfters draußen in geschützten Ecken oder unternimmt kleinere Spaziergänge ums Haus und im Garten. [Zeit111]

4. April: Der Redakteur der FORD-Werkszeitung bittet F, ihm für einen Beitrag ein signiertes Foto und einige Zeilen zur Verfügung zu stellen. [SHLB]

20. April: Barlt. Schreiben an den vormaligen Politiker der ›Deutschen Demokratischen Partei‹, Ludwig Landmann, der als Gegner der Nationalsozialisten in die Niederlande emigriert war und wenig Wochen später untertauchen muss. [UBF]

20. Mai: Barlt: »[...] *ich habe die Meinung, dass ich ein gut Teil meiner besondern Gaben den v.d. Heides verdanke [...] es ist ja Alles Erbe [...].*« (an Calm v.d. Heyde-Lohkamp) [Autographenhandel]

5. Juni: Nach der Einnahme von Belgien und den Niederlanden beginnt der Einmarsch in Frankreich. Nur 20 Tage später zieht Adolf Hitler in Paris ein.

vor 14. Juni: Barlt. Ein Geburtstagsgruß geht an den Schriftsteller Walter Reichsritter v. Molo, ehemaliger Präsident der ›Sektion für Dichtkunst‹ an der ›Preußischen Akademie der Künste‹, dessen meisten Werke als unerwünscht gelten und der sich in der »inneren Emigration« befindet. [AdK]

20. Juli: Spersdieck und Gudendorf. F besucht Hans Beeck. Gemeinsam fahren sie zum ›Wodansberg‹, um sich die zukünftigen Grabstätten anzuschauen. Obwohl geistig immer noch rege, ist F doch körperlich gebrechlich geworden, wie Beeck beobachtet. [Begegnungen66]

26. Juli: Verleger Müller-Grote legt seinem Autor dringend nahe, in der demnächst erscheinenden Autobiographie die immer noch lobenden Sätze über Walther Rathenau tunlichst zu eliminieren. Der Prüfungskommission würde sonst die Möglichkeit eines Druckverbots ermöglicht werden. [GF355]

August: Die Erzählung ›*Der Landvogt von Sylt*‹ liegt in Reinschrift vor. Nach den ideologisch getränkten Schriften und Propagandaartikeln wieder eine literarische Arbeit, die aber erst **1943** veröffentlicht wird. Zum Helden ist mit Nikolai Frenssen der Sohn eines Urgroßonkels erkoren worden. [Bibliographie37] — ›*Recht oder Unrecht – mein Land!*‹ erscheint als NS-Propagandaschrift in der ›G. Grote'schen Verlagsbuchhandlung‹ in 60000 Exemplaren. [Bibliographie36] — In der gegen England und anderen Deutschland umgebenden Staaten gerichteten Schrift, zudem erstmals mit zahlreichen antisemitischen Äußerungen befrachtet, greift Fs auch wieder seine Ansichten der letzten Jahre auf, den Biologismus.

Ihr Deutschen! Und ihr Freunde Deutschlands auf der ganzen Erde, es ist nicht so, dass unser Volk, dieses mächtige, kraftüberströmende Volk von 80 Millionen mitten im Herzen Euro-

pas, eine kleine Veränderung in seiner Verfassung erlebt hat, dass aus einem Kaisertum eine Demokratie, aus einer Demokratie nun dieser Führerstaat geworden ist! Was am deutschen Volk geschehen ist, durch diesen einen Mann, ist eine Wandlung, tief aufsteigend aus langer deutscher Vergangenheit, tief im religiösen Geheimnis. Dies deutsche Volk, jahrhundertelang, sozusagen, in fremden Seelenbezirken wohnend, in gespaltenem, zerrissenem, unsicherem Wesen, und dazu noch, besonders seit seinem letzten Zusammenbruch, beschwatzt, verlockt und verführt von fremden, artfremden Göttern, von jüdischem, romanischem, englischem, amerikanischem Wesen: dies Volk, das jahrhundertelang die Klage kennt mit den Worten des frommen Liedes: ›Ich bin ja nicht mein Eigen‹: Dies Volk ist durch den einen Mann, sein Wesen und Wort, sein Eigen, sein Selbst geworden. [...] Der Hitlerismus, das Hitlertum, eine Sache von gestern? Wohl tausend Jahr lang suchte das deutsche Volk seines Wesens Sinn und Art ... Es fand sie.«
(›Recht ~~oder Unrecht~~ – mein Land!‹. 1.–60. Tsd., S.38f.)

4. August: Barlt. Unter Vermittlung und Anregung von Hans Beeck erwirbt F eine Familiengrabstelle auf dem ›Wodansberg‹ bei Windbergen. Frühere Bestattungswünsche für seine Urne, wie auf dem Barlter ›Viert‹ oder im »Frenssenwald« in ›Christianslust‹ – noch **1939** erwogen –, hatten sich nicht verwirklichen lassen. Auch der Gedanke, die Urne ohne Aufhebens im Watt zu versenken, wurde verworfen. [Heimat70.Jg-12/401]

24. September: Barlt. »*Den Tag der sogenannten goldenen Hochzeit haben wir hinter uns; wir haben davon geschwiegen und erreicht, dass es nicht bekannt wurde. Wir beide sind immer noch recht rüstig, und auch noch tüchtig.*« (an Hermann Niebuhr, o.D.) Nur die Tochter Wiebke Bernt-Frenssen kommt aus München. [Zeit111]

Dezember: Die Autobiografie ›*Lebensbericht*‹ erscheint in der ›G. Grote'schen Verlagsbuchhandlung‹. Bis **1945** werden 23000 Exemplare gedruckt. [Bibliographie36] — Die schon **1937** abgeschlossene Biografie gerät in der endgültigen Form immer wieder zu einer Rechtfertigung gegen den immer wieder vorgebrachten Vorwurf einer früheren sozialistisch-bolschewistischen Haltung, wie ihn die Nationalsozialisten – trotz allem Anbiederns – immer wieder äußern. Zu der Selbststilisierung, als fortwährender Anhänger des Nationalsozialismus seit Urzeiten zu zählen, passen jetzt auch die nunmehr einem größeren Publikum dargebrachten antisemitischen Äußerungen. Die Begegnung mit dem Juden Walter Rathenau **1922**, einem der »*vornehmsten Köpfe in Deutschland*«, wie es noch in den ›*Briefen aus Amerika*‹ enthusiastisch lautete, wurde unter Einfluss vor allem von Verleger Müller-Grote umgearbeitet und lässt nur noch Geringschätzung und Verachtung für den ehemaligen Außenminister erkennen. — Das Jahreseinkommen liegt in diesem Jahr bei 31335 Reichsmark. [Dichterkreis215]

27. Dezember: Barlt. Hans Beeck und Frau besuchen den Schriftsteller. »Gustav Frenssen war körperlich recht abgefallen. Seine durchgeistigten Hände schienen nur noch Haut und Knochen zu sein. Ich fürchtete, er würde nicht mehr lange leben. Sein Geist dagegen war rege, seine Augen sprühten Funken wie früher.« [Begegnungen69]

28. Dezember: Barlt. Schorschl Schiller erhält einen »*Dank und Gruß vom alten Gustav Frenssen [und] alles Gute zur Verlobung*«. [Autographenhandel]

1941

Januar: Wiebke Bernt-Frenssen erkrankt. Nach mehreren Untersuchungen in den folgenden Wochen wird Darmkrebs festgestellt. Sie unterzieht sich einer Operation. [Zeit111]

3. u. 4. März: Anna F besucht ihre Tochter in München, die sich noch im Krankenhaus befindet. [Zeit111]

5. März: Nach einer dringenden weiteren Operation stirbt die Adoptivtochter Wiebke Bernt-Frenssen am Abend. [Zeit112]

8. März: Barlt. »*Halte dich tapfer, Liebste! Wie Du immer gewesen bist, durch all die schweren Jahre neben mir. Wir wollen treu zueinanderhalten. Ich habe Dich so herzlich lieb und bin Dir dankbar für alles.*« (an Anna Frenssen) [Zeit112]

10. März: Barlt. »*Unser liebes Kind! Die Krone in unserm wei-*

ßen Haar! Die einzige Krone! Denn was ich geschrieben habe, war Mühsal, war schwere, schwere Arbeit und Verantwortung, das Kind aber war Geschenk und war nichts als [...] Freude.« (an Anna Frenssen) [Zeit112]

Ende März: Barlt. Anna F trifft aus München kommend wieder Daheim ein. [Zeit112]

Anfang April: Barlt. Die Urne mit der Asche der verstorbenen Tochter trifft von der Münchener Bestattungsbehörde ein. Eine sofortige Bestattung, wie vorgeschrieben, wird vom Ehepaar F zurückgestellt. Der Witwer Dr. Bernt kann erst in ein paar Wochen zu Besuch kommen. Auch gilt es, noch einige Dinge dort auszugestalten. [Begegnungen72]

ab April – Jahresende: Barlt. F erleidet mehrere Anfälle, die ihn nach eigenen Aussagen schon immer wieder einmal geplagt haben: »*Wenn ich [...] längere Zeit den Hinterkopf hart gegen die Wand gepresst, gesessen habe und dann aufstehe, bin ich verwirrt, und zwar in der Art, dass ich in meinem Leben und seinen Zuständen nicht recht Bescheid weiß, weder in der Vergangenheit noch in der Gegenwart. Alles dies ist mir fern und wie vergessen. Ich weiß nicht, wo ich wohne, auch nicht, wie alt ich bin, auch nicht, was ich in der Welt tue und treibe.*« [GrübeleienI.39] — Hinzu tritt eine Gelbsucht. Das Schreiben gelingt fortan nur noch im Liegen. Um sich von seinem Schmerzen, körperlichen wie auch den durch den Tod der Tochter verursachten seelischen, abzulenken, verfasst F für die Enkelkinder Bille und Frauke die Biografie ›*Wiebke*‹. [Zeit112f.] — Fortan gibt es für Anna F kaum noch Zeit zum Ausruhen. Ihr immer hinfälliger werdender Mann bedarf immer öfter der Pflege.

8. April: Barlt. Schreiben an Franz Wegwitz, Ehrenmitglied des Taubstummen-Turnvereins zu Leipzig. [SHLB]

22. Juni: Ohne Kriegserklärung beginnt der deutsche Angriff auf die Sowjetunion. »*Ich musste mich sehr zusammennehmen, um nicht laut loszujubeln, denn dass dies der Anfang vom Ende war, war mir sofort klar.*« (Kathrin K. 17 Jahre, Wetzlar)

14. September: Barlt. Hans Beeck findet einen recht »klöterigen« Schriftsteller vor, der von Gelbsucht eine entsprechende Hautfärbung aufweist und auch unter Magenbeschwerden leidet.

Ende September: Gudendorf. Die Urne mit der Asche der Tochter Wiebke wird im ersten Grab auf dem ›Wodansberg‹ beigesetzt. [Begegnungen74]

1. Oktober: Barlt. Für die Ausgestaltung der Grabanlage auf dem ›Wodansberg‹ übersendet F 300 Reichsmark. [Begegnungen75]

18. Oktober: Barlt. Als Hans Beeck F den seit Jahren obligatorischen Geburtstagskorb vorbeibringen will, wird er wegen der Hinfälligkeit des Schriftstellers nur widerwillig vorgelassen. [Begegnungen76]

27. Oktober: Auch Jakob Wilhelm Hauer, Leiter des ›Kampfrings Deutscher Glaube‹ und gleichzeitig Herausgeber des Organs ›Deutscher Glaube‹, muss in seiner Zeitschrift auf die Zensur achten. Ein Redakteur habe einen Aufsatz Fs durchgesehen und »das gestrichen, was er politisch heute als zur Veröffentlichung untunlich ansah.« Die spätestens seit **1936** erfolglosen Bemühungen der »Deutschen Christen«, F in ihren Kreis zu ziehen, zeitigen immerhin soviel Erfolg, dass sich der Autor bereit erklärt hatte, Beiträge für deren Zeitschrift zu liefern. [GF447]

Jahresende: Das Jahreseinkommen Fs liegt in diesem Jahr bei 86745 Reichsmark. [Dichterkreis215]

1942

in 1942: In der renommierten Fachzeitschrift ›The German Quarterly‹, einem Organ der ›American Association of Teachers of German‹ erscheint Udo Albrechts Aufsatz ›Frenssens Spiel mit der Sprache‹. — Das Werk ›*Lebenskunde*‹ erscheint in der ›G. Grote'schen Verlagsbuchhandlung‹ in 11000 Exemplaren und erlebt noch im selben Jahr eine zweite Auflage. [Bibliographie37]

Ich fühlte Gott als Freund und Helfer. Das war der altgermanische Gott Thor, dem gesunden Geblüt der Germanen eingeboren. Wenn ich erkannte, dass es hässliche Tiere gab, und stumpfsinnige, faule verlogene oder grausame Menschen, schob

ich es von mir. Wenn in Winternächten der Westwind gegen das Haus stieß und die schweren grauen Wogen mit wildem Brüllen drei Tage lang nach der Krone des Deichs schlugen, dann war ich voll Ehrfurcht und frommem Grauen. Das war der altgermanische Gott Wodan, d.h. der Wütende, auch dieser dem Blut der Germanen eingeboren. Gegen alle Stürme baute ich Deiche kindlichen tapferen Trotzes.
[...]
Indem unser Volk in allen früheren Jahrhunderten bis in diese Zeit gleichmütig, ja, stumpfsinnig, Gesunde und Kranke nach ihrem Belieben sich paaren ließ (während es wohl achtgab, dass es im Reich der Tiere und Pflanzen nicht so geschähe!), hat es das göttliche Gesetz des Lebens (das biologische) in gottlosem Willen nicht geachtet. Davon hat unser Volk so viel Kranke Leibes und der Seele. (›Lebenskunde‹. 12.–18. Tsd., S.1f. u. 50f.)

26. Januar: Der ›Reichsführer SS‹, Heinrich Himmler, erteilt Reinhard Heydrich die Anweisung, gegen die »Swing-Jugend«, die sich mit langen Haaren und dem nicht normenkonformen Tanzverhalten revolutionär gebärdet, unerbittlich vorzugehen und diese »anglophylen Tendenzen« radikal auszurotten.

5. März: Barlt. Schreiben an den Direktor der Schleswig-Holsteinischen Landesbibliothek in Kiel Volquart Pauls. [SHLB]

Ende März (?): Barlt. Hans Beeck ist zu Besuch: »Gustav Frenssen ist und bleibt doch der alte Liberalist und Individualist, der er immer gewesen ist und der nicht aus seiner Haut heraus kann. Das ist mir heute ganz klar geworden. Den Nationalsozialismus wird er nie begreifen. [...] Dann bin ich aufgestanden, während Frenssen weiter herumfuchtelte und tobte [...] Seine Frau nahm mich bei der Hand, drückte sie mir und bat mich inständig, ihrem Mann den zügellosen Ausdruck seiner Leidenschaft nicht nachzutragen. So sei er nun mal, so habe sie ihn immer erlebt. ›Aus dieser Leidenschaft heraus hat er auch seine Bücher geschrieben‹.« [Zeit116] — Dabei dienen diese aggressiven Ausbrüche, dieses »*Prahlen*«, wie F es selbst nennt, wohl auch dazu, seine ihm mütterlicherseits angeborene Schwermut zu übertünchen. »Er war eigentlich immer in

Angst, sah immer Unglück kommen; er machte sich auf keine Reise und stieg in keinen Wagen, ohne zu bedenken, dass er verunglückte. Ebenso war er jeden Tag auf schlimme Nachrichten gefasst, ob es nun die Seinen oder den Staat anging. [...] Seine Fantasie arbeitete immer und quälte und beunruhigte ihn. Er war immer auf besonderes Glück oder Unglück und auf besondere Erscheinungen gefasst. Er war z.B. immer darauf gefasst, dass ihm irgendein Wesen, das noch kein Menschenauge gesehn, etwa eins, das unter der Erde lebte oder eben von einem Stern gefallen war, klein, einen Fuß lang, im Garten oder auf der Heide begegnete. Das war der Grund, dass er nicht gern allein war und nicht allein in Feld und Heide ging.« (Anna Frenssen über ihren Mann, handschr. Manuskript) [Zeit121]

April: Im 9. Frontbrief der NSDAP, Kreisleitung Norderdithmarschen, erscheint als Geburtstagsgruß an Adolf Hitler ›*Heil dem Führer!*‹ »*Aber dann kam Er! Wie war er anders! Wie riss er das ganze deutsche Volk hoch! Von unten herauf, das ganze deutsche Volk! Wie pflügte er, schwer und tief, der größte Pflüger, den die Deutschen gesehn, stöhnend in Mühe und Arbeit, fünfzehn Jahre lang, bis in die Tiefen, bis in den Grund der deutschen Seelen, aller deutschen Seelen!*« [Texte240]

Frühjahr: Marie Hamsun besucht das Ehepaar F in Barlt. [Zeit394]

Mai: Barlt. F arbeitet an einem Werk, das zeigen soll, »*wie die alte germanische Glaubenshaltung (nicht die germanische Göttervorstellung) ewig fortlebte und nie verschüttet wurde.*« Müller-Grote vereinbart mit seinem Autor, dass die ›Geschichte des deutschen Glaubens‹ erst nach Kriegsende veröffentlicht wird. [Bibliographie107]

24. Mai: Verleger Müller-Grote teilt seinem Autor mit, dass im ›Reichsministerium für Volksaufklärung und Propaganda‹ wieder einmal Vorbehalte gegen F wegen dessen Werken zutage getreten seien, darunter vor allem der ›*Pastor von Poggsee*‹ und die ›*Briefe aus Amerika*‹. Die Verhandlungen mit den Zensurbehörden gestalten sich äußerst schwierig. »Diese kleinen Hitlers haben ein seltenes Talent, alle Welt zu verärgern.« [GF358] — Insofern erstaunt es nicht, dass sich mit einem undatierten Schreiben Ministerialrat Wilhelm Haegert, Leiter der

›Abteilung Schrifttum‹ im Propagandaministerium, an den Autor aus Barlt wendet. [SHLB]

16. Juni: Marie Hamsun bedankt sich mit einem auch von Knut Hamsun unterzeichneten Brief: »Ich vergesse nie den Besuch bei Ihnen, wo Sie mit Ihrer Frau Gemahlin zusammen mich so herzlich empfangen haben im alten schönen Haus in Barlt. Die nette Unterhaltung, der herrliche Kaffeetisch, vor allem Sie überhaupt in die Augen gesehen zu haben –!« (Marie Hamsun an F, 28.8.1944) [SHLB]

30. Juni: Barlt. Schreiben an Alfred Hearing. [DLM]

19. Oktober: Barlt. Neben Hans Beeck überbringen Johannes Beck, Landrat von Norderdithmarschen und Helene Voigt-Diederichs dem Jubilar ihre Geburtstagsglückwünsche. [Begegnungen79]

Jahresende: Das Jahreseinkommen liegt in diesem Jahr bei 32 967 Reichsmark. [Dichterkreis215]

1943

in 1943: Kiel. Während einer Hebbelfeier im Saal des Rathauses trifft F mit Großadmiral Erich Raeder zusammen. Beide wechseln ein paar Worte. [Lebensbericht209] — Der Kieler Bildhauer Walter Rössler besucht den Schriftsteller in seinem Barlter Heim. An fünf Tagen sitzt F ihm Model, während Rössler ein Tonmodell für eine Bronzebüste moduliert. »Der alte, aber noch sehr rüstige Frenssen erwartete mich schon, bestieg sogleich seinen Stuhl und sagte: ›So, nun wollen wir arbeiten. – Sagen Sie man nix. Ich schweig' auch still"‹ [...] Gustav Frenssen wollte seinen Gedanken nachhängen. Um ihn brauchte ich mich nicht zu bekümmern.« [Schl.-Holst./Okt.63-267f.] — Gerüchte über Massenerschießungen an Juden in Polen und Russland greifen auch in der Zivilbevölkerung um sich.

2. Februar: Ohne Nachschub an Munition und Lebensmittel kapituliert die eingeschlossene 6. Armee in Stalingrad. Mindestens 90 000 Soldaten gehen in Gefangenschaft.

18. Februar: Propagandaminister Joseph Goebbels verkündet auf einer Rede im Berliner Sportpalast den »totalen Krieg«.

22. Februar: Die Münchner Studenten Hans und Sophie Scholl werden vom Volksgerichtshof wegen Widerstand gegen den Staat verurteilt und hingerichtet. Nur zwei von mehreren hundert Schülern, Studenten, Christen, Sozialisten oder einfach nur dem Gedanken der Menschlichkeit Verpflichteten. »In einen Trümmerhaufen stellten wir ein Hitlerbild und schrieben dazu: ›Das verdanken wir unserem Führer‹. Oder ›Ein Volk, ein Reich, ein Trümmerhaufen‹.« (Fritz Theilen, Köln-Ehrenfelder ›Edelweißpirat‹)

25. Februar: In einer vom Rundfunk aufgezeichneten, aber nicht gesendeten Rede wendet sich F an das deutsche Volk: »*Unser Führer, den wir uns selbst gesetzt haben, war und ist, um es mit einem Wort zu sagen: der Inbegriff unseres eigenen Wesens. Er ist unser Mensch; er ist wie wir. Er ist wir Alle. Er ist alles, was in uns gut deutsch ist. Er ist unser guter Wille, unsere Anständigkeit, Ehrgefühl, Tatenlust, Mut, Beharrlichkeit. So handelte er denn auch, was unseres Wesens war.*« [Echolot465ff.]

2. März: Barlt. Schreiben an den Lektor des Insel-Verlags Hanns Arens. [SHLB]

9. März: Barlt. Schreiben an Dr. Rudolf Erckmann, Oberregierungsrat im ›Reichsministerium für Volksaufklärung und Propaganda‹ Abteilung VIII, und als solcher Ansprechpartner für Verlage. [SHLB]

15. April: Die ›Wehrmachtsfrontzeitung‹ veröffentlicht ›*Gustav Frenssen schreibt den Soldaten*‹, in dem unbedingt vom Sieg gesprochen wird, »*weil wir bei Weitem – bei Weitem! – der bessere Teil der Menschheit sind ... Wir!*« [Zeit250]

26. Mai: In der ›Stimme der Heimat‹ sowie in der ›Kopenhagener Soldatenzeitschrift‹ erscheint ›*Was bedeutet dieser Krieg? – Warum müssen wir siegen? Ein Brief Gustaf Frenssens an die Soldaten*‹. [Texte254ff.]

Juli – Oktober: Nahezu alle großen deutschen Industriestädte werden systematisch mit einer bisher nie gesehenen Anzahl an Flugzeuggeschwadern angegriffen. Allein in Hamburg sind 30000 Opfer zu beklagen. Die Versorgungslage wird immer schlechter und die Stimmung innerhalb der Bevölkerung sinkt.

Juli: Zur Feier ihres 10-jährigen Bestehens lädt der ›Kampfring

Deutscher Glaube‹ den seit Jahren vergeblich um Mitgliedschaft umworbenen Schriftsteller ein. [GF447]

2. Juli: Die ›Henschel Flugzeug-Werke‹ wenden sich an F. Für die hausinterne Betriebszeitschrift hätten sie gerne die Erlaubnis, den im **Mai** erschienenen Beitrag ›*Was bedeutet dieser Krieg?*‹ abzudrucken. [SHLB]

13. Juli: Der Abbruch der ›Operation Zitadelle‹ auf den sowjetischen Frontbogen bei Kursk bedeutet das Ende jeglicher Initiative im Feldzug gegen die UDSSR.

August: Barlt. Friedrich Ernst Peters weilt zu Besuch im Hause des Autors. F steckt mitten in einer neuen Arbeit, dem ›*Kandidat Ohland*‹, darin der naiv gläubige Theologiestudent Lars Ohland in einem nordfriesischen Dorf das Christentum predigt, jedoch an der bösartigen Welt zerbricht. [Bibliographie237 u. 108]

Herbst: Barlt. Die Enkelkinder, acht und fünf Jahre alt, sind für fünf Wochen zu Besuch. (an Harry Maync, 8.11.1943) [SHLB]

30. September: Barlt. »*Wir sind bedrückt wegen des nahenden Geburtstages, aber ich kann jetzt nicht mehr verreisen wie früher. Ich bin froh und nicht weniger stolz, dass so Viele meine Bücher lesen [...].*« (an Susanne Hablik) [Autographenhandel]

September / Oktober: Frei von Nazismen erscheint die Erzählung ›*Der Landvogt von Sylt*‹ in der ›Grote'schen Verlagsbuchhandlung‹ in 20000 Exemplaren. Ein Teil der Auflage wird später bei einem Bombenangriff vernichtet. [Bibliographie37]

Am anderen Nachmittag, nach getaner Arbeit, ging er wieder an den Ort der Strandung, um von der Höhe der Düne herab noch einmal alle Möglichkeiten zu erwägen. Der Wind von gestern Abend hatte an Stärke wieder zugenommen, der Sand flog; zuweilen sah er keine hundert Schritte weit, zuweilen hatte er gute Sicht. Zu beiden Seiten, soweit die Augen reichten, gelbe Sandhügel, von den Winden und Stürmen form- und sinnlos hoch getragen. Im Westen, im kalten Dunkelgrau, mit langen weißen Schaumstreifen bis an den fernen Horizont die See. Hier und da Vogelflug und harter Vogelschrei. Die Stelle, wo das Boot gelegen, war schon nicht mehr zu erkennen ... Was war da geschehn? War da etwas geschehn ... außer dem Stol-

pern eines Betrunkenen ... eines armen Narren, der Jahrzehnte lang von einem solchen Erlebnis und großen Fund geträumt hatte, ... gegen eine Bootskante?

Von Norden her kam ein Ruf über die Düne. Aus einem Tal tauchte der Pastor auf. Der alte Handwerker! Der von seinem geistigen Amt weg immer nach Betätigung seiner Hände suchte! Einen Spaten in der Hand, mühte sich der stämmige kleine Mann durch den Sand. Unter der Wollmütze mit dem Klunker drauf wehte, seit vielen Wochen ohne Schermesser, das angegraute Haar. »Ich habe drüben im Jensendal noch einmal gegraben,« sage er, »aber nichts gefunden.«

Der Landvogt rief gegen den harten Wind: »Die Tochter des Strandvogtes, Jungfer Meike« – *wie gern sagt er diese Worte? Wie glühte ihm der Name im Mund! –* »*meinte gestern, es wäre möglich, dass der Täter, falls ein solcher dagewesen ist, einen Genossen gehabt haben könnte, und dass es so möglich gewesen wäre, den Toten viel weiter zu tragen. Ich schlage vor, dass wir in die Marsch hinabgehn und dort nachsehn«* (›*Der Landvogt von Sylt*‹. 1.–20. Tsd., S.60f.)

3. Oktober: In den Frontzeitungen erscheint Fs ›Harte Zeiten‹. »Es ist wahr, die Rückschläge waren schlimm. Aber wie gering sind sie, verglichen etwa mit denen, die Friedrich der Große empfing während seines langen Krieges. [...] Es ist war: harte Zeiten für unser Volk. Diese Zeit vor dem Winter des fünften Kriegsjahrs. Aber sie muss durchgehalten werden.«[Texte260]

18. Oktober: Meldorf. Die Gaupropagandaleitung und Gebietsführung ›Nordmark‹ der NSDAP veranstalten in der Aula der Meldorfer Gelehrtenschule eine Feierstunde zu Ehren des am kommenden Tage das 80. Lebensjahrzehnt vollendenden Schriftstellers. [Zeit117] — Aus dem Führerhauptquartier sendet Adolf Hitler per Telegramm seine herzlichsten Glückwünsche in Würdigung des »reichen dichterischen Schaffens«. [Bibliographie239]

19. Oktober: Barlt. Zahlreiche Gäste der Staatspartei finden sich im Hause des greisen Autors ein, wie Gauleiter Lohse oder Gebietsführer Meiforth. Eine Abordnung der Jugend trägt plattdeutsches Liedgut vor und Gaukulturhauptstellenleiter Kracht überreicht eine Büste des Jubilars. Der Dithmarscher Geschlechterbund ernennt F zu seinem Ehrenmitglied, was der indigniert zur Kenntnis nimmt, glaubte er inzwischen doch längst an seine eigene Selbststilisierung von der Abstammung aus uraltem heimischem Geschlecht – und als solcher hätte er selbstverständlich von vornherein dem Geschlechterbund angehören müssen. Gerhart Hauptmann sendet Grüße: »Lieber und hochverehrter Meister Gustav Frenssen! Einer Bestätigung und eines Lohnes bedürfen Sie nicht, denn Ihr so reiches Wirken belohnt sich selbst.« Hans Leip sandte seinem Bekannten aus Blankeneser Zeiten »in Verehrung von Jugend auf« das Gedicht ›Besinnung‹ zu, welches er am **9. September** verfasst hatte. Heinrich Himmler und Joseph Goebbels gratulieren per Telegramm. [Zeit117] [Bibliographie237] [SHLB] [GF478]

nach 19. Oktober: Der ›Kampfring Deutscher Glaube‹ veranstaltet an unterschiedlichen Orten Ehrenfeiern für den Schriftsteller. [GF447] — F. erkrankt. (an Harry Maync, 22.12.1943) [SHLB]

Dezember: Barlt. Prof. Dr. phil. G. Schikorr vom ›Staatlichen Materialprüfungsamt Berlin-Dahlem‹ bringt auf Fs Grundstück einige Zink- und Eisenproben an. Sie sollen Aufschluss »über den Witterungsangriff auf Metalle in Dithmarschen« geben und dienen einer Versuchsreihe zur »Spannungskorrosion im Binnenklima«. [SHLB]

5. Dezember: In der ›Stimme der Heimat‹ erscheint zum bevorstehenden »Lichtfest« Fs Gruß an die Soldaten ›*Ihr haltet Wacht vor den Weihnachtsstuben der Heimat!*‹ [Texte265]

22. Dezember: Barlt. »*Das ist ja schlimm! Aber gut, dass Sie den Kopf hoch halten! Ich schreibe Grothe, dass ich möchte, dass er Ihnen derzeit (wohl erst Februar) die ersten 7 Bände [der Gesamtausgabe] schickt. Für den ersten Band werde ich Grothe zum Einkleben ein Sprüchlein schicken [...].*« (an Hanns Arens) [Autographenhandel]

1944

März: Barlt. Die ideologische Schrift ›*Die verrückte Zeit*‹, ein zukünftiger Gesellschaftsentwurf frei von Christentum und ganz nach den Belangen biologistischer Gesetze ausgerichtet, liegt als Manuskript vor und soll nach dem erfolgreichen Sieg veröffentlicht werden. [Zeit100] — Der annähernd zeitgleich entstandene vierte, nicht mehr veröffentlichte Band der ›*Grübeleien*‹ lässt dann wieder die ganze innere Zerrissenheit erkennen. Hatte er sich zuvor völlig vom Christentum losgesagt und einen nordischen Glauben propagiert, so finden sich hier Sätze, in denen er bekennt, dass ohne den Glauben kein Friede, keine Ordnung möglich sei. »*Diesen Glauben muss man propagieren, schlicht, klar, als das eine große Ziel der Menschheit und der Erde, wenn auch noch so fernes.*« [Zeit103]

1. Juni: Barlt. F tauscht die mit einem Schreiben vom **24. Mai** von Prof. Dr. Schikorr zugesandten neuen Metallproben auf seinem Grundstück gegen vorhandene aus und sendet die gewünschten angewitterten Zink- und Eisenstücke zurück. [SHLB]

23. Juni: Prof. Dr. Schikorr vom Materialprüfungsamt in Berlin dankt für die zurückgesandten Proben und bittet um Zusendung weiterer noch vorhandener Proben zum **1. Juli**. Die Versuchsreihen wären damit abgeschlossen. Es hat sich gezeigt, dass die Korrosion in Barlt wegen der größeren Nähe der Dithmarscher Bucht etwas höher wäre als an einem Vergleichsort. [SHLB]

27. Juni: In der ›Stimme der Heimat‹ wendet sich F an die Soldaten: »*So is dat in Ordnung!*«[Texte277]

1. Juli: Barlt. F. nimmt die gewünschten Proben ab.

August: Barlt. Wie in besten Zeiten sitzt F jeden Morgen an seinem Schreibtisch. Er arbeitet an der Erzählung ›*Kandidat Ohland*‹ und an dem Werk ›*Zeitenwende*‹, in dem sich der Autor an die – nach dem zukünftig siegreich bestandenen Krieg – heimkehrenden Soldaten wendet. [Zeit103]

3. August: In der ›Kieler Zeitung‹ erscheint ›*Ruf des Schicksals*‹. »*Das Feuer stürmt zu Land und zu Wasser gegen unsere Grenzen und verzehrt unsere jungen Brüder. Es fällt aus der Luft auf uns herab und braust durch die Straßen unserer*

Städte! *Wie viele Tausende sind in den Häusern und Straßen getötet! Wie viel bescheidenes geliebtes Eigentum ist vernichtet! Wie viele liebe traute Runden um die Abendlampe sind auseinandergerissen! Aber ..., stöhnen und blutend steht unser Volk aufrecht und einig wie ein einziger Mann gegen alles anstürmende Unheil.*« [Texte279]

Herbst: Barlt. Die Münchner Wohnung des Schwiegersohnes wird durch Bombenangriffe auf die Stadt zerstört. Die Enkelkinder finden im Hause der Großeltern eine neue Bleibe. Noch einmal zieht etwas Freude ins Leben Fs ein, wenn er so mit Bille und Frauke zusammen sein kann. [Zeit118]

Oktober: Barlt. »*Es geht mir und meinem alten Kamerad – Seit 54 Jahren! – leidlich gut.*« (an Harry Maync) [SHLB]

16. Oktober: Auch im Osten stehen erstmals fremde Truppen auf deutschem Boden. In Goldapp bei Ostpreußen überschreitet die sowjetische Armee die Grenze.

21. Oktober: US-amerikanische Truppen erobern Aachen.

25. Oktober: In der ›Schleswig-Holsteinischen Tageszeitung‹ erscheint Fs ›*Auf die Deiche*‹. »*Geht! Geht! Schreit durchs Land von Haus zu Haus:* ›*Auf die Deiche! Auf die Deiche!*‹ *Und kämpft, kämpft alle als des Volkes Aufgebot!*« [Texte265]

14. November: Barlt. »*[...] er ist ein wenig mutlos. Obgleich er den Tod nicht fürchtet, so ist das Abschiednehmen nicht leicht. Ich würde ihn ja so gerne noch behalten*« (Anna Frenssen an Elisabeth Hablik-Lindemann) [Zeit118]

5. Dezember: Der Verlag ›Georg Truckenmüller‹ vermeldet, dass das Oberkommando der Wehrmacht beabsichtigt, den ›*Glaube der Nordmark*‹ als kostenlose Tornisterschrift an die Truppe auszuliefern. Die Auflage soll zwischen 80-100 000 Exemplaren betragen. F muss nur noch seine Bereitschaft zu einem mäßigen Honorar in Höhe von 3000 Reichsmark erteilen. [GF472]

13. Dezember: Verleger Müller-Grote kann die freudige Nachricht mitteilen, dass es ihm aufgrund von Beziehungen gelungen sei, noch einmal 30 000 Exemplare von ›*Der Weg unseres Volkes*‹ zu drucken. [GF486]

20. Dezember: Prof. Dr. Schikorr vom ›Staatlichen Materialprüfungsamt Berlin-Dahlem‹ fordert alle sich noch auf Fs

Grundstück befindenden Zink- und Eisenproben der Versuchsreihe zur Korrosionsuntersuchung zurück. [SHLB]

1945

11. Januar: Die ›Kieler Zeitung‹ veröffentlicht Fs Aufruf ›*Europa! Von der Sendung und der Kraft der Deutschen*‹. [Texte283] — Reichsjugendführer Artur Axman ruft alle berufstätigen Hitlerjungen von 15 Jahren auf, sich freiwillig zum Dienst für das Vaterland zu melden: »Ihr werdet den ersehnten Dienst an der Waffe neben Eurer Arbeit in den Betrieben freudig auf Euch nehmen und damit den Vernichtungswillen des Feindes beantworten durch Eure Tat.«
27. Februar: Die Kriegsfreiwilligenaktion für den neuen Jahrgang beginnt. »Der Jahrgang 1929 wird in langer Zeit eine vielseitige und gewissenhafte Ausbildung erhalten. Diese Ausbildung wird ihm später in Verbindung mit einer tapferen Haltung die Überlegenheit über den Gegner verleihen.« (Reichsbefehl der Reichsjugendführung)
Anfang April: Barlt. F verabschiedet sich in einem Brief von Gauleiter Lohse mit den Worten, er scheide aus dem Leben in dem Glauben an den Endsieg. [Zeit253]
9. April: Barlt. »[...] nun schläft unser lieber Gustav seinem Tod entgegen; es wird nicht lange mehr dauern, so hoffe ich, tut er dann den letzten Atemzug. [...] die letzte Zeit war nicht leicht für ihn: Die Schmerzen kamen immer häufiger und wurden schlimmer.« (Anna Frenssen an Elisabeth Hablik-Lindemann) [Zeit120]
11. April: Barlt. F stirbt an den Folgen von Prostata- und Blasenkrebs. Entgegen früheren Vereinbarungen hatte er sich kurz vor seinem Tode doch dazu entschlossen, statt der Einäscherung eingesargt zu werden. Stellmacher Friedrich Peters fertigt das für die letzte Reise benötigte Möbelstück. [Zeit120] — Seiner Frau gegenüber hatte er zuvor einmal geäußert: »*Wenn Du, indem Du an mich denkst, wenn ich gestorben bin, nicht leise und freundlich lächelst, hast Du mich nicht verstanden. Und so wie Du, alle andern, alle Menschen. Ich darf nicht all-*

zu ernst genommen werden oder gar feierlich. Ich hatte nichts von einem Priester, weder äußerlich noch inwendig; ich trug keinen schwarzen, im Gegenteil, einen bunten Rock. Mit ernstem Gemüt erzählte ich im bunten Rock.« (Anna Frenssen über ihren Mann, handschr. Manuskript) [Zeit121]

14. u. 15. April: In der ›Schleswig-Holsteinischen Tageszeitung‹ erscheint posthum Fs ›*Es geht um Europa! Ein Ruf in die Zeit*‹. [Texte284]

15. April: Barlt. Gauleiter Hinrich Lohse sowie der Freund und Landrat Friedrich Pauly sprechen Worte des Abschieds vor dem im Hause aufgebahrten Sarg. Danach stimmen Dorfkinder ›Weißt du, wie viel Sternlein stehen‹ an, eines von Fs Lieblingsliedern. Nach dem Lied wird der Sarg aus dem Haus zu einem wartenden Leiterwagen getragen. Die zwei vorgespannten Pferde ziehen an. Der Trauerzug folgt dem Gespann entlang der Dorfstraße bis zur Norderbrücke. Von hier nimmt Gespannführer Hermann Büsch den Weg allein bis nach Windbergen, wo das Gespann am Ortseingang vom Friedhofswärter Richard Timmermann übernommen und zum Wodansberg geleitet wird. Die Trauergäste sind inzwischen mit dem Automobil vorgefahren. Nachdem der Sarg in die Grube gelassen wurde, spricht Hans Beeck noch einige Worte des Abschieds. [Begegnungen92ff.]

21. April: Barlt und Spersdieck. Mit Hilfe von Hans Beeck, Robert Wilkens und zwei weiteren Personen erfolgt die Verbringung zweier riesiger Kisten auf Hof Spersdieck. Sie enthalten den Nachlass sowie die Bibliothek Fs, darunter seltene Erstausgaben und Übersetzungen seiner Werke. Noch in der Nacht werden rund 100 m vom Haus entfernt zwei Löcher ausgehoben und die Kisten dort vergraben. Nach dem Einmarsch der britischen Truppen, und nachdem die politische Lage sich beruhigt hat, wird der Inhalt wieder ins Frenssen-Haus nach Barlt überführt. [Begegnungen99]

8. Mai: Der von Adolf Hitler und den Nationalsozialisten entfesselte Weltkrieg endet mit der Gesamtkapitulation des Deutschen Reiches.

Gustav Frenssen am Schreibtisch.
Vor ihm an der Wand ein Gemälde des Vaters.

Gustav und Anna Frenssen um 1941.

Ortsregister

Aachen 249
Aisne 128
Allenstein 213
Altona b. Hamburg 90, 101, 129, 132, 136, 138, 176, 193, 202, 233
Altoona 144
Alt-Rahlstedt b. Hamburg 84, 98
Amsterdam 140f.
An Arbor 233
Ancre 128
Archangelsk 19

Bad Harzburg 107
Bad Oeynhausen 213
Bad Orb 95, 128
Baden-Baden 106
Barlt 19–22, 25f., 28–30, 33, 39, 64, 103, 105, 107, 120f., 124, 128, 131, 133f., 136, 138, 163–168, 170–172, 174f., 178–182, 184–186, 189–196, 200–203, 206, 209–212, 214–217, 219, 221–224, 227–228, 231–251
Basel 76
Batimore 143f.
Berlin 29f., 43f., 47, 65, 68, 74f., 91, 101, 105, 112f., 119f., 123, 128, 129f., 132, 139f., 152f., 166, 174, 176, 183, 185f., 197, 204, 211f., 213, 233, 243, 248f.
Bern 119
Bernburg 177
Bialystock 117
Bielefeld 177, 213
Boulongne-Sur-Mer 141
Braunschweig 57, 73
Bremen 123, 162, 177

Bremerhaven 163
Breslau 104
Bruck a.d. Muhr 170
Brunsbüttel 76
Buffalo 149
Büsum 232

Champaign 148
Chehalis 158
Cherbourg 162
Chicago 146–148, 161, 172
Christiansfeld 22, 24
Cleveland 145, 235
Columbus 153
Cuxhaven 88, 120

Davenport 154
Doorn 209
Dresden 68, 132

Eckernförde 35
Eisenach 213
Essen 61
Eutin 110, 221f., 224f., 227, 231, 235

Flensburg 213
Florenz 112
Frankfurt a.M. 212–214
Frankfurt a.O. 213
Friedrichstadt 136
Ft. Wayne 154

Gladbrook 154
Goldapp 249
Goslar 177
Göttingen 44, 49, 52
Gravelotte 56

Graz 170
Grodno 117
Gudendorf 234, 236, 240
Gut Bornstedt 74
Gut Paretz 227

Hadersleben 81
Hamburg 34, 39, 48, 61, 71f., 83, 94, 100, 106, 109, 120, 123, 132, 181, 195, 244
Hamburg, Blankenese 84, 88, 90–97, 100–107, 109–112, 116f., 119f., 122, 124, 127f., 130–133, 189, 232
Hamburg, Eilbek 47
Hamburg, Horn 90
Hamburg, Klein-Flottbek 88
Hannover 139
Hartfort 151
Haseldorf 60f.
Heide 131, 138
Heidelberg 29, 69, 97
Helgoland 63
Hemme 35–40, 42–44, 46–49, 51–55, 57–64
Hemmelmark 72
Hennstedt 33, 35
Husum 27f., 67, 69, 180

Indianapolis 149
Ithaca 149
Itzehoe 38, 110, 186, 209, 212, 228

Jena 177

Keystone 154
Kiel 32, 38, 49, 61, 70, 72, 82f., 100, 110, 123, 129, 163, 177, 213, 218, 222, 224, 226, 233, 241, 243, 248, 250
Klagenfurt 170
Konstanz 213
Kopenhagen 83, 88, 180, 244
Kursk 245

Langeness 39
Leck 37, 40, 52
Leipzig 54, 67, 123, 177
Locarno 103
London 137
Los Angeles 159–161
Lübeck 58, 213, 225
Lund 179

Magdeburg 123, 177
Marion 152
Mason City 155
Meldorf 22–28, 32–34, 46, 52, 64f., 67–70, 72f., 77, 80, 82f., 85, 88, 168, 191, 218, 235, 246
Milwaukee 148
Minden 177
Moskau 140
München 136, 166, 174, 182, 184–186, 195, 199, 204, 211, 213, 228f., 238f., 244, 249
Münster 72, 83, 85

Naumburg 177
Neu Ulm 155
Neuenkirchen 49
Neumünster 186
New Haven 151
New York 141–143, 151f., 161f., 189, 199, 212
Nürnberg 123

Ortsregister

Nykirka → Övralid

Ohland 39
Oland 70
Oldenburg i. Holstein 186
Olevano 112
Oslo 179f.
Övralid 180

Paris 103
Philadelphia 143
Pittsburgh 144f.
Plymouth 141, 162
Point Loma 161
Portland 159
Potsdam 74
Poughkeepsie 149
Providence 151

Radolfzell 81
Rapallo 143
Reading 49
Rendsburg 19
Rochester 145
Rom 112, 209
Rotterdam 140f.

Salzburg 169, 195
San Diego 160f.
San Francisco 159
Santa Monica 161
Santiago de Chile 51
Schleswig 45, 57, 215
Seattle 157f., 200
Segeberg 32
Skagerrak 120
Spersdieck 103, 106, 165, 220, 234, 236, 251

Spokane 156f.
St. Louis 153, 172
St. Michaelisdonn 227
St. Paul 155
St. Petersburg 109
Stalingrad 243
Stendal 213
Stift Neudorf 97f.
Stockholm 179
Stockholm 83, 107
Stuttgart 132
Subiaca 112

Tacoma 158f.
Tia Juana ? Tijuana
Tijuana 160
Tokyo 106
Toledo 145f.
Trieschen 39, 175
Tübingen 28f.

Uppsala 166

Versailles 131
Villach 170

Waabs 35
Warschau 117
Washington 149, 172
Weimar 109
Wernigerode 177
Wesselburen 25, 30, 186
Wesselburener Koog 56
Westerland 19
Westerwohld 56
Wien 10, 53, 223
Wilhelmshaven 94
Windbergen 134, 237, 251

Worpswede 65, 68
Würzburg 212

Zennhusen 36
Zwickau 213

Ackerknecht, Erwin 106
Adelt, Leonhard
Alberts, Jacob 131
Albrecht, Udo 235, 240
Alexandra Fjodorowna 78
Andersen, Hans Christian 190
Arco, Anton Graf v. 192
Arens, Hanns 195, 244, 247
Arnold (Pädagoge) 151
Axmann, Artur 250

Babson, Herman 111
Baden, Prinz Max v. 127
Ball, Hugo 128
Ballin, Albert 88
Bartels Friedrich Karl 231
Bartels, Adolf 25f., 46f., 76
Basedow, v. (Generalmajor) 106
Baudissin, Wolf Graf v. 71
Bäumer, Gertrud 211
Baumgart, Otto 82, 163
Baumgärtel, P. 100
Beckmann, Emmy 69, 87f., 90, 94f., 99f., 138, 232
Beckmann, Hanna 69
Beckmann, Johannes Heinz 188
Beeck (Familie) 103, 106
Beeck, Hans 103, 106, 133, 165, 184, 211, 217–220, 234, 236–241, 243, 251
Berndt, Alfred Ingmar 234
Berndt, Alois 230
Bernt, Bille (Enkeltochter von → Frenssen, Gustav) 204, 239, 245, 248
Bernt, Frauke (Enkeltochter von → Frenssen, Gustav) 213, 239, 245, 248

Bernt, Walter (Ehemann von → Frenssen, Wiebke) 184, 239, 249
Bernus, Alexander v. 97
Beselin (Augenarzt) 95
Bethge, Friedrich 212
Bethmann-Hollweg, Theodor v. 97f.
Bettelheim, Anton 127
Beuttenmueller, Hermann 107
Beyerlein, Franz Adam
Biehl, Friedrich (Fidde) Wilhelm 178, 180
Bischoff, Charitas 48f., 90
Bismarck, Otto v. 111f., 115f., 172
Blunck, Hans Friedrich 171, 199, 205,222, 225, 231
Böckler, F. 101
Böhmcker, Johann Heinrich 221
Bohner, Theodor 88, 95f., 101, 112, 116f., 136, 164f., 168, 170, 173, 175, 190, 193, 206
Boie (Familie in Husum) 28
Bölsche, Wilhelm 136
Bonus, Arthur 46, 48
Borchardt, Rudolf 81
Borman, Martin 235
Braun, F. X. 233
Braun, Harald 190
Braun, Lily 84
Brockdorff-Rantzau, Ulrich Graf 140
Brodersen, Amanda 64
Bronnen, Arnold 197, 210
Brüning, Heinrich 190, 196
Bülow, Bernhard v. 88, 91, 112
Bultmann, Rudolf 50
Bunin, Iwan 211

Burfeind, Leni 90, 101
Burte, Hermann 199
Büsch, Hermann 251
Busch, Wilhelm 178
Busse, Carl 55, 58, 75
Büttner, Erich 191f.

Callwey, G. D. W. 70
Castelle, Friedrich 65
Cauer, Minna 85
Chalybäus, Heinrich Franz 61
Chamberlain, Houston Steward 82
Claudius, Hermann 115, 209, 221f., 226
Claussen (Enkel v. → Claussen, Hans Reimer) 154
Claussen, Hans Reimer 154
Claußen, Heinrich 206
Cooper, James Fenimore 156
Corinth, Lovis 216
Cromwell, Oliver 172

Dahn, Felix 66
Darwin, Charles 78, 93
Däubler, Theodor 178
Davidson, Georg 117
Dehmel, Ida 89
Dehmel, Richard 84, 89, 101, 106, 114, 116
Delbrück, Horst 68
Dernburg, Friedrich 75
Dibelius, Otto 220f.
Dickens, Charles 36, 47
Diederichs, Eugen 65
Diedrichs, Benno 195
Döblin, Alfred 178, 188f., 204f.
Dohse (Polizeidiener) 25

Döring (Fräulein) 119
Dreiser, Theodor 159
Droop, Fritz 83

Ebert, Friedrich 139f., 165f., 228
Ebner-Eschenbach, Marie v. 53, 55, 58, 127
Eccius, Otto 61f.
Eckmann, Heinrich 202
Edschmid, Kasimir 97f.
Ehrke, Hans 221f.
Einstein, Albert 185
Eisenstaedt, Alfred 196
Elbertzhagen, Eckart 202
Elisabeth v. Rumänien → Sylva, Carmen
Eloesser, Arthur 75, 194
Elster, Hanns Martin 105, 135
Engel, Eduard 182, 185
Erckerts, Friedrich v. 96
Erckmann, Rudolf 244
Erdmann, Otto 181
Erhardt (Arzt) 228
Ernst (Schmidt), Otto 84, 89
Erzberger, Matthias 114, 129
Eskildsen, Edith Elisabeth → Frenssen, Wiebke (*Ibe*)
Esmarch, Henriette v. (Tante von → Schleswig-Holstein-Sonderburg-Augustenburg, Feodora Przssn. v.) 70
Ettlinger, Josef 71
Everling, Otto 50
Evers (Pastor) 43

Falke, Gustav 48, 52, 60, 84, 89, 109, 111, 119

Falkenhayn, Erich v. 114
Feder, Heinrich 177
Fehrs, Johann Hinrich 65, 68, 103
Fehse, Wilhelm 227
Felke (Filmredakteur) 206
Fischer, Samuel 66
Fischer, W. 50
Foerster, Friedrich Wilhelm 72
Fontane, Theodor 36, 184
Frahm, Ludwig 65
Frank, Leonhard 178, 192
Frenssen (ältester Bruder) 22f., 42, 59
Frenssen, Anna (geb. Walther) 25, 32, 34f., 58, 63–65, 83, 88, 94f., 101, 112, 128, 163, 170, 175f., 179, 184–186, 192, 218, 220, 226, 228, 233–235, 238f., 241f., 249–251
Frenssen, Augusta (Schwester) 22–24, 61
Frenssen, Caroline (Schwester) 20
Frenssen, Catharine Amalia (Mutter) 19, 27, 34, 38, 42, 44
Frenssen, Christian Friedrich 19f.
Frenssen, Georg (Bruder) 20, 59
Frenssen, Georg (Neffe)
Frenssen, Hans (Großvater) 22
Frenssen, Johann Hermann (Vater) 19, 21f., 27, 29, 34, 42, 64, 131
Frenssen, Nikolai 236
Frenssen, Theodor (Bruder) 59, 64, 131
Frenssen, Wiebke (*Ibe;* angenommene Tochter; geb. Eskildsen, Edith Elisabeth verh. Bernt; 101, 116, 163, 165, 168, 182, 184f., 186, 195f., 228, 237–240
Fridolin, Samuel 101
Friedrich der Große 231, 246
Friedrich Wilhelm III. v. Preußen (Kronprinz u. Kaiser) 29
Friedrichs (Lotse) 56
Fritzsche (Dr.) 155
Fuchs, Georg 194

Galilei, Galileo 93
Galvani, Luigi 93
Ganghofer, Ludwig 164
Gerdsen, Helene (geb. Testorf) 158
Gierke, Wilhelm Edward 116
Göbel (Prof.) 149
Gobineau, Arthur de 82
Goebbels, Joseph 208, 210, 227, 229f., 232, 234, 243, 247
Goethe, Johann Wolfgang v. 36, 196, 247
Göring, Hermann 227
Gorki, Maxime 77
Gotthelf, Jeremias 65
Graba, Wilhelm 199
Grabenhorst, Georg 223
Grabert, Herbert 219
Grassmayr, Alois 169
Griese, Friedrich 233
Grimm, E. 223
Grimm, Hans 62, 89, 96f., 124, 175, 197, 205
Grimm, Jacob 226
Grimm, Wilhem 226

Grønbech, Vilhelm 230
Groß, Hans 131, 138
Groß-Hansen, Elma 138, 170f.
Groth, Klaus 54, 175, 208
Gulbransson, Olaf 209
Gumppenberg, Hans v. 101
Günther (Pastor) 180
Günther, Hans F. K. 179
Günther, V. H. 168

Hablik, Susanne 245
Hablik, Wenzel 88, 133f., 209, 212
Hablik-Lindemann, Elisabeth 212, 233, 235, 249f.
Haegert, Wilhelm 242
Haering, Alfred 214, 243
Halbe, Max 210
Hamckens (Familie in Husum) 28
Hammer, Arno Johannes 130
Hammer, Friedrich 88
Hamsun, Knut 179f., 193, 205
Hamsun, Marie 180, 193, 242f.
Hansen (Familie in Husum) 28
Hansen (Frau) 38
Hansen, Catharine Amalia
 → Frenssen, Catharine Amalia
Hansen, Claus Jacob 19
Hansen, Elma → Groß-Hansen, Elma
Hansen, Peter Christian 80
Hanssen (Prof., Vater von
 → Hanssen, Fritz) 51
Hanssen, Fritz 223, 227, 229
Hanssen, Fritz 51, 64, 92, 109, 131f., 134, 166, 168, 171, 186, 191, 199, 201–203,

Harding, Warren G. 149
Harnack, Adolf v. 79
Harris, Frank 162
Hart, Julius 70
Harten, Jan v. 111
Hartmann, Fritz 73, 78
Hassell, Ulrich v. 180, 209
Hauer, Jakob Wilhelm 219, 240
Hauptmann, Carl 89, 100
Hauptmann, Gerhart 74, 92, 107, 247
Hebbel, Friedrich 208, 243
Heckscher, Siegfried 68, 88, 96, 97, 131, 182
Hedin, Alma 179
Hedin, Sven 112, 178
Hegel, Georg Wilhelm Friedrich 86
Heidenstamm, Verner v. 112, 180, 206
Heim, Claus 183, 187, 193, 200f., 203
Heimburg, Wilhelmine 38f.
Heinrich Wilhelm Prz. v. Preußen 72, 77f., 83
Helgesen, Hans 136
Heller, Otto 57
Helmholtz, Hermann v. 93
Hennings, Emmy 128
Henschke, Alfred → Klabund
Herder, Gottfried 86
Herdin, Elis 71
Herzog, Rudolf 164, 192
Hesse, Hermann 67, 81, 114, 116, 136, 176
Hessen-Darmstadt, Alix v.
 → Alexandra Fjodorowna
Hessen-Darmstadt, Irene v.

(Frau von → Heinrich Wilhelm Prz. v. Preußen) 78
Heuss, Theodor 76, 80
Heyde, Karl Magnus v.d. 19
Heyde-Lohkamp, Calm v.d. 62, 236
Heydrich, Reinhard 241
Heyking, Elisabeth v. 71, 91
Heym, Georg 113f.
Heyse, Paul 54, 57, 59, 98
Hilditsch, Jacob 103
Himmler, Heinrich 225, 241, 247
Hindenburg, Paul v. 139, 190f., 201, 203, 213, 220, 227
Hinrichs, August 177
Hitler, Adolf 136, 166, 199, 201–203, 208f., 210, 213, 215, 220, 227, 229–231, 233f., 242, 246, 251
Hoerschelmann, Rolf v. 97
Hoffmann (Pastor) 92, 143
Hofmannsthal, Hugo v. 176
Höhnk, Helene 232
Holländer, Ludwig 203
Hollander, L. M. 168
Hollander, Walter v. 216
Homer 90
Horst, Georg 162, 166
Horst, George D. 149
Hübscher, Arthur 175
Huch, Ricarda 171, 176, 192, 204

Jacobskötter, Ludwig 171
Jahn, Moritz 223
Janke, Erich 78
Jansa, Friedrich 54
Jansen, Johannes 41
Janssen, Alfred 49, 93
Jensen, Alfred 233
Jensen, Wilhelm 45
Jessen, Franz 56, 76
Johst, Hanns 199, 205
Jordan (Legationsrat) 179f.
Jünger, Ernst 56, 197, 205, 209

K., Kathrin 239
Kaftan, Julius 29
Kähler, C. 79
Kant, Immanuel 86
Kappstein, Theodor 68
Karlfeld (Lyriker) 179
Karstens, H. 50
Karstensen, Lena 54
Kawerau, Gustav 32
Keck, Heinrich 27
Keiler, Hans 142f., 146, 155, 159, 161
Keller, Gottfried 36
Kerrl, Hanns 229
Kinau, Rudolf 138
Kinder, Christian 222
Klabund 166
Klammer, Karl 65
Klein-Rogge, Rudolf 183
Klinger (Leutnant) 72
Klopstock, Friedrich Gottlieb 112
Knodt, Karl Ernst 60
Koch, E. 212
Kolbenheyer, Erwin Guido 176, 199
Kollitz jr., Hans 95
Kollwitz, Käthe 185
Kopernikus, Nicolaus 93
Korn, Karl 82
Korten (Ehepaar) 102
Köster, Adolf 139

Kracht (Gaukulturhauptstellenleiter) 247
Krack, Helene 103
Kraus, Karl 85
Kreyenborg, Hermann 165
Krippendorf, Kurt 214
Kröger, Timm 65, 68, 103
Kruse, Iven 67, 130
Küchler, Carl 75, 79
Küchler, Hedwig 112
Küchler, Kurt 89, 103
Kühl, Auguste 72
Kühnemann, Eugen 105
Kummer, Bernhard 230
Kunze, Werner 206
Kurz, Isolde 209

Lagerlöf, Selma 205
Landmann, Ludwig 235
Langbehn, Julius 39, 82, 121
Langkammer, Margarete
→ Nordmann, Richard (Pseud.)
Lechter, Melchior 97
Leip, Hans 247
Levisohn 162
Levysohn (Frau Dr.) 90
Lewald, Theodor 212
Lewis, M. E. 233
Liebermann, Max 189, 192, 216
Liebknecht, Karl 120, 130
Liliencron, Detlev v. 57, 67, 84, 89, 98
Lindemann, Otto 56
Lindemann-Hablik, Elisabeth 88, 128, 134, 195, 205
Lobsien, Wilhelm 178, 226
Loerke, Oskar 210

Lohse, Heinrich 217–219, 226f., 246, 250f.
Löns, Hermann 65, 114, 164
Lorenzen, Friedrich Nicolaus 19
Lüdemann, Ernst 20, 21f., 26
Lüdemann, Ina 26
Ludendorf, Erich 128
Luxemburg, Rosa 130

Maack (Zimmermann) 157
Maaßen, Berta 163
Maaßen, Dora 233
Mackensen, Fritz 61, 65
Mackowsky, H. 128
Madsack, F. 200
Mann, Heinrich 79, 176, 188f., 192, 204f.
Mann, Thomas 58, 62, 65f., 71, 79, 114, 134, 136, 175f., 188f., 192, 204f.
Manning (Familie in Husum) 28
Marlitt, Eugenie 38f.
Martens, Kurt 65
Matthiessen, Reimer 56
Maync, Harry 29, 184f., 192, 194, 196, 224f., 245, 249
Meid, Hans 216
Meiforth, Hubert 247
Meißner, Otto 140
Melle, Werner v. 109
Messdorf, Gertrud 92
Meyer, Richard M. 105
Meyer, Robert 93
Meyrink, Gustav 68, 91, 96
Michaelsen, H. 72, 86, 96, 103, 106
Miegel, Agnes 205
Moderson, Otto 62, 68

Möller, John 148
Möller-Ernst, Senta R. 89
Molo, Walter v. 136, 210, 228, 231f., 236
Moltke, Helmut v. 114
Mombert, Alfred 178
Mörike, Eduard 184
Mörner, Birger v. 103, 112, 179
Mörner, Marianne v. 179
Mosse, Rudolf 204
Mühlenhardt, Heinrich 49
Müllenhoff, Karl Victor 216
Müller, Hermann 190
Müller-Grote, Anna 72
Müller-Grote, Carl 72
Müller-Grote, Gustav 43f., 55, 59, 62, 72, 74, 83, 85, 91f., 103f., 109f., 112–114, 116, 136, 165f., 170–175, 177f., 180, 182–184, 190, 194, 198, 202, 204–208, 211, 213f., 219, 223–225, 228f., 231, 233f., 236, 238, 242, 247, 249
Müller-Grote, Hans-Diedrich 218
Münchhausen, Börris Frhr. v. 58f., 63, 136, 205, 212
Munzinger, Ludwig 116
Mussbach, Karl 130

Nagel, Charles 154
Nagy, Käthe v. 183
Napoleon Bonaparte 115
Naumann, Friedrich 36, 40, 68, 69f., 76
Newton, Isaac 93
Niebuhr, Hermann 36–40, 43, 48, 52, 116, 237

Niekisch, Ernst 195f.
Niemann, Walter 107
Nietzsche, Friedrich 82
Nissen, Jens 216, 219, 221
Nissen, Momme 70
Nitzsch, Friedrich 32
Nobel, Alfred 234
Noghi, M. 106
Nordmann, Richard 59
Noske, Gustav 139
Numsen, Numme 203, 230

Oberndorfer, Fritz 94, 170
Ostermann, Arthur 178
Ostwald, Hans 213
Otto, Alexander 68
Otto, Paul 183
Overbeck, Fritz 61

Palme, Sven 179
Paul, Hans Ulrich 223
Pauls, Volquart 191, 214, 241
Paulsen, Friedrich 84f.
Paulsen, Ingwer 212
Paulsen, Johannes 80, 143
Pauly, Friedrich 131, 163, 183, 215, 230, 251
Pétain, Henri Philippe 124
Peters, Friedrich 250
Peters, Friedrich Ernst 245
Petersen, Lorenz 88, 112
Petersen, Peter 26
Petersen, Sönke 105
Petersen, Wilhelm 45, 54, 57
Petersen, Wilhelm 97
Pfitzner, Hans 212
Pfleiderers, Otto 29
Plessen, Leopold Baron v. 149

Pollitz, Otto 66
Prakashananda, Svanni 159
Pratt, E. L. 171
Preußen, Auguste Viktoria v. (Kaiserin, geb. Schleswig-Holstein-Sonderburg-Augustenburg) 53, 74

Raabe, Wilhelm 36, 52, 55, 57, 63, 73, 78, 136, 227
Raché, Paul 66f.
Rade, Martin 39, 79
Raeder, Erich 243
Raff, Helene 63
Rathenau, Walter 121–124, 137, 139, 153f., 228, 238
Reich, H. R. 128
Reicke, Ilse 196
Rembrandt van Rijn 39, 140
Renan, Ernest 79
Rethwisch, Theodor 59
Reventlou, Franziska Gräf. z. 85
Rhein, Hermann v. 52, 59
Rilke, René [Rainer] Maria 61f., 176
Röer, Otto 215
Rogge, Alma 221
Rosegger, Peter 47, 170
Rosenberg, Alfred 224f., 235
Rössler, Walter 243
Rost, E. 166
Röster (Dr.) 100
Rücker, Wilhelm 165
Ruprecht, Gustav 44
Ruprecht, Wilhelm 49, 222
Rust, Bernhard 205

Salomon, Bruno v. 200

Salomon, Ernst v. 200
Sauerbruch, Ferdinand 192
Schaer, Wilhelm 81
Schäfer, Wilhelm 194, 197, 199
Schauffler, Robert Haven 94f.
Schaukal, Richard 62
Schaumann, Ruth 210
Schede, Kurt 80
Scheer, Reinhard 120, 127
Scheidemann, Philipp 129f.
Scher, Peter 108
Schian (Arzt) 72
Schikorr, G. 247–249
Schiller, Friedrich v. 86, 214
Schiller, Georg (Schorschl) 238
Schirach, Baldur v. 225
Schlaf, Johannes 209
Schleswig-Holstein-Sonderburg-Augustenburg, Feodora Przssn. v. 53, 67, 70, 74, 88, 95
Schlicht, Frhr. v. (Pseud.)
  → Baudissin, Wolf Graf v.
Schlosser, Friedrich 98
Schmidt (Theologe) 76
Schnitzler, Artur 106
Scholl, Hans 244
Scholl, Sophie 244
Schönaich-Carolath, Prinz Emil v. 60
Schubert, Carl v. 139
Schultze-Naumburg, Paul 72
Schulze, Martha 171, 174, 185, 228
Schumacher, Fritz 68, 100
Schwarz, Lene 168
Schwarz, Wilhelm 94
Schweitzer, Albert 81
Seidel Ina 205, 211

Servaes, Franz 73
Seyss-Inquart, Artur 227
Siedel, O. 67
Siefert (Pastor) 70
Slevogt, Max 192
Söderblom, Nathan 166
Sommer (Pastor) 61
Spielhagen, Friedrich 74
Spiero, Heinrich 89
Spinoza, Baruch de 141
Steinhoff, Hans 180
Steinrück, Albert 183
Stekel, Wilhelm 102
Sterling, George 159
Stilgebauer, Edward 71
Storm, Dorothea 51
Storm, Gertrud 81
Storm, Theodor 27, 51, 54, 57, 63, 81, 130, 151, 175
Strasser, Otto 200
Strauß u. Torney, Lulu v. 70, 80
Strecker, Karl 78
Stuhr-Baetz (Arzt) 231
Stuttgarter, Johanna 66
Sudermann, Hermann 74, 107, 181
Sylva, Carmen 120

Thelen, Fritz 244
Thiessen, Hans 211
Thoma, Hans 121
Thoma, Ludwig 63
Thümmel, August v. 26
Thylmann, Karl 97
Tiedemann, August 215
Tingley (Miss.) 161
Tirpitz, Alfred v. 180
Tirpitz, Elisabeth v. 180

Toller, Ernst 185
Tolstoi, Graf Lev Nikolaevic 101
Tonnesen, Johannes 221
Tönnies (Familie in Husum) 28
Tönnies, Ferdinand 27, 83, 100, 180
Tordy, Christa 183
Touret, Elisabet 97f.
Trautwein, Marta 222
Trevor, Jack 183
Trienchen (Dienstmädchen) 171
Trotha, Lothar v. 71f.
Truckenmüller, Georg 219
Tucholsky, Kurt 116, 122, 128, 132

Uhlback (Notar) 128
Ullstein (Familie) 204
Unruh, Fritz v. 106, 178

Vaihinger, Hans 102
Viebig, Clara 71
Viereck, G. S. 162
Voigt-Diederichs, Helene (Ehefrau von → Diederichs, Eugen) 65, 221f., 243
Vollstedt, Martin 232
Voß (Pastor u. Enkel von → Voß, Johann Heinrich) 145
Voß, Johann Heinrich 145
Voß, Johannes 56
Voßeler, Karl 192

W., T. (ehem. Dithmarscherin) 154
Wache, Karl 212
Wagner, Richard 82
Wakemann, Edgar 176

Walden, Herwarth 101
Walter (Vater von → Frenssen, Anna) 34
Walter, Anna → Frenssen, Anna
Warburg-Simon, Renate 127
Waschburn Florer, Warren 105
Washington, George 149
Wassermann, Jakob 134
Weber, A. Paul 104, 171, 187, 194, 196
Weber, Carl Maria v. 222
Wegwitz, Franz 239
Weiglin, Paul 189f.
Wells, H. G. 142
Wicht, Johannes v. 130
Wiechert, Ernst 174, 214
Wiedfeldt, Otto 149f.
Wilbrandt, Adolf v. 94
Wildenbruch, Ernst v. 58
Wilhelm II. v. Preußen, deutscher Kaiser 53, 83, 89, 94, 98, 116, 121, 129, 209
Wiljamowitsch-Berenstamm, Wladimier v. 109f.
Wilkens, Robert 251
Wilson, Woodrow 127, 157
Winter, Bernhard 103, 106f., 110f.
Wolff, Eugen 104, 110, 131
Wolfskehl, Karl 97f.
Wrage, Klaus 222
Wroost, Wilfried 122
Wulff, Leopld 104

Z. Male 146
Zacchi, Ferdinand 46
Zobeltitz, Fedor v. 171
Zola, Émile 65

Zuckmayer, Carl 192
Zweig, Stefan 65, 67, 195

Adolf Hitler (Gedicht) 215
Arbeiten und nicht verzweifeln 199
Auch das Buch gehört zum täglichen Brot 212
Auf die Deiche 249
Aus einem Bauerndorf (enthalten im Sammelband ? Von Saat und Ernte) 34

Beim Schlafengehen (Gedicht) 47
Bismarck 111–117, 128, 164, 170, 174, 179
Briefe aus Amerika 140–148, 151–165, 204, 228, 233, 238, 242

Das Heimatfest 67–69, 213
Das schlichte Leben 211
Der brennende Baum 194–197, 210
Der deutsche Sieg 128
Der Glaube der Nordmark 219–223, 225, 249
Der Landvogt von Sylt 236, 245f.
Der Lehrer von Loo 96
Der Pastor von Poggsee 136–139, 154, 166, 198, 200, 204
Der Untergang der Anna Hollmann 103–106, 109
Der Weg unseres Volkes 229f., 232f., 249
Deutsche Schiksale in Amerika 176
Die Brüder 118, 122f., 125–127
Die Chronik von Barlete 183f., 214

Die Deutschen in Amerika 228
Die drei Getreuen 42, 44–46, 48, 51, 55, 83, 176, 200
Die große deutsche Tat 194
Die Handschrift oder Das Leben des Heilands (Sonderdruck eines Kapitels aus → Hilligenlei) 93, 96
Die Hörner von Gallehus 191, 195, 196, 198f., 206
Die Kinder von Wentorf → Jörn Uhl
Die Konfirmanden 226
Die Nachtwache 206, 214, 217–219
Die Sandgräfin 41f., 44, 46, 53, 55, 58, 83, 180, 18
Die verrückte Zeit 248
Die Witwe von Husum 216f.
Dorfpredigten 49–52, 58, 182, 200, 202, 207
Du (Gedicht) 44
Dummhans 185–188, 198, 224

Ein Brief 121f.
Ein letztes Wort an die Nordschleswiger 131
Ein Mahnruf an Deutschlands Arbeiter und Arbeiterinnen 123f.
Ein unbekannter Brief Gustav Frenssens über den Osten. Das schlafende Heer. Erinnerung und Mahnung 185
Eine Handvoll Gold 43, 54f., 135
Eine Keimzelle des deutschen Volkes (ab 1935) → Die Chronik von Barlete

Es geht um Europa! Ein Ruf in die Zeit 251
Europa! Von der Sendung und der Kraft der Deutschen 250

Familienklage 133f.

Geert Brügge (Handlungsstrang aus → Die Hörner von Gallehus) 206, 213f.
Grübeleien (Manuskript des nicht veröffentlichten 4. Bandes) 248
Grübeleien (I. Band) 7, 35, 38, 40, 52, 70, 73, 108, 110, 120, 134–136, 239
Gustav Frenssen schreibt den Soldaten 244

Harte Zeiten 246
Heil dem Führer 242
Heimat und Herkunft 213
Hilligenlei 9, 31, 41, 73–81, 83–85, 91, 95f., 101, 110, 172, 175, 200, 222

Ich wage keinen Bescheid 182
Ihr haltet Wacht vor den Weihnachtsstuben der Heimat! 247
In Sorgen Tapfer 23, 212

Jacob Alberts. Ein deutscher Maler 131
Jörn Uhl 51, 53–59, 61–66, 68–71, 75, 83, 91, 94, 103, 106f., 110f., 130, 143, 148, 175, 179
Jungs und Deerns 227

Kandidat Ohland 245, 248
Klaus Hinrich Baas 95, 99
Kriegsweihnacht 1917 127

Land dem wir gehören 213
Lebensbericht 21, 25, 27–29, 32f., 36f., 39f., 42f., 60, 64, 74, 90, 110, 120f., 140, 191, 196, 200, 203, 237
Lebenskunde 240f.
Lütte Witt 165, 168–170, 172, 194

Mein Weg als Deutscher 210
Meino der Prahler 207, 211
Mien Vader (Gedicht) 223
Möwen und Mäuse. Grübeleien neue Folge (II. Band) 38, 42, 90, 102, 138, 167, 181f.

Nur einer kam. Friedrich der Große reitet durch Deutschland 231

Otto Babendiek 25, 60, 118, 164, 166, 168, 171–175, 177, 179f.,

Peter Moors Fahrt nach Südwest 85–88, 91f., 94–97, 103, 106, 111, 171, 223
Prinz Wilhelm 227f.

Recht ~~oder Unrecht~~ – mein Land 236f.
Reise an die Ostfront 117, 122
Ruf des Schicksals 248

Schlußwort zu Hilligenlei 84

Werkregister 271

So is dat in Ordnung 248
Sonderbarer Besuch oder Ein
 Toter macht Besuch 215
Sönke Erichsen (Umgearbeitete
 Fassung von → Das Heimat-
 fest) 106, 109, 213
Stimme zum Entwurf des
 Reichsschulgesetz 181

Über den Bolschewismus 130f.
Um Deutschlands Zukunft 125
Um Haus und Herd 122
Unter der Linde (Gedicht) 43
Uwe und Antje 206

Von meinem Lebensweg (Unge-
 drucktes Manuskript das in →
 Grübeleien und im → Lebensbericht Eingang findet.) 110
Von Saat und Ernte 204
Vorland. Grübeleien dritter Band
 24, 171f., 177, 194, 201, 203,
 223–226

Was bedeutet dieser Krieg 244
Wie ›Peter Moor‹ entstanden ist
 101
Wie ein Roman entsteht 47, 70
Wie soll das deutsche Volk 1932
 Goethes Todestag begehen?
 196

Zeitenwende 248